中国青少年体育运动项目训练教学系列大纲

中国青少年篮球训练教学大纲

ZHONGGUO QINGSHAONIAN LANQIU XUNLIAN JIAOXUE DAGANG

国家体育总局青少年体育司
国家体育总局篮球运动管理中心
编

北京体育大学出版社

策划编辑　梁　林
责任编辑　李志诚
责任校对　仝杨杨
版式设计　司　维

图书在版编目（CIP）数据

中国青少年篮球训练教学大纲／国家体育总局青少年体育司，国家体育总局篮球运动管理中心编．--北京：北京体育大学出版社，2012.9（2023.6 重印）
ISBN 978-7-5644-1148-0

Ⅰ.①中…　Ⅱ.①国…　②国…　Ⅲ.①青少年-篮球运动-运动训练-教学大纲-中国　Ⅳ.①G841.2-41

中国版本图书馆 CIP 数据核字（2012）第 230343 号

中国青少年篮球训练教学大纲
国家体育总局青少年体育司
国家体育总局篮球运动管理中心　编

出版发行：北京体育大学出版社
地　　址：北京市海淀区农大南路 1 号院 2 号楼 2 层办公 B-212
邮　　编：100084
网　　址：http：//cbs.bsu.edu.cn
发 行 部：010-62989320
邮 购 部：北京体育大学出版社读者服务部 010-62989432
印　　刷：北京昌联印刷有限公司
开　　本：880mm×1230mm　1/32
成品尺寸：148mm×210mm
印　　张：12
字　　数：346 千字
版　　次：2012 年 9 月第 1 版
印　　次：2023 年 6 月第 8 次印刷
定　　价：48.00 元

（本书如有印装质量问题，请与出版社联系调换）

出版说明

《中国青少年体育运动项目训练教学系列大纲》（以下简称《大纲》）是针对开展青少年运动员培养工作的依据和规划性、指导性文件，是帮助和支持教练员进行科学化训练的有力工具，关系着我国竞技体育的持续发展。2005 年国家体育总局竞技体育司组织编写了 26 个奥运项目的《大纲》，并于 2008 年出版发行。经过近 4 年的实践应用，取得了良好的训练效果，但也暴露出一些不足，在一定程度上影响了训练的科学化程度。与此同时，我国社会发展也产生了深刻的变化，更加注重青少年运动员的全面发展。2010 年 5 月，国家体育总局青少年体育司成立后，根据《青少年体育“十二五”规划》的要求，决定陆续对各项目《大纲》进行重新修订和开发研制，更新训练理念，以促进我国青少年竞技体育后备人才培养的持续发展。

2011 年 3 月份，经总局批准正式成立了《大纲》修订委员会和《大纲》修订专家指导组。一年来，专家组成员多次到基层开展调研活动，获得了大量关于基层青少年训练的第一手资料，了解了原《大纲》在基层青少年训练过程中的使用情况以及训练现状，为后续的工作开展奠定了坚实的基础。同时还组织人员翻译整理欧美等多个体育发达国家关于青少年体育人才培养的材料。经过几个月的实地调研与充分论证，在借鉴国外体育发达国家青少年后备人才培养模式与方法的基础上，再认真解读 2008 版《大纲》并结合我国的国情与当前政策，于 2011 年 5 月份先后拟定了《大纲修订工作计划》《大纲编写指导意见》《大纲修订模板》等指导性文件。

在《大纲》修订过程中，本着实用、科学、规范的原则，我们注重抓了以下四个环节：

1. 力求《大纲》的科学性

为了力求做到《大纲》的科学性，在《大纲》编写前期针对青少年的生理、心理、认知特征等方面进行全面的理论研究，系统梳理各项目竞技能力发展的敏感期，从而切实明确青少年各年龄段的成长发育规律以及各项目青少年运动员的成才培养规律；不同年龄阶段的训练任务、内容、要求以及考核标准；不同年龄段的心理变化特点；青少年运动员的选材；教练员在训练过程中的训练学要点与教育学指导方法等。同时深入了解美国、德国、英国、日本等国家的青少年训练大纲与计划指导纲要，紧紧抓住项目的发展特点和最新趋势。

2. 保证《大纲》的先进性

《大纲》面向的对象是青少年运动员以及他们的教练员，其最终目标是培养未来的高水平运动员，它是我国竞技体育持续发展的重要保障之一。因此，编写组不仅全面了解和把握了各项目现阶段的水平与要求，还对未来十几年各项目发展的趋势进行了认识和判断。

3. 加强《大纲》的可操作性

要充分发挥《大纲》的效用，必须加强《大纲》的可操作性与实践性。编写组在全面深入研究相关基础理论的基础上，针对不同年龄段的训练对象，提出了切实可行的、具有一定指导意义的纲领性要求，同时又详细阐明具有较强操作性的基本训练思想（理念）、训练目标、内容与任务、手段与方法、训练过程中的负荷特点、训练过程的组织等一系列具体的建议与要求。

4. 提高《大纲》的系统性

要提高《大纲》的科学性、先进性与可操作性，就必须提高《大纲》的系统性。在《大纲》修订过程中，编写组对当前各项目的发展趋势、我国现阶段青少年后备人才培养的中长期规划、青少年训练的现状；青少年身体发育特点、各项目的成才规律；各年龄段的划分、训练任务、训练内容、训练要求、组织方法、训练手段、训练负荷安排；考核内容、考核要求、考核标准等方面进行了认真研究，力争做到整个《大纲》体系重点突出，详略得当，保证青少年运动训练的每个阶段都在科学、系统的指导下完成，提高成才率。

本次《大纲》的修订主要体现了三个显著特点：一是针对青少年运动员群体的特点，规定了运动员的训练时数，避免因训练时间过长而影响文化课的学习；二是在《大纲》修订人员的组成上，既有国家队教练员，又有基层教练员和科研院校的专家学者，不仅保证了《大纲》的前瞻性，而且体现了我国青少年训练的现实需求；三是本次《大纲》非常重视青少年运动员考核体系的制定，对项目的考核指标进行了精细筛选，对各项指标的评分标准进行了反复验证，以充分发挥考核体系的导向作用。

本次《大纲》的修订旨在明确青少年训练的指导思想，提高训练的科学性，满足我国竞技体育可持续健康发展的要求，同时也为业余训练的评估工作提供依据。希望通过新《大纲》的实施，能够培养出水平更高、人数更多的优秀青少年体育后备人才，促进我国竞技体育健康、持续、稳定发展。

《大纲》编写组

2012 年 9 月

篮球项目编审委员会

编者的话

EDITOR'S NOTE

《中国青少年篮球教学训练大纲》（新《大纲》）是由国家体育总局青少司与篮球运动管理中心于2010年7月起组织专业人员，在2000年颁发的《全国青少年儿童篮球教学训练大纲》（原《大纲》）基础上修订完成。从出版之日起，将在全国青少年篮球教学训练中推广实施。

与原《大纲》相比，新《大纲》有以下几个特点。

一、《大纲》认真总结了历届篮球教学大纲的经验与不足，广泛吸收与借鉴国内外青少年训练的理念与信息资料，进行了新的整体规划与设计，思路清晰，结构合理，观点鲜明，理论层面和实践层面都具有新意，体现了以人为本，教育为先，全面科学，符合现代篮球运动的发展趋势，适合我国青少年篮球运动的实际，具有较强的指导意义。

二、《大纲》根据国际篮联和亚洲篮联的竞赛制度，结合我国青少年篮球开展的实际，科学合理地将我国青少年篮球系统训练划分为U10、U12、U14、U16和U18等5个年龄段，较好地与我国教育体系、人才培养体系和国际竞赛体系接轨，可操作性较强。

三、《大纲》规定每个年龄段的基本技术、战术、身体、心理、文化教育等训练内容与训练要求，重点突出，层次分明，循序渐进，符合我国青少年系统训练的实际，具有较强的实践指导价值。

四、《大纲》制定每个年龄段的身体素质测试指标体系，全面地涵盖了青少年身体素质发展的内容，测试方法简洁实用，监督评价作用明显；基本技术测试指标体系的设计，体现了实战与实用的思路，测试方法新颖，技术评定方法科学，具有很好的引领作用。

五、与《大纲》配套使用的全国青少年篮球竞赛成绩管理系统，第一次利用信息技术和数据库的形式，全面积累青少年篮球运动员的信息与资料，对各级青少年竞赛的管理起到规范作用，对于客观评价我国青少年篮球训练水平，追踪优秀青少年运动员的成长，具有深远的历史意义。

新大纲修订工作由篮球运动管理中心青少部王玄部长、都娟副部长主持，王守恒（首都体育学院教授）任组长，修订成员有：郑钢（首都体育学院副教授）、薛正武（原国家男篮队员、首都体育学院副教授、竞技体校男篮教练）、李明（中国篮球学校阜新分校校长、国家少年队教练、国家级教练员）、纪民尚（山东省篮管中心副主任、国家 U16 女篮教练、高级教练员）、王桂芝（国奥女篮主教练、高级教练员）、杨忠（国家少年队教练、高级教练员）、陈钧（博士、首都体育学院教授）、左伟（博士、首都体育学院讲师）、郑陆（博士、首都体育学院教授）、付全（博士后、首都体育学院副教授）、李冰（北京四中男篮教练）、王保成（首都体育学院教授）、侯向锋（博士、山西师范大学讲师）、刘银龙（首都体育学院研究生）、张威（首都体育学院研究生）、郭嵘岑（首都体育学院研究生）。

新大纲最后由王守恒教授审定并统稿。

新大纲评审组由钟添发（原国家体委训竞二司司长、武汉体育学院院长、教授）任组长，宫鲁鸣（原国家男、女篮主教练、篮球运动管理中心运管部部长、国家级教练）任副组长。评审组成员有：郑秀琳（原国家女篮队员、辽宁省青年女篮主教练、高级教练员）、申长庚（河南省焦作市体校校长、国家少年队教练、高级教练员）、张涛（原八一男篮队员、清华附中男篮教练）。评审通过。

目　录

CONTENTS

一、编制说明

《中国青少年篮球训练教学大纲》（简称《大纲》）是由国家体育总局青少司组织编写，篮球运动管理中心颁布，指导我国篮球后备人才培养系统工程的文件纲要。其目的是：按照青少年生长发育的基本规律和优秀篮球运动员的成长规律，合理地确定不同年龄段青少年的教学训练内容与进程，系统地设计不同年龄段的教学训练手段与方法，科学地制定不同年龄段的教学训练评价指标与标准，客观地检验不同年龄段的教学训练质量与效果，保持我国篮球后备人才培养的系统工程健康持续发展。

此次《大纲》编制，认真总结了前几届《大纲》执行的实践经验，全面参考了国内其他运动项目《大纲》的优势与长处，仔细查阅与借鉴了国外关于青少年训练的文献资料，做出了系列修改与完善。

（1）《大纲》是全国青少年篮球运动队训练的指导性文件，适用于全国各省、自治区、直辖市青年队、各级俱乐部青年队、体育运动学校、竞技体校、传统项目学校、青少年篮球业余体校等，也可供各级学校篮球运动训练教学时参考使用。由于各地区、各单位的条件不同，使用时可以根据本地区、本单位的具体情况进行适当调整。

（2）《大纲》有关年龄划分是根据国际篮联和亚洲篮联已经确定的青少年篮球竞赛体系，结合我国青少年篮球开展的现状，将青少年篮球运动员的训练划分为5个年龄组，即U10（10岁以下）、U12（11~12岁）、U14（13~14岁）、U16（15~16岁）、U18（17~18岁）。在实施过程中对某些情况特殊的运动员可以根据自身的条件、性别、水平和接受能力做相应调整，但必须保证训练的基本步骤。

（3）《大纲》中各个年龄段教学训练的内容与要求，是根据每个年龄段教学训练的目标与任务进行安排的。每个年龄段都有一个全面而又重点突出的内容结构，都有一个有序而又系统的规格要求。每个年龄段的目标与任务，对运动员的基本发展方向及其应该达到的水平等，都有明确规定。在实施过程中，每个年龄段应该按照阶段教学训练的目标与任务，针对每个运动员的具体情况，确定运动员培养的长远方向与具体目标，因人而异地进行个体化教学训练。

(4)《大纲》中除了对每个年龄段篮球基本功训练、技术训练、战术训练、身体训练都有明确规定外，对心理训练和理论知识教育内容也做了相应的安排。心理训练的许多内容都是与基本功训练、技术训练、战术训练、身体训练等结合进行，也可以采用专门的心理训练手段与方法，重点是培养运动员完善的人格修养，提高运动员的心智能力。在不同的阶段，可以根据各自条件采用适宜的方法进行理论知识的教育，重点是启发运动员的求知欲望，提高运动员的文化素养。

(5)《大纲》中对各个年龄段运动员的训练时数、训练比重、比赛场数等做了大致的安排，各地可以根据师资、场地、器材、竞赛时间和文化学习等具体情况进行适当调整。

(6)《大纲》对各个年龄段的男女运动员规定了具体考核指标与方法，并制定了相应的标准。各级训练管理部门应依据大纲规定的方法和标准，对所属运动队进行定期考核与检查，同时做好数据存档工作。每年全国比赛期间，赛会组织者都必须在比赛前进行不同年龄段的考核与检查。

(7) 在执行《大纲》过程中，教练员是训练的主导者，也是贯彻与落实《大纲》的实施者。各级篮球教练员都应该努力学习和掌握《大纲》的指导思想、训练目标、训练任务、训练内容与训练要求，系统地记录与积累选材、训练、比赛等各种数据与资料，不断提高自身训练水平和人才培养质量。同时，还应该及时总结《大纲》在执行过程中的经验与不足，提出进一步修改和补充的意见。

二、总 则

（一）项目特征及发展趋势

篮球运动是在特定的时间与空间范围内，受特定规则的制约，攻守双方以争夺控制球权为焦点，以投篮得分为目标，攻守转换快速多变的速度力量型、攻守兼顾高强度直接对抗型的技能—体能类的集体项目。运动员以有氧供能为主导，无氧供能为补充，混合供能相融合，展开时间、空间、体能、技术、战术、心理与智能等全方位的团体较量与个体争夺，其中以团队协作为桥梁，个体竞争为手段，技能运用为前提，心智因素为核心，力量素质为主导，速度素质为关键，耐力素质为基础，灵敏柔韧素质为保证。双方力争控制攻守转换的主动权，从而获得更多的投篮机会并得分取胜。

篮球运动技战术发展特点及发展趋势集中地体现在整体篮球个体化、个体篮球整体化两个方面。所谓整体篮球个体化是指运动员的个体表现特点及发展趋势；个体篮球整体化是指团队的整体表现特点及发展趋势。

1. 整体篮球个体化的特点及发展趋势

（1）技术表现快、灵、准、狠

篮球运动员的技术涵盖停、起、转、跨、跳、封、堵、截、盖、抢、投、传、运、突、切等诸多内容，无论是进攻技术还是防守技术，均是运动员将诸多内容在临场比赛中进行创造性组合与创造性运用，概括为“快、灵、准、狠”。“快”的含义表现为判断反应快、移动速度快、动作速率快等方面；运动员在快速攻守对抗与攻守转换中运用攻守技术，表现出视野广阔、思维敏捷、判断反应快、启动速度快、摆脱速度快、推进速度快、动作速率快、攻守转换快等特点。“灵”的含义表现为动作组合多、时空应变灵、随机创新多等方面；运动员在激烈多变的状态下运用攻守技术，表现出头脑清醒、反应灵巧、动作敏捷、随机组合多变、时空应变灵活等特点。“准”的含义表现为启动抢位准、传球落点准、出手投篮准；运动员在快速灵活的状态下运用攻守技术，表现出意识清晰、手法细腻、落点准确、技术精确、效果准确等特点。“狠”的含义表现为防守抢位狠、拼抢对抗狠、球权争夺狠；运动员在凶狠对抗的状态下运用攻守技术，表现出决策果断、身体接触频繁、球权争夺激烈、身体对抗技巧、篮板拼抢凶狠等特点。

（2）个体表现多样型

个体表现多样型是根据运动员体形、体能、技术、心智等运用有机结合而言，呈现“体能型、技术型、复合型、天赋型”等多样型。“体能型”是指体形健壮、体能充沛、素质出色的运动员，在比赛中表现出奔跑活跃、防守凶狠、精力旺盛、拼抢积极等特点；“技术型”是指反应敏捷、动作细腻、技术准确的运动员，在比赛中表现出思维灵活、动作灵活、配合灵活、应变灵活等特点；“复合型”是指既有强壮身体，又有全面技术的运动员，在比赛中表现出既能利用身体对抗又能利用技术应变等特点；“天赋型”是指头脑敏捷、意识清晰、技术全面准确的运动员，在比赛中表现出领袖风范，能够稳定军心并在关键时刻处理关键球时发挥关键作用等特点。

2. 个体篮球整体化的特点及发展趋势

（1）攻守转换频繁化

球权争夺是篮球比赛的焦点，攻守转换是球权争夺的核心，力争主动控制球权并获得更多的投篮机会得分取胜，是篮球比赛的终极目标。球队攻守转换的节奏、攻守转换的频率、攻守转换的质量等，直接反映出球队的技战术风格和真实水平。目前，世界强队攻守转换的总数均在 180 回合以上，且每个回合的时间均在 10s 左右。

（2）阵容配置多样化

攻守节奏加快，攻守回合增加，不仅对参赛运动员的体能、技术等方面提出新的要求，对球队比赛中参与攻守的人数以及多种阵容的配置与变化，也提出了新的挑战。目前世界强队参赛人数多，阵容配置变化大，上场人数均在10人左右，且人均贡献率比较高。

（3）进攻战术机动化

高频率的攻守转换及多样化的阵容配置，必然会突破按部就班的常规进攻战术打法，表现出战术配合简捷，局部配合效率高，在强侧发动配合的同时，弱侧利用掩护空切跟进频繁，出其不意的效果十分理想，阵地进攻节奏加快，快速灵活的进攻比较普遍。

（4）防守战术凶狠化

高强度对抗，高频率转换，围绕争夺球权，世界强队大多采用人盯人防守战术、贴身防守、对球施压、合理对抗、积极拼抢的全队防守战术质量普遍有所提高。

（5）明星队员卓越化

高频率、高强度、高水平的篮球竞赛使得世界篮球格局发生较大变化，各队拥有的明星队员作用十分突出。明星队员的贡献和明星队员在关键时刻处理关键球时的表现成为比赛新的亮点。

（6）女子队员男子化

现代篮球竞赛对女篮运动员的技术风格提出了新的要求，她们在比赛中表现出动作速率快、技术效果准、动作变化灵、防守拼抢狠等几个方面。

（7）人才交流国际化

随着美国NBA和WNBA职业篮球比赛影响力的扩大，世界各国优秀选手参与美国NBA和WNBA比赛的人数在增加，技战术水平有了明显提高，使得这些优秀选手所代表的国家队实力也有了明显的进步。

（二）总体指导思想

青少年篮球运动训练的总体指导思想：坚持以科学发展观为指导，以我国篮球后备人才培养系统工程健康持续发展为目标，以教育青少年相互尊重以及建立团队意识的人格塑造为核心，以培养青少年参加篮球运动的兴趣、动机与目标为导向，以传授青少年篮球运动基本技能与相关知识为途径，以发展青少年观察判断的敏感性、身体素质的全面性、技术动作的规范性、战术运用的灵活性、心智能力的稳定性为重点，科学选材，科学训练，科学育才，科学管理，抓好规范，夯实基础，提高技能，培养智能、增强体能，锤炼性格，全面发展，形成特长，造就高质量的篮球后备人才，服务社会，为国增光。

（三）总体目标

青少年篮球运动训练的总体目标：坚持以人为本、身心健康、全面发展的原则，保持我国篮球后备人才培养的系统工程健康持续发展，使我国青少年队伍稳定在亚洲比赛的最高水平，并进入世界青少年比赛的先进行列，为国家队和高水平篮球俱乐部培养优秀后备力量，为国家和社会培养输送全面发展的篮球人才。

（四）基本原则与基本方法

青少年篮球运动训练的基本原则包括：以人为本的训练原则、身心健康的训练原则、全面发展的训练原则、系统设计的训练原则、因材施教的训练原则、循序渐进的训练原则、适宜负荷的训练原则、周期安排的训练原则、适时恢复的训练原则等。

青少年篮球运动训练的基本方法包括：游戏训练法、分解训练法、完整训练法、组合训练法、重复训练法、间歇训练法、循环训练法、程序训练法、模式训练法、比赛训练法等。

（五）培养要求

篮球运动员成才必须经历的几个环节：选材、训练、管理、教育、输送等。篮球运动员的培养必须具备几个要素：自身要素、教练员要素、管理者要素、团队要素、竞赛要素、社会要素等。

结合成才环节和培养要素，培养要求归纳为以下几个方面。

1. 精确目标

指青少年篮球运动员的培养是一项系统工程，必须进行系统设计与系统规划，制定结合实际的系统目标与子系统目标，按照系统目标管理的理论与方法，实现子系统目标与系统目标的逐步优化。

2. 精读精训

指青少年篮球运动员在培养过程中，文化学习实现精读，专业练习实现精训。在有限的时间内，既要注重青少年的专业训练，又要注重青少年的文化学习，两者兼顾，协同发展，相得益彰。

3. 精雕细刻

指青少年篮球运动员在专业训练过程中，教练员传授篮球技能与相关知识，必须严格要求，耐心细致，既要使青少年知其然，又要使青少年知其所以然，还应该帮助青少年发现其必然，做到技能训练与智能训练同步。

4. 精细管理

指青少年篮球运动员在成才过程中，除了自身的天赋和教练员的天赋外，还必须配备具有高度负责的管理者，管理者的精细管理是运动员成才不可缺少的重要因素。教练员、管理者与教育者要做到形成合力，齐抓共管。

5. 精心磨炼

指青少年篮球运动员在成才过程中，起伏跌宕是十分正常的现象，教练员、管理者与教育者要在运动员经历挫折的时候，进行反复细心的帮助，教育他们胜不骄，败不馁，荣不宠，辱不惊，既要培养他们高超的技能，又要培养他们完善的人格。

6. 精益求精

指青少年篮球运动员在培养过程中，伴随着进步与成长，要求、标准与目标也要不断地提高与完善，帮助他们不断超越自我，实现为国争光的远大理想。

（六）技能发展特征

青少年篮球运动员的技能发展有其区别于其他项目的明显特征，归纳如下。

1. 有序性

指青少年篮球运动员的训练过程，从不成熟、逐步成熟到成熟，技术动作的发展从不完善、逐步完善到完善是分阶段渐进有序的。

2. 多维性

指青少年篮球运动员的培养与训练是由多维因素构成组合的，包括：品格、品质、技术、战术、思维、力量、灵敏、速度、耐力、动机与遗传等方面。

3. 稳定性

指青少年篮球运动员的训练过程中，早期基本功和技术动作的全面掌握与发展，是今后掌握与发展更多技能的基础，只有在前期全面稳定的基础上，才有更好的发展潜力。

4. 质变性

指青少年篮球运动员的成长过程，随着动作技术与能力的获得和发展，能够表现出良好的动作质量，产生质的变化。

5. 方向性

指青少年篮球运动员技术动作发展进步的方向，是在不同环境成功表现运用的实践中积累与提炼。

6. 个体性

指青少年篮球运动员的成长过程中，在积累提炼的基础上形成个体化，个体化有助于学生建立合适目标，更好地发展潜力。

三、理论基础

青少年篮球训练首先必须了解他们生长发育的生理特征（包括遗传因素与生长发育敏感期等）、心理特征、容易造成的运动损伤与预防以及身体训练的年龄特征等。

（一）青少年生长发育的生理特征

1. 小学生生长发育的生理特征

一般特点：生长发育相对缓慢，性别差异不显著。

骨骼关节特点：骨骼富于弹性但坚固不足；骨骼易弯曲变形。

肌肉特点：（1）收缩能力弱，耐力差。发育顺序：躯干肌先于四肢肌，屈肌先于伸肌，上肢肌先于下肢肌，大块肌先于小肌肉。（2）跑速提高最快的时期。

心血管功能特点：心脏发育不完善，心率较快，收缩力弱；血管发育早于心脏，血压较低；运动中依靠加快心率增加心输出量适应需要。

呼吸功能特点：呼吸肌力较弱，肺活量小，呼吸频率快，呼吸表浅。

神经系统特点：（1）大脑发育迅速，神经活动不稳，兴奋占优，好动、注意力不易集中；（2）精确动作能力较差；（3）第一信号系统活动占优，形象思维能力较强；（4）12 岁左右反应速度达到第一峰值，为发展协调能力的最佳时期。

2. 初中学生生长发育的生理特征

一般特点：进入青春发育期，生长发育加速，性别差异凸显，女性各器官系统发育提早于男性1~2岁。

骨骼肌肉特点：（1）肌肉蛋白合成加强，肌肉体积和力量增长速度加快，纵向发展，长度增加为主；（2）骨骼发育快于肌肉，关节柔韧性降低。

心血管功能特点：男性血管发育慢于心脏发育；女性心血管功能发育进入稳定期，接近于成人水平；青春期高血压病发生率增高。

呼吸功能特点：（1）由于呼吸肌力量加强，摄氧量显著增加；（2）耐力水平增长最快的时期。

神经系统特点：（1）大脑皮质功能加强，分析综合能力显著提高；（2）精确动作能力显著提高；（3）第二信号系统功能进一步发展，联想、推理能力提高；（4）为发展专门协调能力的最佳时期。

生殖系统特点：女性出现月经来潮。

3. 高中学生生长发育的生理特征

一般特点：为生长发育过程相对缓慢、稳定的阶段；女性发育停滞，男性仍具有一定的发展空间。

骨骼肌肉特点：（1）下肢骨骨化由加速渐至完成，脊柱椎体骨化趋向完成，因此，骨骼长度发育基本停止；（2）肌肉横向增长较快，小肌群迅速发育，肌肉力量增长最快时期；（3）关节柔韧性随力量增长而降低。女性20岁左右，男性25岁左右，整体肌力到达最大。

心血管功能特点：心血管发育趋于平衡，功能稳定；青春期高血压发生率降低。

呼吸功能特点：摄氧量增加放缓。

神经系统特点：（1）大脑皮质分化能力较强，反应迅速，易于掌握高难动作；（2）第二信号系统功能较完善，抽象思维能力较强；（3）20岁左右反应速度达到第二峰值。

（二）青少年生长发育的遗传度与敏感期

青少年生长发育与父母的遗传因素密不可分，见表1～表4。

表1　人体形态的遗传度

形态指标	男/%	女/%	形态指标	男/%	女/%
身高	75	92	胸围	54	55
坐高	85	85	臀围	65	60
臂长	80	75	腿围	60	65
腿长	77	92	体重	68	42
足长	82	82	心脏形态	82	82
肩宽	77	70	胸廓形态	90	90
骨盆宽	75	85			

表2　运动素质的遗传度

指标	遗传度/%
反应速度	70
动作速度	50
动作频率	30
最大力量	35
相对力量	64
无氧耐力	85
有氧耐力	70
柔韧性	70

表3 生理、生化指标的遗传度

指标	遗传度/%	指标	遗传度/%
安静心率	33	肌红蛋白含量	60～85
最大心率	85.9	血红蛋白含量	81～99
肺通气量	73	血乳酸最大浓度	60～81
最大摄氧量	89～93.6	乳酸脱氧酶活性	65～87
神经系统功能	90	红白肌纤维比例	80
CP、ATP 含量	67～89	血清睾酮含量	78（男）/91（女）
线粒体数量	70～92		

表4 个性特征的遗传度

指标	遗传度/%
性格活力	79
思考能力	72
心理状态	60
运动冲动	90
判断能力	96
冲动协调	86
意志坚韧	77
好胜性	87

青少年生长发育的敏感期见表5。

表5 生长发育的敏感期指标

指标		男孩敏感期/岁	女孩敏感期/岁
形态	身高	11、13、17	11、14、17
	体重	11～14	
	骨骼	12～14	
	肌肉	9～12、14～17	9～10
素质	速度	10～12	
	耐力	10、13、16	
	灵敏	10～12	9～12
	平衡	6～8	
	协调性	10～12	
	柔韧	7～13	6～12
	反应速度	9～12	
	移动速度	7～14	7～12
	爆发力	12～13	
	一般力量	14～16	12～13
	专向力量	14～16	
	节奏	10～12	
	模仿能力	9～12	
生理	肺活量心血管系统耐力	12～14	11～13
	最大摄氧量、氧债	14	

了解和掌握青少年生长发育的遗传度和生长发育的敏感期，对于科学合理地安排训练内容与强度负荷，有着十分重要的理论意义和实践操作价值。

（三）青少年生长发育的心理特征

1. 小学生生长发育的心理特征

这一阶段的儿童具有强烈的好奇心和求知欲；成功和鼓励会使儿童获得胜任感和勤奋感；注意力的集中和稳定性较差，一旦面临新奇、神秘、有趣的事物，就会产生探究行为；感知觉能力发展迅速；表象能力开始发展；思维开始从具体的形象思维为主要形式过渡到抽象思维为主要形式，但这时的抽象思维仍以具体形象为支柱；控制情绪的基本技巧得到发展，但自制能力有限；由于家庭环境和教育方式等原因，较多独生子女形成一些不良性格特征，如孤僻、懦弱、自私、依赖等，但不能一概而论。

2. 初中学生生长发育的心理特征

自我意识飞速发展，有较强的自尊心；强烈关注个性成长；具有半成熟、半幼稚的特点，充满着独立性和依赖性、自觉性和幼稚性相互矛盾；能较好地控制自己的注意和表象；抽象的逻辑思维已占主导地位，出现反省思维；思维的独立性和批判性也有所发展；思维具有灵活性和可逆性的特点；心理活动的随意性显著增长，能随意调节自己的行动；产生成人感，独立感强烈，开始关心自己和别人的内心世界；社会高级情感迅速发展，道德行为更加自觉，容易形成较强的集体荣誉感。

3. 高中学生生长发育的心理特征

智力接近成熟，开始出现辩证思维；道德感、理智感与美感都有了进一步发展；不仅能比较客观地看待自我，而且能明确地表现自我，敏感地防卫自我，并珍重自我，形成了理智的自我意识，然而，理想的自我与现实的自我仍然面临着分裂的危机，自我肯定与自我否定经常发生冲突；表扬和鼓励有助于青少年形成自我认同。

（四）青少年篮球运动员常见伤病及预防

1. 青少年篮球运动员运动损伤的特点及预防

（1）运动损伤的好发部位与特点

膝部：损伤发病率最高的部位，以髌骨劳损、内外侧副韧带、内外侧半月板损伤多见。

踝部：因踝关节过度内翻或外翻造成韧带损伤多见，外侧韧带损伤概率约为内侧韧带损伤的 3 倍。

腰部：急性损伤，即“闪腰”，系指腰部肌肉、筋膜、韧带或椎间关节等软组织损伤。慢性损伤主要是指腰部软组织或伴有骨组织慢性累积性损伤，多见腰肌劳损，主要由于长期局部负担过重和微伤积累所致。

其他：如手腕部损伤——手腕部韧带、关节囊、肌肉、肌腱、筋膜部分或完全撕裂伤，严重者伴有撕脱性骨折或脱位。

损伤形式：软组织损伤（肌腱、韧带、筋膜、关节囊等）；肌肉损伤；关节脱位或骨折。

（2）运动损伤产生的原因

训练负荷过度（运动量过大、局部负荷过大）；准备活动不充分；对抗性原因（跳起落地不稳、技术动作错误、冲撞、对方动作粗野）；综合身体素质差，场地气候不良，恢复不彻底（疲劳）；身体机能不良等。

（3）运动损伤预防

充分准备活动；训练负荷合理；重视运动员身体素质专项素质的练习；合理营养；普及预防损伤常识；定期体检。

2. 青少年篮球运动员常见的肌肉、韧带、关节损伤与处理方法

（1）运动员肌肉、韧带损伤及处理方法

表现形式：肌肉拉伤；肌肉挫伤；骨化性肌炎；延迟性肌肉酸痛；肌肉痉挛；韧带损伤。

早期处理及预防：肌肉、肌腱或韧带损伤按照 R. I. C. E. 原则，即休息、固定、冷敷和抬高患肢。疑有肌纤维大部分撕裂或肌肉肌腱完全断裂时，经急救处理后要迅速将伤员送至医院手术缝合。充分的准备活动对于预防肌肉韧带损伤具有重要作用。

（2）运动员关节损伤及处理方法

表现形式：关节脱位；骨折。

早期处理：立即停止运动；手法复位；小夹板固定；口服和局部应用消炎镇痛药物；疑有撕脱性骨折时，经加压包扎、固定伤肢等急救处理后，迅速将伤员送至医院及早手术。

3. 青少年篮球运动员常见的膝关节损伤与处理方法

（1）运动员膝关节损伤的种类及表现

膝半月板损伤；膝内侧副韧带损伤；前十字韧带损伤；髌骨劳损；髌骨关节疼痛综合征（髌骨软化）。

（2）运动员膝关节损伤的原因

膝关节结构复杂性特征；年龄偏小，发育不完善；技术因素；过度训练。

（3）运动员膝关节损伤的处理方法

内侧副韧带损伤及十字韧带损伤：早期处理同肌肉、韧带损伤及处理方法。

膝半月板损伤：制动；消肿止痛；急救处理后，迅速将伤员送至医院，必要时及早手术切除。

4. 青少年篮球运动员疲劳性骨膜炎症状与处理方法

（1）疲劳性骨膜炎

胫腓骨骨膜对运动负荷过大的一种炎性反应，晚期可能出现疲劳性骨折。

运动员疲劳性骨膜炎产生的早期症状：疼痛、肿胀、压痛、后蹬痛、结节及肿块。

运动员疲劳性骨膜炎产生的原因：肌肉附着点局部骨膜长期反复受力过大、负荷不当；训练方法不当；技术动作不正确；场地过硬；准备活动不充分等。

（2）运动员疲劳性骨膜炎处理方法

轻者：弹力绷带裹扎。

急性损伤症状、体征明显者：应停止训练或减低负荷量；抬高患肢，冷敷和加压包扎；效果不好者，用石膏或夹板固定，制动休息。

运动中或运动后疼痛者：采用弹力绷带包扎；局部封闭和按摩相结合。

晚期患者：出现骨膜下增生、局部症状严重者，手术植骨。

（五）青少年身体训练的年龄特征

青少年篮球运动员身体训练必须考虑心肺功能随着年龄变化和各项身体素质与年龄变化之关系（表6、表7）。

表6　不同年龄心脏若干指标变化

年龄/y	心脏的重量		每搏输出量		每搏心输出量	
	绝对值/g	心重/体重/%	绝对值/ml	相对值/ml·kg^{-1}	绝对值/ml	相对值/ml·kg^{-1}
8	96.0	0.44	25.0	0.98	2 240	88
13	172.0	0.50	35.7	0.95	2 850	76

续表 6

年龄/y	心脏的重量		每搏输出量		每搏心输出量	
	绝对值/g	心重/体重/%	绝对值/ml	相对值/$ml\cdot kg^{-1}$	绝对值/ml	相对值/$ml\cdot kg^{-1}$
15	200.0	0.48	41.5	0.95	3 150	70
18	305.0	0.51	60.0	0.88	4 300	63
成人	310.0	0.25	75.0	1.07	5 000	71

表 7　不同年龄青少年最大肺通气量与最大吸氧量

年龄/y	最大肺通气量		最大吸氧量	
	L/min	L/kg · min	L/min	L/kg · min
4 ~ 6	30 ~ 37	1.95	0.8 ~ 0.9	45 ~ 47
7 ~ 9	43 ~ 51	2.04	1.0 ~ 1.2	47 ~ 50
10 ~ 11	52 ~ 56	1.94	1.3 ~ 1.4	47 ~ 54
12 ~ 13	56 ~ 60	1.92	1.7 ~ 2.0	44 ~ 53
14 ~ 15	62 ~ 67	1.90	1.8 ~ 2.3	38 ~ 51
16 ~ 18	70 ~ 100	1.80	2.0 ~ 3.0	37 ~ 53
成人	70 ~ 120	1.90	2.0 ~ 3.0	36 ~ 50

身体素质与年龄关系如图 1、图 2 所示。

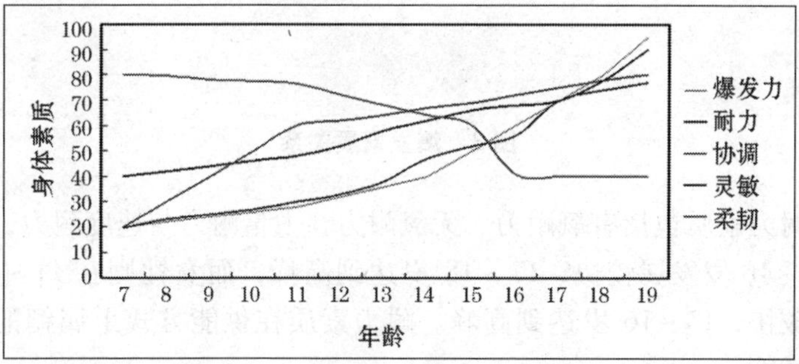

图 1　身体素质与年龄关系（男）

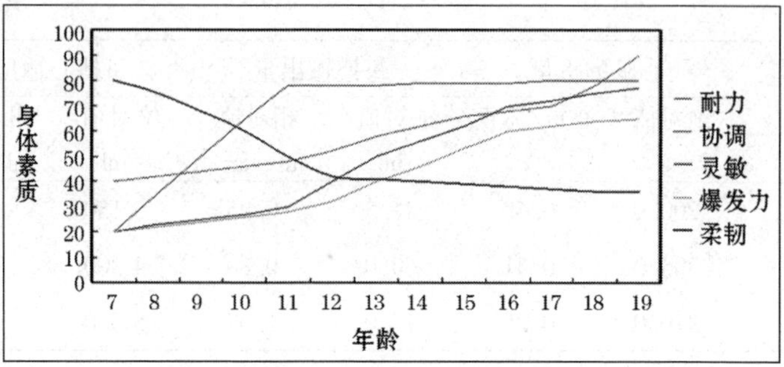

图2　身体素质与年龄关系（女）

身体素质相互关系如图3～图7所示。

身体素质包括：爆发素质、耐力素质、柔韧素质、协调素质与灵敏素质。

爆发素质包括爆发力量、爆发速度能力，男性在15～17岁年龄段发展最为迅速，而女性则在12～14岁年龄段发展最为迅速。爆发素质在供能方式上属ATP－CP供能及无氧糖酵解供能。

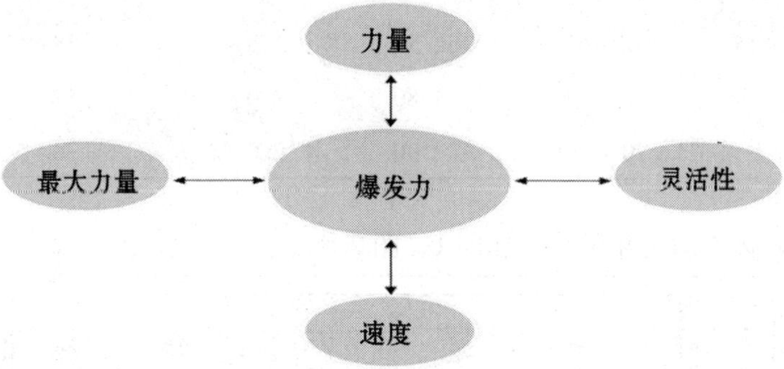

图3　爆发素质关系

耐力素质包括有氧耐力、无氧耐力、力量耐力与速度耐力，男性在13～16岁发展较快，17～18岁达到高峰，而女性则在11～14岁发展较快，15～16岁达到高峰。耐力素质在供能方式上属糖的有氧氧化供能。

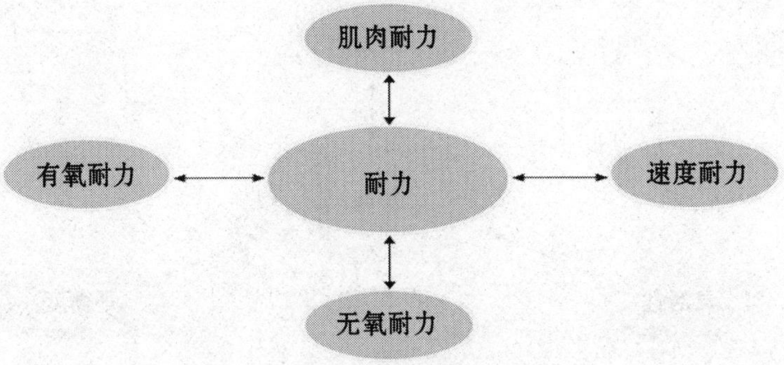

图4　耐力素质关系

柔韧素质包括关节韧带柔韧性、肌肉弹性，事实上柔韧素质随着年龄处于逐渐下降过程，但这种下降存在一个快速下降阶段，男性的快速下降阶段在15～17岁，而女性的快速下降则在12～14岁阶段。

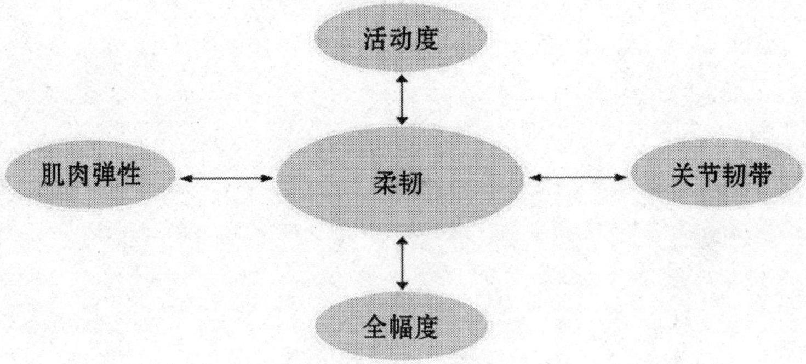

图5　柔韧素质关系

协调素质包括先天神经协调能力与后天动作学习协调能力，先天的神经协调能力在训练中的可塑性较小；后天动作学习协调能力男性与女性的快速发展时期差异不大，11～12岁加强训练可以取得事半功倍的效果。

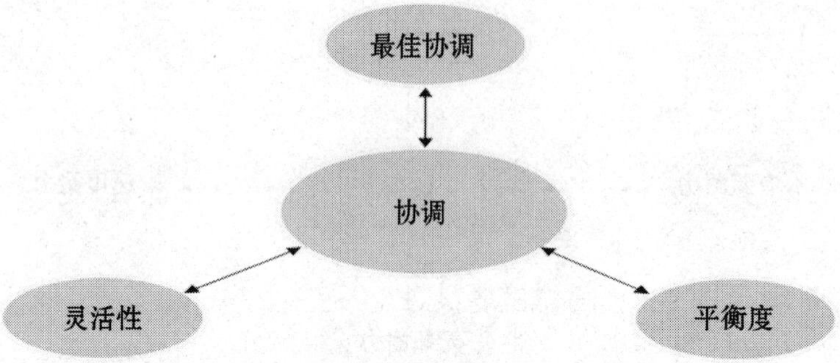

图6　协调素质关系

灵敏素质包括反应能力、速度灵敏，它随着神经系统的不断发育而趋于完善，男性与女性的快速发展时期差异不大，快速发展时期在10～15岁阶段。

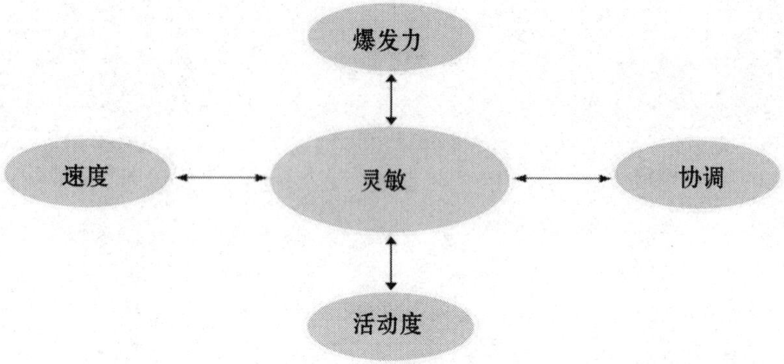

图7　灵敏素质关系

四、阶段计划

根据我国青少年篮球运动员自身的发育特点以及亚洲篮球联合会和国际篮球联合会的竞赛制度，将青少年年龄段划分为：9～10 岁、11～12 岁、13～14 岁、15～16 岁、17～18 岁 5 个年龄段，并确定每个年龄段的具体训练指导思想、训练目标、训练任务、训练内容、训练要求、训练态度、比赛安排和训练时数，身体素质训练的比重、身体、技术、战术与心理训练比重的安排等，为不同年龄段的训练提供更加系统的指导与建议，见表 8～表 12。

表 8　9～10 岁的训练计划

项目	年龄组 9～10 岁
指导思想	培养爱好，体验乐趣 抓好基础，全面发展
训练目标	1. 培养对篮球运动的兴趣与爱好 2. 初步掌握基本技术动作方法 3. 了解基础配合的战术方法 4. 提高灵敏、协调、柔韧素质 5. 培养尊重人、守纪律、负责任的良好习惯 6. 培养好奇心，启发多提问

续表 8

项目	年龄组 9～10 岁
训练任务	1. 传授篮球相关知识、趣闻 2. 传授基本功训练手段、方法 3. 传授进攻技术动作方法 4. 传授防守技术动作方法 5. 传授进攻战术基础配合方法 6. 传授防守战术基础配合方法 7. 传授灵敏、协调、柔韧训练方法 8. 培养好奇心与积极主动精神 9. 培养球性感知、抽象思维
训练内容	1. 基本功练习 2. 进攻技术方法练习 3. 防守技术方法练习 4. 基础配合方法练习 5. 灵敏、协调、柔韧训练 6. 游戏训练 7. 心理训练 8. 反应速度、动作频率训练
训练要求	1. 球性熟练，球感灵敏，手法、步伐比较协调 2. 多采用示范、观摩、观看录像等手段帮助掌握正确的基本技术 3. 多采用游戏的方式启发兴趣，培养竞争意识，全面发展各项身体素质 4. 掌握基本技术的手法、步伐、身法，养成正确的动作习惯，在移动中完成动作 5. 重点发展反应灵敏、启动灵敏、脚手灵敏协调和关节柔韧素质 6. 注重启发教育，培养学生尊重人、信任人、守纪律、负责任的良好习惯 7. 严格控制运动负荷

续表 8

项目		年龄组 9～10 岁
训练态度		1. 培养从事篮球运动的积极性，自觉自愿参加训练 2. 养成训练的良好习惯 3. 对于有关训练的事情做出积极的决定 4. 加强注意力的稳定性训练 5. 运用表象训练法提高学习效果
比赛安排		每年 20～30 场教学比赛 1. 参加教学比赛与对抗竞争比赛 2. 了解篮球比赛的过程 3. 培养参加比赛的乐趣和竞争精神
训练（周）		3～4
时数（课）		60min
身体素质训练	力量/%	5～10
	速度/%	15～20
	耐力/%	15～20
	柔韧/%	25～35
	灵敏/%	25～35
训练比重	身体/%	35
	技术/%	40
	战术/%	10
	心理/%	15

表9　11～12 岁的训练计划

项目	年龄组 11～12 岁
指导思想	强化兴趣，抓好规范， 夯实基础，全面发展
训练目标	1. 培养对篮球运动的兴趣与爱好 2. 提高基本技术动作衔接能力 3. 掌握基础配合战术方法 4. 拓展速率和有氧耐力素质 5. 培养理解人、帮助人的良好习惯 6. 培养观察、分析比赛的思维能力
训练任务	1. 传授技战术的概念与方法 2. 传授基本功的衔接组合 3. 传授进攻技术动作技巧 4. 传授防守技术动作技巧 5. 传授进攻基础战术配合变化方法 6. 传授防守基础战术配合变化方法 7. 传授速率、有氧耐力训练方法 8. 培养观察分析与勇敢顽强作风 9. 培养球速感知、形象思维
训练内容	1. 基本功组合练习 2. 进攻技术的组合练习 3. 防守基础的组合练习 4. 进攻基础配合练习 5. 防守基础配合练习 6. 进攻战术配合练习 7. 防守战术配合练习 8. 有氧耐力训练 9. 加强女子力量与柔韧训练 10. 作风培养与分析的思维训练

续表 9

项目		年龄组 11~12 岁
训练要求		1. 球性、球感熟练自如，手脚协调，反应移动敏捷 2. 进攻技术符合规格要求，动作衔接组合协调 3. 防守技术能够合理选择位置，贴近对手，干扰持球队员 4. 基本具备攻守配合的能力，攻守转换反应及时，转换迅速 5. 重点发展反应速度、启动速度、动作速率和有氧耐力素质 6. 注重实践训练，在比赛中提高技术的应用能力与视野观察判断能力
训练态度		1. 激发积极训练的动机 2. 提高自律能力，改善自我控制能力 3. 培养集体观念和团队精神 4. 处理好训练、学习、娱乐和生活的关系 5. 注意力控制、心理放松训练
比赛安排		每年 30 场教学比赛、10 场正规比赛 1. 学习比赛技巧，熟悉了解竞赛规则 2. 增加参与比赛的次数 3. 不断总结比赛的经验和教训
训练（周）		4~5
时数（课）		70min
身体素质训练	力量/%	10~15
	速度/%	15~20
	耐力/%	20~25
	柔韧/%	20~30
	灵敏/%	20~30

续表 9

项目		年龄组 11～12 岁
训练比重	身体/%	35
	技术/%	35
	战术/%	15
	心理/%	15

表 10　13～14 岁的训练计划

项目	年龄组 13～14 岁
指导思想	激励动机，突出重点，发展技能， 增强体能，培养智能，塑造性格， 储备人才，全面发展
训练目标	1. 强化兴趣与爱好 2. 培养基本技术动作规范 3. 掌握战术配合应变方法 4. 发展力量、灵敏和耐力素质 5. 培养信任人、会交往的社交能力 6. 提高篮球战术思维能力
训练任务	1. 传授技战术概念与方法 2. 传授基本功的应用组合 3. 传授进攻技术的应用技巧 4. 传授防守技术的应用技巧 5. 传授进攻基础战术应用时机 6. 传授防守基础战术应用时机 7. 传授力量、速度训练方法 8. 培养相互信任与团队协作 9. 培养时空感知、综合思维

续表 10

项目	年龄组 13～14 岁
训练内容	1. 基本功应变练习 2. 进攻技术的应用练习 3. 防守技术的应用练习 4. 进攻战术配合练习 5. 防守战术配合练习 6. 攻守转换配合练习 7. 速度、力量与无氧练习 8. 比赛技巧与团队协作训练 9. 综合思维与战术思维训练
训练要求	1. 人、球一体控制自如，反应敏捷，移动迅速 2. 进攻技术动作规范，技术应用时机合理 3. 防守技术应用合理，选位、堵位、干扰、封堵、抢断正确 4. 能够执行战术布置，攻守配合的整体战术意图清晰 5. 重点发展速度力量、力量耐力和有氧耐力 6. 总结分析实战案例，提高战术思维能力 7. 合理安排运动负荷
训练态度	1. 树立个人的训练目标与自信心 2. 提高自我控制能力，遵守和执行有关管理规定 3. 锻炼顽强的意志品质 4. 学会沟通与交往 5. 提高自身的文化修养 6. 加强思维能力的训练
比赛安排	每年 40 场教学比赛、20 场正规比赛 1. 检验技术运用效果 2. 检验战术运用效果 3. 参加不同类型的比赛，积累比赛经验

续表 10

项目		年龄组 13 ~ 14 岁
训练（周）		6 ~ 8
时数（课）		90min
身体素质训练	力量/%	15 ~ 20
	速度/%	20 ~ 25
	耐力/%	25 ~ 30
	柔韧/%	15 ~ 20
	灵敏/%	15 ~ 20
训练比重	身体/%	30
	技术/%	35
	战术/%	25
	心理/%	10

表 11　15 ~ 16 岁的训练计划

项目	年龄组 15 ~ 16 岁
指导思想	树立目标，明确方向，提高技能， 突出特长，锤炼性格，发展素养， 输送人才，全面培养
训练目标	1. 激励投身篮球运动 2. 强化基本技术灵活运用 3. 强化战术配合的灵活应用 4. 增强爆发力与专项耐力素质 5. 培养互助协作的团队精神 6. 提高篮球竞赛的战术意识

续表 11

项目	年龄组 15～16 岁
训练任务	1. 传授竞赛规律 2. 传授基本功应变组合 3. 传授进攻技术应变技巧 4. 传授防守技术应变技巧 5. 传授进攻战术应变方法 6. 传授防守战术应变方法 7. 传授爆发、专项耐力方法 8. 培养意志品质与团队精神 9. 培养本体感知、散发思维
训练内容	1. 基本功对抗练习 2. 进攻技术对抗练习 3. 防守技术对抗练习 4. 攻守战术磨合练习 5. 攻守转换针对性练习 6. 爆发素质和专项耐力素质练习 7. 意志品质的特殊练习 8. 战术思维、战术意识的特殊练习
训练要求	1. 人、球一体，随心所欲，随机应变，随意组合 2. 实战对抗中能合理掌握投、传、运、突、切的时机 3. 实战防守中，掌握攻击性防守的技术要求，并进行防守协作 4. 整体战术意识清醒，合理运用技术去创造和把握战机 5. 重点发展速度、爆发力量与专项耐力的无氧训练 6. 健全个人的训练日记，及时总结分析成长经历
训练态度	1. 树立事业心，明确责任 2. 培养自身良好的性格特征，学会与人共处 3. 顽强的意志品质，良好的处事心态 4. 加强与教练员的交流与沟通 5. 加强自控与意志品质训练

续表 11

项目		年龄组 15～16 岁
比赛安排		每年 50 场教学比赛、30 场正规比赛 1. 学会在实战对抗中运用技术与战术 2. 学会承受比赛结果，调节心理状态 3. 培养阅读比赛的经验和比赛意识
训练时数	（周）	9～10
	（课）	120min
身体素质	力量/%	20～25
	速度/%	20～25
	耐力/%	20～25
	柔韧/%	10～15
	灵敏/%	10～15
训练比重	身体/%	30
	技术/%	30
	战术/%	30
	心理/%	10

表 12　17～18 岁的训练计划

项目	年龄组 17～18 岁
指导思想	明确志向，专业发展，个性明显， 形成特长，增长经验，拓展素质， 锁定目标，为国争光

续表 12

项目	年龄组 17～18 岁
训练目标	1. 明确投身篮球运动的目的 2. 提高技术运用的对抗能力 3. 提高战术运用的应变能力 4. 专项体能素质的全面发展 5. 具备团队协作的性格特征 6. 具备篮球比赛的战术素质
训练任务	1. 传授制胜要素 2. 传授基本功创新组合 3. 传授进攻技术对抗技巧 4. 传授防守技术对抗技巧 5. 传授进攻战术的创新应用 6. 传授防守战术的创新应用 7. 传授专项体能素质自我发展 8. 情绪稳定与个性特征培养 9. 创新思维的培养
训练内容	1. 基本功自主练习 2. 位置技术对抗练习 3. 特长技术的难度练习 4. 战术配合的应变练习 5. 专项体能、专项素质的特殊练习 6. 战术意识、心理素质的特殊练习 7. 特殊状态的针对性练习

续表 12

项目		年龄组 17 ~ 18 岁
训练要求		1. 攻守技术娴熟自如，实战对抗中能应变自如 2. 全面掌握不同位置的攻守技术，特长技术凸显，形成绝招技术 3. 发挥个人特长技术，为自己与队友创造有利战机 4. 战术意识清晰，团队合作明确，拼抢意识突出 5. 具备在激烈、复杂、凶狠对抗中的体能素质 6. 具备情绪稳定、作风顽强的心理素养
训练态度		1. 建立和加强社会责任感 2. 培养为国家争光的荣誉感 3. 学习参与计划的制订与实施 4. 既能自我负责又能帮助他人 5. 提高个人素质与文化素养 6. 加强情绪调控训练 7. 培养谦虚谨慎的人生态度
比赛安排		每年 60 场教学比赛、40 场正规比赛 1. 熟悉和运用竞赛规则 2. 提高技战术运用技巧，积累对抗、应变与阅读比赛的经验 3. 完善和提高心理调节能力
训练时数	（周）	10 ~ 12
	（课）	150min
身体素质	力量/%	20 ~ 30
	速度/%	20 ~ 30
	耐力/%	20 ~ 30
	柔韧/%	5 ~ 10
	灵敏/%	5 ~ 10

续表 12

项目		年龄组 17～18 岁
训练比重	身体/%	25
	技术/%	30
	战术/%	35
	心理/%	5

五、训练内容

9~10岁年龄段的训练内容

（一）基本功训练内容及要求

1. 基本功训练内容

（1）手上基本功练习

手上基本功练习内容主要包括球性、球感和球速3个方面。

球性：指运动员手指、手腕及手臂对球旋转的感知能力与支配能力，即通常所讲的手上支配球的能力。运动员利用手指、手腕及手臂围绕身体的不同方向与不同部位，运用传、递、挥、摆、绕、抛、接、捏、举、抓、点和拨等方式与方法，感知球的性能，体会球的方位，控制球的旋转，强化手指、手腕及肢体的本体感受，改善神经系统的调节功能，提高手支配球的能力。例如：原地两手举球手指、手腕体前由低向高或由高向低地点拨球练习；两手持球手指、手腕、手臂体前由低向高或由高向低地提拉挥摆球练习；两手持球手指、手腕、手臂绕身体由脚、膝、髋、肩、头顺时方向或反向地传递球练习；两手持球手指、手腕、手臂绕身体胯下前后“8”字传递球练习等举一反三的练习方法。

球感：指运动员手指、手腕及手臂对球落点的感知能力与控制能力，即通常所讲的手上控制球的能力。运动员利用手指、手腕及手臂原地围绕身体或行进间移动，通过按、拍、提、拉、推、拨、运和转等方式与方法感知球的弹性，体会球的空间，控制球的落点，强化人球一体的体验，改善神经系统的调节功能，提高手控制球的能力。例如：原地体前两手交替拍按球练习；体前胯下两手交替拍按球练习；体前左右手交替高低运球练习；体前左右手交替变向运球练习；身体两侧左右手推拉运球练习等举一反三的练习方法。

球速：指运动员手指、手腕及手臂对球的旋转和球的落点在动作幅度与动作节奏变化时的感知能力与控制能力（包括运动员在原地或行进间接不同方向与不同速度球的能力），即通常所讲的手上功夫。运动员利用支配球和控制球等方式与方法，变换支配球与控制球的动作幅度与动作节奏，感受动作幅度与节奏变化时手脚配合的本体知觉和迎接不同方向与不同速度来球的本体感觉，体验人球一体，随心所欲身体重心的时空位置，调节神经系统的指挥功能，提高手支配球与控制球的能力。例如，原地两手持球手指、手腕、手臂体前由低向高或由高向低地提拉挥摆球时变化动作幅度与动作频率练习，两手持球手指、手腕、手臂绕身体胯下前后“8”字传递球时变化动作幅度与动作频率练习，体前左右手交替高低运球时变化动作幅度与动作频率练习，体前左右手交替变向运球时变化动作幅度与动作频率练习等举一反三的练习方法。

手上基本功主要练习手段与方法的组合包括：原地球性练习、行进间球性练习、原地球感练习、行进间球感练习、原地球速练习、行进间球速练习。

（2）脚步基本功练习

脚步基本功练习内容主要包括步伐、跑法和跳法 3 个方面。

步伐：指运动员身体重心前后左右移动时采用的各种脚步动作方法，即通常所讲的脚步灵活性。运动员利用起步、停步、并步、跨步、上步、撤步、滑步、跳步、交叉步、绕步与转身等方式与方法，变换身体重心移动的位置与节奏，感受脚掌、踝关节、膝关节和髋关节的本体知觉，体验身体重心移动时的时空位置，调节神经系统的指挥功能，提高脚步动作的灵活性。如原地的前转身、后转身步伐练习，起步与一步急停练习，起步与两步急停练习，各种方向的前滑步、横滑步、后滑步与后撤步练习等举一反三的练习方法。

跑法：指运动员身体位置移动和改变方向时采用各种跑的动作方法，即通常所讲的跑的能力与技巧。运动员利用加速跑、侧身跑、变向跑、变速跑、后退跑、交叉跑等方式与方法，变换身体移动的速度与方向，体验跑步过程中脚手协调配合的本体感知，掌握跑的节奏、频率与时间、空间、区域及位置，调节神经系统的指挥功能，提高跑的能力与技巧。例如：启动跑、加速跑、侧身跑、变向跑、变速跑、后退跑和交叉步等不同距离、不同方向跑的练习方式与方法。

跳法：指运动员身体重心上下移动和变向移动时采用各种跳的动作方法，即通常所讲跳的能力与技巧。运动员利用双脚跳、单脚跳、跨步跳、并步跳及垫步跳等动作方式与方法，变换身体重心上下、左右、前后移动的速度与方向，体验跳的时间、空间、区域与方位，掌握跳的节奏、时机与位置，调节神经系统的指挥功能，提高跳的能力与技巧。例如：双脚跳、单脚跳、跨步跳、并步跳、垫步跳等动作的练习，以及向前、向后、向侧、向左、向右不同方向的跳跃练习方式与方法。

脚步基本功主要练习手段与方法组合包括无球的步伐练习、有球的步伐练习、无球的跑法练习、有球的跑法练习、无球的跳法练习、有球的跳法练习等。

（3）腰髋基本功练习

腰髋基本功练习内容主要包括脚掌脚踝关节、膝关节和髋关节3个环节的练习。运动员在完成各种技术动作过程中，利用脚掌、脚跟、脚内侧、脚外侧及全脚掌的不同部位，进行蹬、伸、屈、收、辗、转、跨、旋的机械动力和缓冲，在脚掌脚踝关节、膝关节与髋关节相应肌群的配合下，完成各种步伐、跑法与跳法的不同运动。3个环节结构较为复杂，参与运动的肌肉、肌腱较多，其关节的稳定性与灵活性主要取决于神经系统的调节与控制，对于篮球运动员身体重心的控制及速度的发展与弹跳的提高尤为重要。值得指出的是，任何一个环节的练习，3个环节都是相互贯通的；3个环节的练习与任何一种脚步练习是紧密相连的；提高3个环节的练习质量与身体训练尤其是力量训练是密不可分的。例如，徒手原地进行脚掌、脚跟、脚内侧、脚外侧及全脚掌不同部位的蹬、伸、辗、转、旋与脚踝内翻、外翻练习；徒手原地进行提踵、身体重心上下变化与左右变化练习；徒手原地进行跨步、顺步、交叉步、前转身、后转身练习；持球原地进行脚掌、脚跟、脚内侧、脚外侧及全脚掌不同部位的蹬、伸、辗、转、旋与脚踝内翻、外翻练习；持球原地进行提踵、身体重心上下变化与左右变化练习；持球原地进行跨步、顺步、交叉步、前转身、后转身练习；原地双手支撑进行髋关节的旋外与旋内、膝关节外展与内收练习；各种姿势与各种方向的启动与急停、行进间前交叉步、后交叉步、前后交叉步跑等举一反三的练习方法。

（4）视野基本功练习

视野基本功练习内容主要包括观察反应、判断反应和决策反应3个方面。篮球运动员在球场上做出任何一种攻守行为的选择，都是以观察反应为前提，判断反应为基础，决策反应为核心。运动员只有看得到，才能想得到，也才可以做得到，看到、想到、做到是一个行为过程，也是一个决策过程。观察、判断、决策既是一个准确完整的行为链，更是一个快速敏感的神经思维活动链。观察反应取决于视野的宽度，判断反应取决于思维的敏感度，决策反应取决于行为的速度。视野观察的宽度与思维决策的深度有机结合，对于提高篮球运动员的技能与潜能有着十分重要的作用。与其说篮球运动员的视野基本功是在练行为，倒不如说更重要的是在练决策，关键是如何将视野观察训练与神经思维训练有机结合。例如：原地小步跑并观察教练员手势做出各种反应启动练习；原地徒手跳观察教练员手势做出各种反应练习；原地运球并观察教练员手势做出各种移动练习；原地基本站立姿势观察不同角度信号做出不同方向的移动练习；原地运球观察不同角度信号做出不同方向的运球练习；徒手移动中观察教练员手势做不同的反应练习；运球移动中观察教练员手势做不同反应练习等举一反三的手段与方法。

2. 基本功训练要求

（1）基本功练习以启发学生兴趣为主，注重两手协调发展，脚手协调发展，观察判断协调发展；此年龄段学生注意力容易分散，每个项目的练习时间以 3～5min 为宜。

（2）通过球性练习使学生获得支配球的基本技能；提高学生手脚配合协调性与神经系统的灵活性。

（3）通过球感练习使学生获得控制球的基本技能，根据此年龄段学生生长发育的特点，控制球的练习形式可以重点安排。

（4）通过各种步伐、跑法与跳法练习，使学生获得停、起、转、跨、跳、落等控制身体重心与身体平衡的基本技能；在脚步移动练习过程中，注重培养学生两脚均能作为中枢脚的能力。

（5）在基本功练习过程中，多以游戏的方式为妥，注意严格控制运动负荷。

（二）技术训练内容及要求

1. 技术训练内容

（1）进攻技术训练内容

① 进攻脚步移动技术

进攻基本姿势和各种步伐与跑的正确姿势与动作方法。

不同方向的启动与不同步伐及节奏的急停。

不同距离与不同方向的启动、加速跑。

不同距离与不同方向的启动、侧身跑。

不同距离、不同方向的交叉步与不同方法的急停。

不同距离与不同方法的启动、摆脱与切入。

顺向跨步、交叉步跨步与前转身、后转身。

② 运球技术

高运球、低运球、运球急起与急停。

体前换手变向运球、胯下运球、背后运球。

半转身运球、后转身运球。

③ 接球技术

双手接胸部高度的球、双手接高于胸部的球、双手接低于胸部的球、双手接体侧球、单手接体侧球、单手接高球。

④ 传球技术

双手头上传球、双手低手传球、双手反弹传球、单手体侧传球、单手胸前传球、单手反弹传球。

⑤ 投篮技术

双手胸前持球的正确姿势与双手胸前投篮的模仿动作。

单手胸前持球的正确姿势与单手胸前投篮的模仿动作。

近距离原地双手胸前投篮。

近距离原地单手胸前投篮。

运球行进间左右手单手高手投篮、低手投篮。

运球行进间左右侧双手投篮。

行进间接球左右手单手高手投篮、低手投篮。

行进间接球左右侧双手投篮。

⑥ 突破技术

原地持球突破投篮假动作模仿。

原地持球突破传球假动作模仿。

原地持球突破投篮假动作与顺步突破模仿。

原地持球突破传球假动作与顺步突破模仿。

原地持球突破投篮假动作与交叉步突破模仿。

原地持球突破传球假动作与交叉步突破模仿。

原地持球同侧步突破。

原地持球交叉步突破。

（2）防守技术训练内容

① 防守脚步移动技术

防守基本姿势和各种步伐与跑的正确姿势与动作方法。

不同方向的启动与不同步伐、节奏的急停。

平步防守的基本姿势与基本步伐。

斜步防守的基本姿势与基本步伐。

不同距离与不同方向的启动、加速跑。

不同距离与不同方向的启动、侧身跑。

不同距离的交叉步与不同方法的急停。

不同距离与不同方法的滑步。

前转身、后转身与上步、后撤步。

绕前步与基本站立姿势、绕后步与侧身站立姿势。

② 挑、打、抢球技术

平步防守上步挑球与回防。

斜步防守上步挑球与回防。

平步防守上步打球与回防。

斜步防守上步打球与回防。

平步防守上步抢球与回防。

斜步防守上步抢球与回防。

③ 防守接球选位

防守外线接球选位。

防守内线接球选位。

④ 防守传球选位、手部封堵与脚步移动

平步防守持球者的选位、手部封堵与脚步移动。

斜步防守持球者的选位、手部封堵与脚步移动。

⑤ 防守运球选位与移动

防守运球者横向移动的姿势与移动步伐。

防守运球者斜向移动的姿势与移动步伐。

⑥ 防守持球突破选位与移动

防守持球者同侧步突破的选位与移动。

防守持球者交叉步突破的选位与移动。

2. 技术训练要求

（1）初步掌握各种进攻、防守脚步移动的基本站立姿势、基本移动步伐、基本跑步与跳跃的基本技能。

（2）学习各种接球的动作与方法，初步掌握获得球的基本技能；学习不同传球动作与方法，初步掌握传球基本动作要领。

（3）学习不同运球动作与方法，初步掌握运球动作基本要领，要求学生两手均能完成运球动作。

（4）根据此年龄段学生生长发育特点，投篮技术教学训练一定要结合学生实际情况进行安排，以徒手模仿练习、行进间投篮练习和近距离投篮练习为主；持球投篮练习以双手胸前投篮、单手胸前投篮为妥；对持球手法与部位和“蹬地、伸膝、展腰、抬肘、伸臂、屈腕、拨球”发力顺序等要求必须细致准确，培养学生正确的投篮动作规范，初步掌握双手、单手投篮动作基本要领，切忌成人化的投篮教学训练方法。

（5）学习原地持球突破动作方法，体会投篮假动作、传球假动作以及蹬跨、转体、探肩、护球时身体重心变化的感知能力，初步掌握持球突破时控制身体重心的基本技能。

（6）学习不同的防守选位策略与方法，要求学生体会防守选位的重要意义与不同的防守选位方法，初步掌握防守持球队员、防守无球队员的基本要领。

（7）学习防守持球队员抢球、打球与挑球的基本手法与基本步伐，体会上步与后撤步以及脚手配合的基本要领。

（8）技术教学训练注意培养学生思维能力，每个攻守技术都应该向学生介绍为什么要这样做，这样做的动作要领是什么。

（9）此年龄段学生的技术教学训练可以采用寓教于乐的形式，运用游戏、记时、记数等趣味性的手段与方法，提高学生的练习兴趣，掌握好每个练习的时间与每次课的练习负荷。

（三）战术训练内容及要求

1. 战术（基础配合）训练内容

（1）进攻基础配合

① 利用运球给同伴掩护时的传球配合。

② 突分配合：底线运球突破传内线位置定点球；45°运球突破传同侧外线位置定点球；弧顶中路运球突破传两侧外线定点球。

③ 传切配合：弧顶中路持球传45°外线正切配合；弧顶中路持球传45°外线反切配合；45°持球传弧顶中路外线正切配合；45°持球传弧顶中路外线反切配合。

（2）防守基础配合

① 防守运球突破的关门。

② 防守运球掩护的换人。

2. 战术训练要求

（1）战术教学训练注意学生思维能力的培养，每个攻守配合都应该向学生介绍为什么要这样做，这样做的动作要领是什么。

（2）学习2～3人传切配合，运球突破传球配合，体会配合过程中传球的方式与方法，初步掌握配合的位置、时间、路线与方法，体验进攻配合的乐趣。

（3）进攻基础配合教学训练过程中，尤其是在进攻配合即将结束的时候，注意培养学生由攻转守的转换意识。

（4）学习2～3人防守运球突破的关门，运球掩护的换人，体会关门配合过程中的时机与方法，体验换人过程中的时机与要求，感受防守配合的乐趣。

（5）防守基础配合教学训练过程中，尤其是在防守配合即将结束的时候，注意培养学生由守转攻的转换意识。

（6）基础战术的教学训练，以学生体会配合方式与方法，体验配合成功与失败的感受，提高学生训练兴趣为主要目的，防止急功近利和急于求成的做法。

（四）身体训练内容及要求

1. 身体训练内容

（1）反应练习

听信号、看手势不同方向、不同距离、不同步伐的启动与急停练习；听信号、看手势不同方向、不同距离的加速跑、侧身跑、变速跑与变向跑练习；听信号、看手势不同方向、不同距离的前滑步、后滑步、横滑步、交叉步移动练习等。

（2）速率练习

单摇跳绳快速交替跑练习；跳皮筋、软梯（格子）各种步伐与各种频率的跑跳练习；原地支撑高抬腿、原地高抬腿、原地变速跑与原地小步跑的节奏变化与快频率练习等。

（3）灵敏练习

原地 2 人正面反向模拟的反应练习；原地 2 人正面推、摸躲闪与拉、坠、揣等借力省力的技巧练习；迎面躲闪同伴或障碍物练习；多人追逐躲闪、躲闪追逐练习；走梅花桩练习；行进间跑步跨栏架与钻栏架练习；垫上前滚翻、后滚翻、侧滚翻练习等。

（4）柔韧练习

手指关节柔韧性与灵活性练习；肩关节柔韧性与灵活性练习；踝关节柔韧性与灵活性练习；膝关节柔韧性与灵活性练习；髋关节柔韧性与灵活性练习；躯干及腰部柔韧性与灵活性练习等。

（5）协调性练习

手臂动作协调性练习；脚步动作协调性练习；手脚配合协调性练习；跳绳、跳橡皮筋、跳格子协调性练习；徒手单足跳、双足跳、垫步跳、跨步跳练习；固定平衡木走、跑、跳练习；平衡木移动与摇摆的平衡性练习等。

（6）力量练习

仰卧起坐、屈腿仰卧起坐、仰卧两头起练习；俯卧背起、俯卧两头起练习；立卧撑、手靠墙倒立练习；爬绳、爬竿练习；单杠双手悬吊练习；跑台阶、沙坑跳练习；实心球、小哑铃等轻器械练习等。

2. 身体训练要求

（1）根据此年龄段学生生长发育的特点，灵敏、反应、柔韧素质是身体教学训练的练习重点，尤其是柔韧素质更为重要。在教学训练过程中，围绕重点内容其手段方法应该多种多样，每个练习的时间一般以 3 ~ 5min 为宜。

（2）根据此年龄段学生身体素质发育敏感期的特点，发展速度与动作频率是最佳时期。在教学训练过程中，应该以提高学生神经系统的灵敏性为重点，突出安排反应速度与动作速率的练习，适当安排移动速度的练习，而且在安排移动速度练习中以短距离为妥，必须严格控制运动负荷。

（3）此年龄段学生柔韧练习水平应该达到：肩关节能在双臂伸直并保持平行的状态下自由地从头上前后摆动，能够完成双腿的横叉与纵叉。

（4）此年龄段学生要加强平衡能力与协调能力的练习，使学生能够协调地完成各种跳跃动作，行进间能够任意地进行单脚起跳和双脚起跳。

（5）此年龄段学生的力量练习，应该以小肌群力量和各关节的环节肌群练习为重点，适当安排克服自身重量的肢体练习和小器械练习。在练习过程中，以徒手练习为主，小器械练习为辅，注意主动肌与协同肌的协调发展。

（6）此年龄段学生的身体训练可以与其他内容的训练交替安排，注意练习手段与方法的多样化，提高学生的兴趣与练习的实际效果。

（五）心理训练内容及要求

1. 心理训练内容

（1）表象训练

结合教练员的讲解、示范以及观看视频教材，组织学生进行表象训练，培养学生观察、理解、想象的能力。

（2）感知训练

结合基本功和技术教学训练内容，提高学生支配球与控制球的感知能力，提高移动中视野宽度与深度的观察能力，以及身体移动中时间、空间的感知能力。

（3）注意力训练

结合基本功、技术、战术和身体教学训练内容，进行学生注意力集中、注意力转移与注意力分配练习。

（4）理解人与尊重人训练

结合教学训练内容尤其是战术配合内容，进行同伴之间相互理解与相互尊重的教育，使学生能够理解与尊敬同伴。

2. 心理训练要求

（1）此年龄段学生心理训练必须与基本功、技术、战术、身体训练内容紧密结合，同步实施。

（2）此年龄段学生既要提高基本功、技术、身体训练水平，也必须同时提高心理素质和心理承受水平。

（3）在此年龄段学生教学训练过程中，培养兴趣爱好是第一位的，同时还应该教育他们练球必须先理解人、尊重人。

（六）理论教育内容及要求

1. 理论教育内容

（1）阅读球场

讲解规则中关于球场的线、圈、区、篮筐、篮板等规定与作用。

（2）讲解要领

重点讲解基本站立姿势、基本步伐、跑法、手法等动作内容的规格、规范与要领。

（3）讲述故事

重点讲述篮球运动起源与发展，及我国优秀篮球前辈成长的故事，培养学生的好奇心。

（4）介绍知识

重点介绍从事篮球运动训练对促进青少年身体健康、身心发育和团队建设等作用的知识。

2. 理论教育要求

（1）教育学生了解篮球竞赛规则的基本知识，学会理解规则并遵守规则，懂得篮球规则是篮球竞赛法规的基本道理。

（2）教育学生知道篮球运动训练不仅是掌握技术动作，更重要的是要理解技术动作的要领，掌握技术动作的规格。

（3）教育学生了解篮球运动训练方面基本的生理知识，知道从事篮球运动训练对于促进身体和心理发展的积极作用。

（4）教育学生了解篮球运动起源与发展的基本知识，启发学生对篮球运动的爱好与兴趣。

11~12 岁年龄段的训练内容

（一）基本功训练内容及要求

1. 基本功训练内容

（1）手上基本功组合练习

① 球性、球速的组合练习

两手绕身体传递球动作节奏变化与动作幅度变化练习；行进间绕身体传递球练习；胯下体前、体后传递球动作节奏变化与动作幅度变化练习；跨步移动前后绕腿传递球动作节奏变化与动作幅度变化练习；行进间胯下传递球动作节奏与动作幅度变化等举一反三的练习方式与方法。

② 球性、球感的组合练习

体前抛传体后接球练习，体后抛球体前接球练习；体前胯下击地传球体后接球练习，体后胯下击地传球体前接球练习；双手两球体前交替击地传接球练习；原地坐下双腿举起两手绕腿传递球练习；原地坐下两腿直并，左右手交替运球，绕腿或身体前后交换等举一反三的练习方式与方法。

③ 球感、球速的组合练习

原地体侧高、低运球动作节奏与动作幅度变化的交替练习；原地体前两手变向运球动作节奏变化、动作频率变化与动作幅度变化练习；体前、体后绕胯下运球动作节奏变化、动作频率变化与动作幅度变化练习；原地两手运两球练习；行进间两手运两球等举一反三的练习方式与方法。

（2）脚步基本功组合练习

① 步伐、跑步的组合练习

启动—加速跑—两步急停、启动—变速跑——步急停、启动—变向跑—两步急停练习；启动—交叉步跑—两步急停练习；前滑步—加速跑—两步急停练习；横滑步—交叉步跑—两步急停练习；上步—后撤步—侧身跑—两步急停等举一反三的练习方式与方法。

② 步伐、跳法的组合练习

上步单脚起跳、双脚起跳练习；交叉步单脚起跳、双脚起跳练习；后撤步单脚起跳、双脚起跳等举一反三的练习方式与方法。

③ 跑步、跳步的组合练习

跑步单脚起跳、跑步双脚起跳、跑步单跳双停起跳练习；交叉步跑侧身向前单脚起跳、双脚起跳练习；交叉步跑侧身向后单脚起跳练习；变向跑侧身单脚起跳、双脚起跳等举一反三的练习方式与方法。

（3）腰髋基本功组合练习

原地支撑两腿交替高抬腿练习；原地支撑两腿交替膝关节内收、髋关节内旋练习；原地支撑两腿交替膝关节外展、髋关节外旋练习；行进间小步跑抬腿、举腿、膝关节外展、髋关节外旋练习；行进间小步跑抬腿、举腿、膝关节内收、髋关节内旋练习；前转体交叉步跑、后转体交叉步跑、前后交叉步跑等举一反三的练习方式与方法。

（4）视野基本功组合练习

看信号做判断不同方向、不同距离的脚步移动练习；看信号做判断不同方向、不同距离的接球练习；看信号做判断不同方向、不同距离的抢球练习；看手势做判断不同方向、不同距离的脚步移动练习；看手势做判断不同方向、不同距离的接球练习；看手势做判断不同方向、不同距离的抢球等举一反三的练习方式与方法。

2. 基本功训练要求

（1）通过手上基本功组合练习，使学生获得支配球和控制球的基本技能，争取做到球性、球感、球速熟练自如，得心应手，两手协调，手脚协调，反应敏捷，移动迅速。

（2）通过脚步基本功组合练习，使学生获得快速移动脚步与控制身体重心的基本技能，争取做到反应速度快、启动速度快、移动速度快，急停步伐清楚，重心平稳。

（3）腰髋基本功练习的主要目的是要提高学生脚踝关节、膝关节与髋关节的灵活性与稳定性，防止运动损伤，3个环节的练习必须引起高度重视。

（4）视野基本功练习实际上贯彻在所有教学训练内容之中，观察、判断、反应不仅是一个行为过程，更重要的是一个思维活动过程，在教学训练过程中，更应该注意提高学生的思维活动能力。

（5）在基本功组合练习过程中多以游戏的方式为妥，注意严格控制运动负荷。

（二）技术训练内容及要求

1. 技术训练内容

（1）进攻技术组合训练内容

① 进攻脚步移动组合技术

基本站立姿势—启动—加速跑（侧身跑、变向跑、变速跑）练习。

启动—向上移动—急停变向—向下摆脱练习。

启动—向下移动—急停变向—向上摆脱练习。

启动—向里移动—急停变向—向外摆脱练习。

启动—向外移动—急停变向—向里摆脱练习。

启动—向上移动—急停—抢位练习。

启动—向下移动—急停—抢位练习。

启动—横向移动—急停—抢位练习。

② 运球组合技术

原地组合运球练习：如高运球—低运球—体前换手变向运球—胯下运球—背后运球等。

行进间组合运球练习：如运球急起—急停—半转身运球—体前换手变向运球—后转身运球—背后运球—胯下运球等。

③ 接球技术

单手接胸部高度的球、单手接高于胸部高度的球、单手接低于胸部高度的球、单手接反弹球、双手接反弹球等。

徒手摆脱后的各种接球组合练习。

④ 传球技术

双手胸前传球、双手低手递传球、单手递传球、单手背后传球。

徒手摆脱接球后的各种传球组合练习。

⑤ 投篮技术

双手持球的正确姿势与双手胸前投篮的模仿动作。

单手持球的正确姿势与单手肩上投篮的模仿动作。

近距离原地单手肩上投篮。

中距离原地双手胸前投篮。

徒手摆脱接球后的单手肩上、双手胸前投篮组合练习。

运球行进间左右手单手勾手投篮。

运球行进间反勾手投篮。

徒手摆脱接球后运球行进间的投篮组合练习。

行进间接球左右手单手勾手投篮。

行进间接球反勾手投篮;

徒手摆脱接球后的行进间投篮组合练习。

⑥ 突破技术

原地持球突破假动作模仿。

原地持球突破头部与眼睛假动作模仿。

原地持球突破假动作与同侧步突破模仿。

原地持球突破假动作与交叉步突破模仿。

原地持球突破头部与眼睛假动作与同侧步突破模仿。

原地持球突破头部与眼睛假动作与交叉步突破模仿。

原地持球前转身突破。

原地持球后转身突破。

徒手摆脱接球后同侧步突破行进间投篮组合练习。

徒手摆脱接球后交叉步突破行进间投篮组合练习。

徒手摆脱接球前转身突破行进间投篮组合练习。

徒手摆脱接球后转身突破行进间投篮组合练习。

⑦徒手切入技术

徒手纵切、横切、反跑、溜底线接球练习。

徒手背插、横插、下插抢位接球练习。

（2）防守技术组合训练内容

① 防守脚步移动组合技术

防守基本姿势—启动—各种步伐的组合练习。

防守基本姿势—启动—各种跑的组合练习。

防守横滑步—上步—后撤步—交叉步—急停—抢位组合练习。

防守侧身抢位—绕前步—抢前站位—绕后步—侧身抢位组合练习。

防守外线的选位—移动组合练习。

防守内线的选位—移动组合练习。

② 捅球、抢断球技术

捅打持球队员手中的球。

捅打运球队员手中的球。

向前抢断球的步伐与起跳及抢断动作。

横向抢断球的步伐与起跳及抢断动作。

向后抢断球的步伐与起跳及抢断动作。

③ 防守持球者传球技术

防守持球者传球—启动—上一步急停—平步防守选位—手部封堵传球路线—脚步移动组合练习。

防守持球者传球—启动—上两步急停—斜步防守选位—手部封堵传球路线—脚步移动组合练习。

④ 防守运球推进组合技术

启动—上两步急停—斜步防守选位（堵中放边）—侧滑步—后撤步—交叉步—后撤步—攻击步—横滑步—追堵步等组合—封堵传球路线。

防守运球半场突破组合技术：启动—上两步急停—斜步防守选位

（堵上放下或堵左放右）—侧滑步—后撤步—攻击步—后撤步—横滑步—交叉步等组合—封堵传球路线。

⑤ 防守半场持球突破

防守半场中路持球突破组合技术：启动—上两步急停—斜步防守选位（堵左放右或堵右放左）—后撤步—侧滑步—攻击步—后撤步—交叉步等组合—封堵传球路线。

防守半场45°持球突破组合技术：启动—上两步急停—斜步防守选位（堵上放下或堵下放上）—后撤步—侧滑步—攻击步—后撤步—交叉步等组合—封堵传球路线。

⑥ 防守投篮组合技术

启动—上一步急停—平步防守选位—手部封堵传球路线—对方右手投篮—起跳用左手封堵（对方左手投篮—起跳用右手封堵）—落地后转身堵位—抢篮板球。

⑦防守徒手切入组合技术

防守徒手切入（纵切）组合技术：防守站位—观察持球队员行动—观察无球进攻队员行动—迅速调整防守位置—若无球进攻队员朝球移动—利用上步移动封堵对手接球路线—若对手变向摆脱切入—迅速利用前转身跟进封堵其接球路线。

防守徒手切入（横切）组合技术：弱侧（远离球）防守站位—观察持球队员行动—观察无球进攻队员行动—迅速调整防守位置—若无球进攻队员向球移动—利用上步移动封堵对手接球路线—若对手变向摆脱切入—迅速利用前转身跟进封堵其接球路线。

⑧抢篮板球技术

封堵投篮者：当对手投篮时（右手）跳起用同左手封堵对手投篮—落地即转身—两脚开立屈膝—重心下降—上体及双臂用力（寸劲）注意堵人—然后抢篮板球。

堵人抢位：对方投篮出手—观察球的落点及反弹区域—利用后转身迅速堵人抢位（转身动作快、两脚开立屈膝、重心下降平稳、上体及双臂用力对抗）。

2. 技术训练要求

（1）学习各种进攻、防守脚步移动组合技术的动作要领，初步掌握进攻摆脱，防守对手徒手切入的基本技能。

（2）学习各种摆脱接球组合技术的动作与方法，初步掌握获得球的基本技能；学习不同的传球组合技术的动作与方法，初步掌握传球组合技术的基本动作要领。

（3）学习不同运球组合技术的动作与方法，要求学生两手均能完成各种运球技术动作；掌握运球组合技术动作基本要领。

（4）投篮技术的教学训练一定要结合学生生长发育的实际情况进行安排，以徒手模仿练习、行进间投篮练习和近距离投篮练习为主；持球投篮练习以双手胸前投篮、单手肩上投篮为妥；强化“蹬地、伸膝、展腰、抬肘、伸臂、屈腕、拨球”的用力顺序，培养学生正确的投篮动作规范，切忌成人化的投篮教学训练方法。

（5）学习体会投篮假动作、传球假动作、突破假动作、头部及眼睛的假动作的动作要领及运用时机，并能在原地灵活运用持球突破、投篮与传球等技术。

（6）学习各种徒手切入的动作方法，体会各种徒手摆脱切入变向、转体、启动加速时重心变化与速度变化的感知能力，初步掌握徒手切入时控制身体重心与速度的基本技能。

（7）安排学习防守有球队员时，可以将防传球、防运球、防突破、防投篮有序地组织进行，要求学生体会防守持球队员不同的技术动作时，选位、上步、手部封堵、脚步移动的主要区别，初步掌握防守持球队员的基本技能，提高学生的对抗意识。

（8）学习防守持球队员捅球的基本手法与基本步伐；学习抢断球起跳动作、抢球技术与落地姿势，体会上步与后撤步以及起跳与伸展抢球的基本要领。

（9）防守徒手切入技术是以扩大观察视野为前提，判断选择防守位置为基础，运用脚步移动与手部封堵为核心，因此，必须注意学生视野观察与思维能力的培养。

（10）此年龄段学生的技术教学训练可以采用寓教于乐的形式，运用游戏、计时、计数等趣味性的手段与方法，提高学生练习兴趣，掌握好每个练习的时间与每次课的练习负荷。

（三）战术训练内容及要求

1. 战术（基础配合）训练内容

（1）进攻基础配合

① 突分配合

底线运球突破传球配合；45°运球突破传球配合；弧顶中路运球突破传球配合。

② 策应配合

背插罚球线策应抢位接球传 45°外线空切配合。

背插罚球线策应抢位接球传弧顶中路外线空切配合。

③ 掩护配合

外线队员侧掩护配合；外线队员反掩护配合；背插罚球线策应抢位接球后转身掩护传切配合。

（2）进攻战术配合

① 2 人快攻推进，结束时 2 打 1。

② 3 人快攻推进，结束时 3 打 2。

③ 进攻半场人盯人战术。

（3）防守基础配合

① 半场防守关门配合。

② 半场防守挤过配合。

③ 半场防守穿过配合。

④ 半场防守绕过配合。

⑤ 半场交换防守配合。

（4）防守战术配合

① 防守快攻结束时 1 防 2。

② 防守快攻结束时 2 防 3。

③ 半场人盯人防守。

2. 战术训练要求

（1）进攻基础配合的教学训练，要向学生讲清楚每个配合的位置、时间、路线、方法与技术要领，注意启发学生思维，明白为什么这样做，让学生体验战术配合的乐趣。

（2）2～3 人的快攻推进练习，要求学生注意推进的路线与队形，体会推进过程中传球的方式与方法，初步掌握快攻推进中传球的速度与落点，快攻结束时多打少的技巧与方法，提高练习的质量。

（3）进攻半场人盯人战术的教学训练，要向学生讲清楚落位阵形，发动配合的时机、区域、位置、人员、顺序、方式及变化，要求学生执行既定的局部配合方法，同时鼓励学生灵活地创造攻击机会。在战术教学训练过程中尤其是在进攻配合即将结束的时候，注意培养学生由攻转守的转换意识。

（4）防守基础配合的教学训练，要向学生讲清楚运用各种基础配合的前提，发生配合的位置、时间、空间、路线、方法及技术要领；注意学生视野观察能力的培养，要求学生在发生防守配合时建立相互间的语言联系，感受防守配合的乐趣。

（5）防守快攻结束阶段 1 防 2、2 防 3 练习，要求学生首先树立快速退防的转换意识，选择合理的防守位置，采用积极的防守方法，干扰和延误对方的快攻配合。

（6）半场人盯人防守战术的教学训练，要求学生能够迅速退防，快速落位、积极防守，采用合理的基础配合方式，相互提醒与鼓励，体验全队防守的团队作用。在教学训练过程中，尤其是在全队防守配合即将结束的时候，注意培养学生由守转攻的转换意识。

（7）战术教学训练，注意培养学生单兵对抗、局部对抗和整体对抗的意识，以学生体会配合的方式与方法，体验配合成功与失败的感受，积累配合的经验与教训，提高学生战术训练的兴趣为主要目的，防止急功近利和急于求成的做法。

（四）身体训练内容及要求

1. 身体训练内容

（1）反应判断练习

听信号做判断不同方向、不同距离的脚步移动练习；听信号做判断不同方向、不同距离的接球练习；听信号做判断不同方向、不同距离的抢球练习；看手势做判断不同方向、不同距离的脚步移动练习；看手势做判断不同方向、不同距离的接球练习；看手势做判断不同方向、不同距离的抢球练习等（反应在前，判断在后）。

（2）速率练习

单摇跳绳快速交替跑、双摇跳绳练习；软梯（格子）各种步伐与各种频率的跑与跳的练习；原地高抬腿跑节奏变化与频率变化练习；单手投掷小垒球、实心球，双手投掷实心球练习等。

（3）柔韧练习

手指关节柔韧性与灵活性练习；肩关节柔韧性与灵活性练习；踝关节柔韧性与灵活性练习；膝关节柔韧性与灵活性练习；髋关节柔韧性与灵活性练习；躯干及腰部的柔韧性与灵活性练习等。

（4）灵敏练习

垫上前滚翻、后滚翻、侧滚翻练习；利用栏架或相应器材进行身体重心的起伏变化练习；迎面躲闪同伴或障碍物练习；多人的追逐躲闪与躲闪追逐练习等。

（5）协调性练习

跳绳、跳橡皮筋、跳格子协调性练习；固定平衡木的走、跑、跳练习，摇摆移动平衡木的走与转身练习；平衡板的左右、前后移动练习；徒手单足跳、双足跳、垫步跳、跨步跳练习等。

（6）力量练习

徒手提踵、半蹲提踵、徒手跳跃练习；沙袋负重跳跃、跳台阶、跳沙坑练习；屈腿仰卧起坐、仰卧起坐、仰卧两头起练习；俯卧背起、俯卧两头起练习；俯卧撑、立卧撑练习；单杠双手悬吊、爬绳、爬杆练习，实心球、小哑铃等轻器械练习等。

2. 身体训练要求

（1）根据此年龄段学生生长发育的特点，反应、灵敏、协调、柔韧素质是身体训练的重点，注意男女学生区别对待，尤其是女生发展柔韧素质更为重要。

（2）根据此年龄段学生身体素质发育敏感期的特点，发展动作频率与速度仍然是最佳时期。在教学训练过程中应重点安排反应速度与动作速率的练习，移动速度练习距离可以适当增加，以提高学生神经系统的灵敏性为重点，严格控制运动负荷。

（3）注重此年龄段学生前庭器官平衡能力的训练，适当增加垫上滚翻运动、地面旋转、各种跳跃动作的练习，以提高学生的平衡能力与协调能力。

（4）此年龄段女学生要注意适当提高力量练习的比重，力量练习应以小肌群力量和各关节的环节肌群练习为重点，适当安排克服自身重量的肢体练习和小器械练习。在练习过程中以徒手练习为主，小器械练习为辅，注意主动肌与协同肌的协调发展。

（5）注意学生身体训练手段与方法的多样化，可与其他内容的训练交替安排，不断提高学生的兴趣与练习的实际效果。

（五）心理训练内容及要求

1. 心理训练内容

（1）自我暗示训练

采用一定的指导语对学生进行自我暗示，并与呼吸动作和节奏有机结合，使学生肌肉放松，调节神经系统的功能。

（2）想象训练

结合教练员的讲解、示范以及观看视频教材，组织学生进行想象训练，以培养学生观察、理解、想象的能力。

（3）感知训练

结合基本功和技术教学训练内容，提高学生支配球与控制球的感知能力；结合基础配合和战术教学内容，提高学生时间、空间与位置的观察能力，以及身体移动中时间、空间的感知能力。

（4）注意力训练

结合战术基础配合和身体教学训练内容，安排学生注意力集中、注意力转移与注意力分配练习。

（5）作风训练

结合教学训练内容，有意识地增加练习的难度与要求，设置不同的场景和局势，对学生进行胜不骄、败不馁、吃苦耐劳的作风训练。

（6）信任人与团结人训练

结合教学训练内容，尤其是战术配合内容进行同伴之间相互信任、相互理解、相互尊重的教育，使学生能够理解同伴、信任同伴、团结同伴。

2. 心理训练要求

（1）此年龄段学生心理训练作为重要内容，安排比重较大，其目的是让学生理解心理训练的重要作用，一方面是为了帮助学生掌握正确的技术要领与动作方法，另一方面是开发培养学生的思维与智力，同时使学生了解心理训练的手段与方法。

（2）心理素质和心理承受水平是此年龄段学生提高基本功、技术、战术、身体训练水平的重要基础。

（3）在教学训练过程中，既要培养学生参加篮球运动训练的兴趣与爱好，同时还应教育他们学会理解人、尊重人、信任人、团结人的良好品质，提高心理技能的欲望。

（六）理论教育内容及要求

1. 理论教育内容

（1）阅读球场

讲解规则中关于球场的区域、位置、时间、空间、场角、通道等规定与作用。

（2）讲解要领

重点讲解传球、投篮、突破、抢断、抢篮板球、防守选位与防守移动等内容的规格、要领；讲解进攻基础配合、防守基础配合等内容的方法、路线、要领与要求。

（3）讲述故事

重点讲述篮球运动起源、发展及我国优秀篮球前辈成长的故事，培养学生的好奇心。

（4）介绍知识

重点介绍篮球运动训练中青少年身高、体重、脉搏、血压等数据的意义，以及与运动训练的关系，使学生能够理解增进健康与促进发育的知识。

2. 理论教育要求

（1）教育学生了解篮球场地的基本知识，学会理解规则中对球场的各种限定，懂得执行规则和利用球场的基本道理。

（2）教育学生掌握技术动作要领与技术动作规格，掌握基础配合的方式与方法，养成积极思维与启发智力活动的良好习惯，懂得篮球运动训练不只是掌握技术动作，更重要的是开发智力。

（3）教育学生了解从事篮球运动训练对于促进身体和心理发展的积极作用；启发学生对篮球运动的爱好与兴趣。

13~14岁年龄段的训练内容

（一）基本功训练内容及要求

1. 基本功应变练习训练内容

（1）球性、球感基本功应变练习

单手抛球—原地跳起—单手抢球—双脚急停—双手持球做投篮假动作—同侧步突破—推放球启动—右手运球后转身练习；单手抛球—原地跳起—单手抢球—双脚急停—双手持球做传球假动作—交叉步突破—推放球启动—左手运球后转身练习；双手抛球—原地跳起—双手抢球—双脚急停—双手持球做投篮假动作—同侧步突破—推放球启动—右手运球后转身练习；双手抛球—原地跳起—双手抢球—双脚急停—双手持球做传球假动作—交叉步突破—推放球启动—左手运球后转身等举一反三的练习方式与方法。

（2）球感、球速基本功应变练习

原地体侧高、低运球动作节奏与动作幅度变化—原地体前两手变向运球动作节奏变化、动作频率变化与动作幅度变化—原地体前变向身体虚晃练习；原地体前两手变向运球—胯下两手变向运球—背后两手变向运球练习；行进间运球急起急停—体前变向—胯下变向运球动作节奏变化、动作频率变化与动作幅度变化练习；行进间运球急起急停—胯下变向—后转身变向—背后运球变向运球动作节奏变化、动作频率变化与动作幅度变化等举一反三的练习方式与方法。

（3）支配球、控制球时身体重心变化与应变练习

在教练员手势或信号指挥下，做原地高抛球—单手抢球—原地随意运球—原地躺下坐地运球—随时运球起立练习；原地随意运球—看手势坐地运球—躺下单手支撑单手运球—看手势随时运球起立练习；

坐地双腿伸直单手体侧运球—向前绕腿运球换手—向后绕身体背后换手运球—看手势随时运球起立等举一反三的练习方式与方法。

（4）双手控制两球的组合应变练习

原地双手交替高低运球—原地双手体前交替变向运球—原地双手体侧交替前推后拉运球练习；行进间双手交替高低运球—看手势变行进间双手体前交替变向运球练习；行进间双手体前交替变向运球—看手势变右手做胯下变向，左手做体前变向运球练习；行进间双手交替高低运球—看手势体侧双手交替前推后拉运球—看手势变右手做背后变向，左手做体前变向运球等举一反三的练习方式与方法。

2. 基本功训练要求

（1）基本功应变练习将手上、脚步、腰胯、视野基本功有机组合，要求学生在支配球和控制球的过程中，反应敏捷，移动迅速，手脚协调，重心平稳，做到球性、球感、球速控制自如，随心所欲。

（2）在基本功应变练习中，教练员应该事先设计一些模拟场景，安排好练习的内容与步骤，有针对性地提高学生观察、判断、反应、控制球与控制身体重心的基本技能。

（3）基本功应变练习的重点在一个“变”字上，因此要向学生讲清楚变化的方式与方法，以及具体变化的要领与要求，不断提高练习质量。

（4）在基本功应变练习过程中可以多采用游戏的方式，既可以提高学生的练习兴趣，又可以收到事半功倍的效果。

（二）技术训练内容及要求

1. 技术训练内容

（1）进攻技术应用训练的内容

① 启动摆脱接球技术

阵地防守反击启动—朝中路侧身跑接应接球（或朝边线中场附

近接应接球)；阵地进攻中外线队员45°朝里移动—急停变向—朝外启动摆脱接球（或朝外移动—急停变向—朝里启动摆脱接球)；45°朝下移动—急停变向—朝上启动摆脱接球（或朝上移动—急停变向—朝下启动摆脱接球)；外线队员启动摆脱溜底线绕出接球；外线队员启动摆脱横切接球；内线队员启动—向上背插移动—急停要位—抢位接球；启动—向下移动—急停要位—抢位接球；启动—横向横插移动—急停要位—抢位接球等举一反三的练习方式与方法。

② 传球后启动摆脱接球技术

外线队员中路弧顶向右侧45°外线传球后—变向摆脱朝持球队员正切接球（或反切接球)；外线45°传弧顶中路外线后—变向摆脱朝持球队员正面横切接球（或反面横切接球)；外线队员中路弧顶向罚球线策应队员传球后—变向摆脱纵向切入接球；外线45°向罚球线策应队员传球后—变向摆脱横向切入接球；罚球线策应队员传球右侧45°外线后—变向摆脱顺下切入接球等举一反三的练习方式与方法。

③ 传球技术

快攻推进过程中双手胸前传球及跟进；外线队员中路弧顶向右侧45°外线双手胸前传球及传球后的移动；外线队员中路弧顶向罚球线策应队员单手反弹（或单手体侧）传球及传球后的移动；外线队员中路弧顶向45°外线横切传球及传球后的移动；45°外线向罚球线策应队员双手反弹（或单手反弹）传球及传球后的移动；策应队员罚球线向45°外线双手头上传球及传球后移动等举一反三的练习方式与方法。

④ 运球突破技术

阵地防守反击启动接应接球后运球推进技术；运球推进急起急停突破摆脱技术；运球虚晃不换手急起突破技术；运球虚晃换手变向突破技术；背后运球变向突破技术；胯下运球变向突破技术。

⑤ 投篮技术

原地单手肩上投篮技术；远距离原地双手胸前投篮技术（或单手肩上投篮技术)；中距离跳起单手肩上投篮技术；运球突破急停跳投技术；持球突破急停跳投技术。

⑥ 持球突破技术

摆脱接球后同侧步突破—行进间投篮技术；摆脱接球后交叉步突破—行进间投篮技术；摆脱接球后同侧步突破—急停跳投技术；摆脱接球后交叉步突破—急停跳投技术；摆脱接球后前转身突破—行进间投篮技术；摆脱接球后前转身突破—急停跳投技术；摆脱接球后转身突破—行进间投篮技术；摆脱接球后转身突破—急停跳投技术。

⑦抢前场篮板球技术

迂回冲抢前场篮板球；抢位争抢前场篮板球；连续起跳抢前场篮板球技术。

（2）防守技术应用训练的内容

① 防守选位、防守移动与防守对手摆脱空切

防守外线45°队员的选位—防守站立姿势与步伐—观察持球队员行动—观察防守对手行动—采用合理步伐迅速调整防守位置—利用上步移动封堵对手接球路线—迫使对手改变行动路线；防守中路弧顶队员的选位—防守站立姿势与步伐—观察持球队员行动—观察防守对手行动—采用合理步伐迅速调整防守位置—利用上步移动封堵对手接球路线—迫使对手改变行动路线；防守内线的选位—侧身站立防守姿势与步伐—观察持球队员行动—绕前移动体前抢位—观察球转移的位置—绕后移动体侧抢位—观察球转移的位置—选择错位站立防守姿势—对手背插时—利用上步移动封堵对手接球路线—迫使对手改变行动路线等练习内容与方法。

② 防守传球技术

启动—上一步急停—平步防守选位—面对持球者—利用手部积极挥摆封堵传球路线—脚步快频率的碎步移动—伺机利用手指手腕发力捅掉或打掉对手的球；启动—上步—两步急停—斜步防守选位—面对持球者—利用手部积极挥摆封堵传球路线—脚步快频率积极移动—伺机利用手指手腕发力捅掉或打掉对手的球。

③ 防守运球突破

前场防守对手徒手摆脱—对手摆脱接球时—立即上步选择防守位置（堵中放边、斜步站位）—利用脚步移动与手部封堵和干扰对手

—对手运球推进时—利用合理的防守移动步伐和合理的手部动作—堵截对手进攻路线和干扰、延迟对手运球推进速度。

中场防守对手徒手摆脱—立即上步选择防守位置（堵中放边、斜步站位）—利用脚步移动与手部封堵和干扰对手—对手运球推进时—立即采用滑步、交叉步、攻击步等合理的防守步伐—堵截对手进攻路线。

后场防守对手徒手摆脱—对手摆脱接球时—立即上步贴近对手选择防守位置—利用脚步移动与手部封堵和干扰对手传球并与防守持球突破有机结合。

④ 防守持球突破

防守对手中路持球突破：防摆脱—防接球—上步贴近对手选择防守位置（堵中放边、斜步站位）—利用脚步移动与手部封堵和干扰对手—对手使用假动作时—不轻易上当失去身体重心或防守位置—迫使对手向边线突破运球。

防守对手45°持球突破：防摆脱—防接球—上步贴近对手选择防守位置（堵中放下、斜步站位）—利用脚步移动与手部封堵和干扰对手—对手使用假动作时—不轻易上当失去身体重心或防守位置—迫使对手沿边线朝底角突破运球。

防守对手底线持球突破：防摆脱—防接球—上步贴近对手选择防守位置（堵上放边、斜步站位）—利用脚步移动与手部封堵和干扰对手—对手使用假动作时—不轻易上当失去身体重心或防守位置—迫使对手沿底线突破运球。

平步站位防守持球突破：对手采用顺步突破时，迅速使用横滑步移动，堵截对手进攻路线；对手采用交叉步突破时，迅速使用撤步和侧滑步移动，堵截对手进攻路线。

⑤ 防守投篮

防守对手行进间投篮：对手运球行进间投篮前利用捅球或打球；对手运球或接球行进间投篮时的封盖。

防守对手原地投篮：对手原地投篮时的手部干扰、封盖与转身挡人抢位。

防守对手急停跳投：对手急停投篮时的手部干扰、封盖与转身挡人抢位。

⑥ 抢后场篮板球

外围队员对持球队员的手部干扰、封盖与转身挡人抢位。

内线队员的观察、转身、挡人、抢位、抢球。

连续起跳抢后场篮板球技术。

2. 技术训练要求

（1）此阶段技术教学训练必须严格动作规格与动作规范。动作规格是建立在学生对动作要领的掌握基础之上；动作规范是建立在学生对神经系统的调节支配与环节、肌肉的协调配合等基本知识的理解之上。培养学生基本技术正确的动力定型，强化学生的理解能力与体验能力是前提。

（2）重视进攻摆脱技术与防守摆脱技术的教学训练，这是进攻技术与战术，防守技术与战术的重要基础。既要求学生掌握摆脱的技巧与方法，还要求学生明白摆脱之后的行动与目的，使学生掌握进攻摆脱与防守摆脱的基本技能。

（3）重视学生传、接球技术的教学训练，要让学生明白这 2 项技术是篮球运动中最重要的技术之一，也是篮球运动中最难掌握的技术。既要求学生掌握传、接球技术动作的基本要领，还要求学生掌握不同方式、不同方法的传、接球时机及组合运用技术与技巧。

（4）投篮技术的教学训练是青少年训练的重中之重，此阶段学生应该掌握各种行进间投篮技术、原地单手肩上投篮、双手胸前投篮技术和近距离、中距离的急停跳投技术。要求学生学会在不同情景、不同场合、不同距离运用不同的投篮技术，明白寻求和掌握投篮时机的重要意义；强化“蹬地、伸膝、展腰、抬肘、伸臂、屈腕、拨球”的用力顺序，培养学生正确投篮动作规范，提高学生投篮训练的数量与质量。

（5）提高学生的位置技术意识与对抗意识，学习体会各种假动作的要领及运用时机，并能在实际训练和实战对抗中灵活运用。

(6) 防守技术的教学训练，要重视学生观察判断能力的培养。要求学生首先要扩展观察视野，准确判断对手的行动意图，选择自身的防守行动要迅速，使用防守的步伐与技术要正确，学会理解区域、通道、球篮的空间意识与人、球、我的位置意识，强化学习防守技术实际上是强化学生的智力活动的意识，提高防守技术能力实际上是提高学生的智力活动能力。

(7) 在防守有球队员时，可以将防传球、防运球、防突破、防投篮技术有序地结合进行，防传球以封堵和干扰为目的；防运球时不提倡学生轻易捅打球，以免失去身体重心；防突破时要求学生学会动脑判断对手的进攻意图，采用合理的防守步伐和策略；防投篮时则强调手部动作的干扰封盖，落地后转身挡人，使学生掌握防守持球队员的基本技能。

(8) 重视学生防守抢断球和抢篮板球的教学训练，尤其是抢篮板球技术应该作为重点内容安排，要求学生做到抢位主动、挡人合理、起跳有力、拼抢凶狠；培养学生每球必抢、每球必争的意识与品质。

(9) 此年龄段学生的技术教学训练，可以适当增加一些趣味性、游戏性和对抗性的练习手段与方法，掌握好每个练习的时间与每次课的练习负荷。

(三) 战术训练内容及要求

1. 战术训练内容

(1) 进攻基础配合

① 突分配合

底线运球突破多点传球配合；45°运球突破多点传球配合；弧顶中路运球突破多点传球配合；中锋突破传球配合。

② 策应配合

高位策应 2 人配合；高位策应变掩护配合；外策应 2 人配合；外

策应变掩护配合；高位策应3人配合；高位策应3人包切配合；外策应3人配合；外策应3人包切配合。

③ 掩护配合

外线队员行进间掩护配合、运球掩护配合；内线队员与外线队员的后掩护配合、定位掩护配合；内线队员与外线队员的双掩护配合、重叠掩护配合。

（2）进攻战术配合

① 2人、3人、4人快攻推进；5人快攻推进。

② 后场防守反击快攻的一传、接应、分散与推进。

③ 快攻推进结束时段2打1、3打2、多打少。

④ 进攻半场人盯人防守战术。

⑤ 进攻全场紧逼人盯人防守战术。

（3）防守基础配合

① 半场防守关门配合。

② 半场防守挤过配合。

③ 半场防守穿过配合。

④ 半场防守绕过配合。

⑤ 半场交换防守配合。

⑥ 半场防守夹击配合。

⑦ 半场防守补防配合。

（4）防守战术配合

① 防守快攻结束时段1防2、2防3、少防多。

② 防守快攻结束时段少防多的落位与配合。

③ 防守快攻反击的封一传、堵接应、快速退防及落位。

④ 半场人盯人防守。

⑤ 全场紧逼人盯人防守。

（5）攻守转换

① 全场2对1攻守转换；全场2对2攻守转换。

② 全场3对2攻守转换；全场3对3攻守转换。

③ 全场4对3攻守转换，全场4对4攻守转换。

2. 战术训练要求

（1）此年龄段学生的战术教学与训练，必须突出实战意识与实战要求，重视他们战术思维方式的教育和战术思维能力的培养，这对提高战术教学训练质量有事半功倍的效果。

（2）重视攻守基础战术配合的教学与训练，这是组成全队攻守战术的重要基石。首先要让学生明白每个攻守基础配合的位置、时间、方法、路线与变化，启发学生思维，明白为什么做、怎么做、如何做好的道理，培养学生战术思维的方法与能力。

（3）快攻练习中，要求学生注意各自前进的通道、路线、层次、队形与职责，掌握快攻推进中传球的速度与落点，提高快攻练习的质量。

（4）后场防守快攻反击练习中，首先要求学生明确提高阵地防守的质量，创造快攻反击的机会，树立快速反击的意识；然后传授学生快攻一传发动、接应、推进、结束各个阶段每个人的职责与任务；还得传授学生在结束阶段多打少的策略与方法。

（5）全队进攻半场人盯人战术、全场紧逼人盯人战术和半场人盯人防守、全场紧逼人盯人防守战术的教学与训练，首先要向学生讲清楚全队落位的阵形、发起配合的时机、发动配合的区域、位置、人员、顺序，进行配合的方式及变化，要求学生执行既定的局部配合和全队配合方法，同时鼓励学生灵活地创造攻击机会。

（6）防守快攻反击以及结束阶段的 1 防 2、2 防 3、少防多练习，要求学生首先树立快速退防的转换意识，封一传、堵接应、快速退防，选择合理的防守位置，采用有效的防守方法去干扰、延误和破坏对方的快攻推进与进攻效果。

（7）全队防守战术的教学与训练，要求学生树立由守转攻的转换意识，在防守中建立相互间的语言联系，相互提醒与鼓励，体验全队防守的团队作用；要求学生迅速退防、快速落位、积极防守，采用合理的基础配合方式，提高防守的质量。

（8）攻守转换的教学与训练，首要的是培养学生由攻转守或由守转攻的转换意识，掌握不同状态下攻守转换的配合方式与攻守技巧，提高全队攻守转换的训练质量。

（9）在战术教学训练中，除了注意学生战术思维、合作意识与团队精神的培养以外，还要注意对学生训练作风、训练态度与训练质量的严格要求。

（四）身体训练内容及要求

1. 身体训练内容

（1）判断反应练习

判断反应不同方向、不同距离的接球练习；判断反应不同方向、不同距离的抢球练习；判断反应不同位置、不同方法的脚步移动练习；判断反应不同地点、不同方法、不同要求的行进间运球—传球—投篮等综合性技术练习（判断在前，反应在后）。

（2）速度练习

一般性速度练习：原地快速高抬腿跑、原地快速小步跑、原地支撑快速高抬腿跑，各种短距离的启动加速跑、全速跑、变速跑（30m、60m、100m）练习等。

专项速度练习：不同距离的启动—急停练习；不同身体状态和运动状态下的启动—急停练习；不同距离的变向跑—折返跑练习；快攻中的启动接应—快速分散—加速快下的3人、4人、5人快攻练习；防守中的各种启动—交叉步跑—加速跑练习等。

（3）耐力练习

有氧耐力练习（脉搏强度控制在160～170次/分），例如：1 500m、3 000m匀速跑练习。爬山、骑自行车等其他项目运动练习。

无氧耐力练习（脉搏强度控制在180次/分以上），例如：1min自投自抢的投篮练习；1min各种脚步移动的连续练习；1min各种传接球的连续练习等。

(4) 柔韧练习

肩关节柔韧性与灵活性练习；踝关节柔韧性与灵活性练习；膝关节柔韧性与灵活性练习；髋关节柔韧性与灵活性练习；躯干及腰部的柔韧性与灵活性练习等。

(5) 灵敏协调练习

同侧脚同侧腿同侧跳练习；左右腿同侧单腿起跳的徒手练习；左右腿单跳双停的徒手练习；利用器材进行身体重心的起伏变化练习；迎面躲闪同伴或障碍物练习；多人追逐躲闪、躲闪追逐练习；防守滑步过程中的倒地—倒地侧滚翻—倒地后滚翻练习等。

(6) 力量练习

克服自身重力练习：屈腿仰卧起坐、仰卧起坐、仰卧两头起练习；俯卧背起、俯卧两头起练习；俯卧撑、立卧撑练习；单杠双手悬吊、引体向上、爬绳、爬竿练习；徒手提踵、半蹬提踵练习等。

负重练习：沙袋负重跳跃、跳台阶、跳沙坑等练习；负重同伴蹲起练习；1/2 体重、3/4 体重的器械进行各种部位的力量练习等。

徒手跳跃练习：立定跳远、三级跳、多级跳、跨步跳、蛙跳等方式的跳跃练习；跳深练习与适当高度的连续跳等。

2. 身体训练要求

(1) 此年龄段是提高学生心肺功能的最佳时期，发展学生有氧耐力素质是身体教学训练的重点。在教学训练中应重点安排脉搏强度控制在 160 ~ 170 次/分的练习内容，提高学生有氧耐力素质的上限水平，为增强学生的心肺功能奠定坚实的基础。

(2) 此年龄段仍是发展学生动作频率与速度的良好时期，在教学训练过程中，应重点安排反应速度与动作速率的练习，移动速度练习的距离可适当增加，还可以采用田径运动或其他项目的练习方式，以提高学生神经系统的灵敏性为重点。

(3) 要注意适当提高此年龄段女学生力量练习的比重，以发展爆发性力量与一般性力量练习为重点。在练习过程中适当安排克服自身重量的肢体练习和器械性的力量练习，要注意主动肌与协同肌的协调发展，小肌群力量和各关节的环节肌群力量练习仍为重点。

（4）加强学生前庭器官平衡能力的训练，是提高其平衡能力与协调能力的重要前提，除了在篮球专项训练中有针对性地发展协调能力以外，借鉴体操、蹦床、游泳等运动项目的练习手段与方法，也是行之有效的重要途径与渠道。

（5）学生的身体训练除了安排在综合训练课以外，还可以安排专门的身体训练课，要注意训练内容的有效整合，训练练习手段与方法的多样化，以提高学生的兴趣与练习的实际效果。

（五）心理训练内容及要求

1. 心理训练内容

（1）运动感觉训练

结合训练实际，要求学生体验身体移动、技术运用、战术运用过程中的时间、距离、区域、位置的时空感觉，体验上肢关节、下肢关节、腰胯环节的肌肉、韧带、关节的活动幅度、发力方式与用力顺序，体验各种技术、战术运用的灵活性、准确性的实际效果，提高学生的篮球运动感知能力。

（2）短时记忆训练

针对训练内容，要求学生对所学习过技术的要领、动作方法、战术配合方法、配合要求、配合路线等进行有意识的、像放电影一样的短时回忆，在形象记忆的基础上提高学生有意记忆与无意记忆的能力，为发展其长时记忆能力奠定基础。

（3）抽象思维训练

结合技术、战术训练内容，鼓励学生独立思考，敢于怀疑和争论问题并大胆发表意见，善于听取教练员和他人的正确建议，及时改正自身的不足，使他们的抽象思维能力更加完善。

（4）自我意识训练

结合身体训练、技术训练、战术训练的内容，教育学生对自己的认识与态度（包括自我感觉、自我观察、自我评价、自我监督、自我控制等），以培养学生的自信心、自尊心和独立性，为塑造学生完善的人格特征奠定基础。

（5）情感与情绪训练

结合教学训练内容，有意识地设置不同的场景和局势，让学生体验成功的喜悦、失败的苦楚，帮助学生在团队之中进行良好的情感交流，提高学生自我控制的能力，培养胜不骄、败不馁的情绪与情感。

2. 心理训练要求

（1）帮助学生奠定完善的人格特征是此年龄段学生心理训练的重要内容，在实施过程中应该注意：教育学生由自我中心学会向团队目标转移；由被他人监督学会向自我监督转移；由被他人控制学会向自我控制转移；克服自卑心理，树立自信心，培养他们独立自主的良好习惯。

（2）篮球运动员的专项感知能力是衡量运动员天赋的重要指标，在实际训练过程中教练员要注意发现和培养青少年的感知能力，尤其是技术、战术运用过程中的时空感知、完成技术、战术过程中的本体感知及执行战术行动过程中队友之间的配合默契等。

（3）重视学生抽象思维能力的培养，为今后发散性思维和创造性思维的发展奠定良好基础。在实施过程中，培养学生学会观察问题、分析问题、质疑问题、探讨问题和解决问题是一种重要的途径与渠道。

（4）在对学生进行情绪与情感训练过程中，教练员要注意时机的运用与度的把握，真正以真情换真心，以实话换实情。

（六）理论教育内容及要求

1. 理论教育内容

（1）阅读比赛

讲解每场篮球比赛每节、半场与全场的规则中关于球队的具体规定，了解场上运动员位置及特点，了解规则对球员行为的具体规定。

（2）讲解要领

重点讲解徒手摆脱、传球、投篮、突破、抢篮板球、防守选位与防守移动等内容的要领、方法与技巧，讲解易犯错误及纠正的方法；讲解进攻基础配合、防守基础配合、进攻战术、防守战术等方法、路线、要领与要求；讲解快攻与防守快攻的具体要领与要求。

（3）讲述故事

重点讲述篮球比赛中运动员情绪变化、个性态度对战局发展结果的影响及优秀篮球运动员成长的曲折经历。

（4）介绍知识

重点介绍篮球运动员身体训练中系统、关节、骨骼肌肉、神经支配、心肺功能等方面知识，使学生能够理解身体训练水平与促进技术战术能力发展的关系。

2. 理论教育要求

（1）教育学生了解篮球比赛的基本知识，学会理解规则对球队与球员的各种限定，懂得执行规则的基本道理。

（2）教育学生掌握正确的思维方法，理解技术动作要领与技术动作规格，掌握基础配合方式与方法，启发学生养成勤于思考、善于思考的良好习惯，教育学生学会学习、学会训练，更重要的是要开发智力。

（3）教育学生了解篮球运动员的身体训练对于促进技术、战术发展的积极作用；启发学生对篮球运动的爱好与兴趣。

15 ~16 岁年龄段的训练内容

（一）基本功训练内容及要求

1. 基本功对抗练习训练内容

（1）双手控制两球的组合应变练习

原地双手交替高低运球—原地躺下坐地运球—看手势随时运球起立练习；行进间双手交替高低运球—看手势变行进间双手体前交替变向运球练习；行进间双手体前交替变向运球—看手势变左手做胯下变向，右手做体前变向运球练习；行进间双手体前交替变向运球—看手势变左手做体前变向，右手做背后变向运球练习；行进间双手交替高低运球—看手势体侧双手交替前推后拉运球—看手势左手做背后变向，右手做体前变向运球等举一反三的练习方式与方法。

（2）原地持球对抗练习

队员原地持球—防守者上步实施手部封堵干扰—持球队员利用中枢脚的合理移动和手臂挥摆躲避防守者练习；队员原地持球—防守者上步利用手部捅、打、掏、抢等技术动作实施干扰—持球队员利用中枢脚的合理移动和手臂保护动作躲避防守者练习；2 名队员持球相对而站（距离在 1m 以内）—规定右脚（或左脚）为中枢脚—2 人同时进行相同的持球突破动作—2 人双肩相接进行对抗练习；2 名队员持球相对而站（距离在 1m 以内）—规定右脚（或左脚）为中枢脚—2 人同时进行转身动作—2 人双背相接进行对抗练习；2 人原地运球—相互间进行掏、捅、拨等技术动作破坏对手运球等举一反三的练习方式与方法。

（3）运球对抗游戏

在规定的区域范围内（如球场中线圆区、篮下限制区），全队运球集体通过此区域并在区域内运球停留，相互间利用掏、捅、拨等技术动作破坏对手运球，球被打掉者退出区域外，直到最后一名为获胜。以上方法既可以单兵对抗形式出现，也可以团队对抗方式进行。

2. 基本功训练要求

（1）此年龄段学生的基本功练习，教练员应该事先设计一些练习程序和模拟场景，将手上、脚步、腰胯、视野基本功练习内容有机组合，制定相应的规则与要求，安排好练习的方法与步骤，要求学生能够人球一体，随心所欲，控制自如。

（2）安排基本功练习的内容与程序时，应该注意与训练课的内容有机结合，促使两者之间产生正迁移关系，即基本功的练习是基本技术的前期铺垫，基本技术是基本功在实际运用中的有效发展，以保持技术训练的连续性，提高技术有效训练的实际效果。

（3）基本功对抗练习，要求学生在有身体接触的状态下，掌握支配球与控制球的技巧、方法与主动权，既要保持好对球的控制，又要学会在对抗中观察判断，了解“治人”而“不治于人”的道理。

（二）技术训练内容及要求

1. 技术训练内容

（1）进攻技术对抗训练的内容

① 有防守的摆脱接球

防守反击中摆脱防守接应一传；阵地进攻中的锋线摆脱防守接球、后卫摆脱防守接球、内线摆脱防守接球等举一反三的练习方式与方法。

② 有防守对抗的传球及传球后的摆脱启动

外线队员中路弧顶通过防守向罚球线策应队员传球—随后立即变向摆脱纵向切入；外线45°通过防守向罚球线策应队员传球—随后立即变向摆脱横向切入；罚球线策应队员通过防守传球右侧45°外线—

随后立即变向摆脱顺下切入等举一反三的练习方式与方法。

③ 有防守对抗的运球突破技术

后场有防守对抗的运球推进；中场有防守对抗的运球推进；前场有防守对抗的运球突破（运球推进急起、急停摆脱突破技术；运球虚晃不换手、急起突破技术；运球虚晃、换手变向突破技术；背后运球变向突破技术；胯下运球变向突破技术等）。

④ 投篮技术

原地罚球技术；远距离原地单手肩上投篮或双手胸前投篮技术；中距离跳起单手肩上投篮技术；远距离跳起单手肩上投篮技术。

运球突破急停跳投技术；持球突破急停跳投技术。

有防守干扰的行进间投篮；有防守干扰的中距离急停跳投。

⑤ 有防守的持球突破技术

有防守对抗的后场持球突破；有防守的中场持球突破（同侧步突破、交叉步突破、转身突破）；有防守对抗的前场持球突破（同侧步突破行进间投篮、急停跳投，交叉步突破行进间投篮、急停跳投，转身突破行进间投篮、急停跳投等）。

⑥ 抢前场篮板球技术

迂回冲抢前场篮板球；抢位争抢前场篮板球；连续起跳抢前场篮板球技术。

（2）防守技术对抗训练的内容

① 防守选位、防守移动与防守对手摆脱接球

防守快攻中的一传接应，阵地进攻中的防守锋线摆脱防守接球、防守后卫摆脱防守接球、防守内线摆脱防守接球等举一反三的练习方式与方法。

② 防守传球及传球后的摆脱启动

防守外线队员中路弧顶向罚球线策应队员传球后及变向摆向切入；防守外线45°向罚球线策应队员传球后及变向摆脱切入；防守罚球线策应队员传球右侧45°外线后及变向摆脱顺下切入等举一反三的练习方式与方法。

③防守运球突破

防守后场运球突破、防守中场运球突破［上步选择防守位置（堵中放边、斜步站位）—利用脚步移动与手部封堵和干扰对手—对手运球推进时—利用合理的防守移动步伐和手部动作—堵截对手进攻路线和干扰、延迟对手运球推进速度］。

防守前场外线的运球突破，防守前场内线的运球突破［上步贴近对手选择防守位置（堵中放边、斜步站位）—利用脚步移动与手部封堵和干扰对手传球并与防守持球突破有机结合］等举一反三的练习方式与方法。

④ 防守持球突破

防守对手中路持球突破；防守对手45°持球突破；防守对手底线持球突破。

平步站位防守持球突破：对手采用同侧步突破时，迅速使用横滑步移动，堵截对手进攻路线；对手采用交叉步突破时迅速使用撤步和侧滑步移动，堵截对手进攻路线。

⑤ 防守投篮

防守对手行进间投篮：对手运球行进间投篮前的捅球或打球；对手运球或接球行进间投篮时的封盖。

防守对手原地投篮：对手原地投篮时的手部干扰、封盖与转身挡人抢位。

防守对手急停跳投：对手急停跳投时的手部干扰、封盖与转身挡人抢位。

⑥ 抢后场篮板球

外围队员对持球队员的手部干扰、封盖与转身挡人抢位。

内线队员的观察、转身、挡人、抢位、抢球。

连续起跳抢后场篮板球技术。

2. 技术训练要求

（1）对抗训练的首要前提是让学生明白它是一个斗智斗勇斗技的过程，既是一个行为技术运用的活动链，又是一个观察、判断、预测、决策的思维活动链，因此，提高学生的智力水平比提高学生的技能水平更显得重要。

（2）技术对抗的核心是攻守双方创造一秒之差的时机、一步之差的空间，运用合理的技术达到准确的效果。培养学生掌握技术运用的合理时机是一个在实战中逐渐完善、不断提高的过程，因此，教练员必须做好观察、评价、记录工作，有利于青少年篮球运动员更好地成长。

（3）将进攻摆脱技术与防守摆脱技术的教学训练作为一项重要的训练内容认真对待。要求学生掌握摆脱的技巧与方法，明白摆脱之后的行动与目的，使学生掌握进攻摆脱与防守摆脱的技能。

（4）传、接球技术是篮球运动中最难掌握的技术，又是篮球运动中最重要的技术之一。在教学训练中提高学生在有防守情况下，掌握不同方式与方法的传、接球时机，以及组合运用的技术与技巧，是帮助学生向更高层次发展的重要途径。

（5）此阶段学生应该掌握中距离、远距离的急停跳投技术。要求学生把握在不同情景、不同场合、不同距离的投篮时机，培养学生正确的投篮动作规范，提高投篮技术训练的数量与质量，有目的、有针对性地发现和培养具有潜在天赋的投篮手。

（6）要重视学生防守无球队员的教学训练，培养和提高学生智力活动能力。要求学生首先学会扩大观察视野，准确判断对手的行动意图，选择自身防守行动要迅速，正确使用防守的步伐与技术，切实提高学生的防守技术质量和单兵防守的能力。

（7）重视学生在不同位置的对抗训练，要求学生掌握不同位置的技术要领与技术方法，每个队员都应该潜心体验、全面发展，为今后成为高水平运动员奠定良好的基础。

（8）重视学生防守抢断球和抢篮板球的教学训练，尤其是抢篮板球技术应该作为重点内容安排，要求学生做到抢位主动、挡人合理、起跳有力、拼抢凶狠；培养学生每球必抢、每球必争的意识与品质。

（9）此年龄段学生的技术教学训练过程中，应该适当增加一些重复性、间歇性、对抗性的练习手段与方法，掌握好每个练习的时间与每次课的练习负荷。

（三）战术训练内容及要求

1. 战术训练内容

（1）进攻基础配合对抗练习

① 传切配合对抗

外线队员之间传切配合对抗（底线、45°、中路弧顶）；外线队员与高位策应内线之间传切配合对抗；外线队员与外策应内线之间传切配合对抗；高位内线与外策应内线之间传切配合对抗；外中锋与高位中锋之间传切配合对抗；同侧传球切入及反跑；强侧传球弱侧摆脱空切等。

② 突分配合对抗

底线突破防守的突分配合；45°突破防守的突分配合；弧顶中路突破防守的突分配合；高位中锋突破防守的突分配合；外中锋突破防守的突分配合等。

③ 策应配合对抗

高位策应 2 人配合对抗及策应配合的应变（外线传内线）；高位策应变掩护配合对抗及应变（高位策应者的突分配合）。

外策应 2 人配合对抗及策应配合的应变（外线传内线）；外策应变掩护配合对抗及应变（外策应者的突分配合）。

高位策应 3 人配合对抗及应变（外线传内线）；高位策应 3 人包切配合对抗及应变（外线与外线掩护）。

外策应 3 人配合对抗及应变（外线传内线）；外策应 3 人包切配合对抗及应变（外线与外线掩护）等。

④ 掩护配合对抗

外线队员之间掩护配合对抗及掩护配合的应变（侧掩护、反掩护、行进间掩护、运球掩护）等。

内线队员与外线队员的后掩护配合对抗及掩护配合的应变；内线队员与外线队员的定位掩护配合对抗及掩护配合的应变等。

⑤ 挡拆配合

高位中锋弧顶与外线队员挡拆配合；高位中锋 45° 与外线队员挡拆配合；外中锋罚球线角与外线队员挡拆配合等。

（2）进攻战术配合

① 抢后场篮板球的快攻发动、接应、推进、结束阶段多打少与阵地进攻的组织衔接。

② 抢断球后的快攻发动、接应、推进、结束阶段多打少与阵地进攻的组织衔接。

③ 进攻半场区域联防战术。

④ 进攻全场区域紧逼防守战术。

⑤ 进攻半场人盯人防守战术。

⑥ 进攻全场紧逼人盯人防守战术。

（3）防守基础配合对抗练习

① 防守传切配合及对抗

对持球队员施压。

积极封堵其传球路线与传球角度。

延误其传球时机。

对同侧的进攻队员选择合理的防守位置。

运用合理的脚步移动封锁其接球路线。

其他同伴注意积极补防。

② 防守突分配合及对抗

防守突破时的关门配合。

防守突破时的补防配合。

防守突破时的夹击配合。

对突破队员的抢先防守与复位。

③ 防守策应配合及对抗

防守策应配合时的交换防守配合。

防守策应配合时的穿过防守配合。

防守策应配合时的绕过防守配合。

防守策应配合时的补防配合。

④ 防守掩护配合及对抗

防守掩护配合时的挤过防守配合。

防守掩护配合时的交换防守配合。

防守掩护配合时的穿过防守配合。

防守掩护配合时的绕过防守配合。

防守掩护配合时的补防配合。

(4) 防守战术配合

① 防守篮板球快攻反击的封一传、堵接应、快速退防、落位及与阵地防守衔接。

② 防守断球快攻反击的少防多、快速退防、落位及与阵地防守衔接。

③ 半场区域联防防守战术。

④ 全场区域紧逼防守战术。

⑤ 半场人盯人防守战术。

⑥ 全场紧逼人盯人防守战术。

(5) 攻守转换

① 全场 1 对 1 攻守转换。

② 全场 2 对 2 攻守转换。

③ 全场 3 对 3 攻守转换。

④ 全场 4 对 4 攻守转换。

⑤ 全场 5 对 5 攻守转换。

2. 战术训练要求

(1) 此年龄段学生的战术教学与训练，教练员必须根据球队队员的身体形态、素质、技术、战术、心理、智力等客观因素与现状，考虑球队与球员的长远发展，进行全面、长远、系统的整体规划与设计。首先要有明确的发展目标；其次要确立自己的战术指导思想；然后要锤炼运动员的个体特色；最后要磨炼全队的战术风格。真正做到目标明确、思路清晰、特色鲜明、风格突出。

（2）在教学训练实践过程中，教练员对有潜力、有天赋的优秀青少年篮球运动员，切记不可拔苗助长，不要过早定位。在抓好他们扎实的基本功、基本技术、战术思维、心理素养、身体素质、人格品质的基础上，还要把他们放在不同位置进行全面培养和反复磨砺，从长远发展的战略眼光，培养更高层次的拔尖人才。

（3）青少年篮球运动员的对抗训练，必须从对抗意识、对抗作风、对抗的身体条件、对抗的技术技巧、对抗的实力与能力等一一抓紧，它是一项全面的系统工程。教练员要严格要求，刻苦磨砺，让他们在实践训练中敢于拼抢、敢于接触、敢于碰撞、善于总结，以培养他们强烈的对抗意识、顽强的对抗作风、扎实的对抗身体、过硬的对抗技术、坚实的对抗能力和成熟的对抗经验。

（4）青少年篮球运动员的对抗训练，实际上是一个斗谋、斗智、斗勇、斗技、斗巧的培养过程。因此，教练员必须向学生讲清楚：单兵对抗在于“巧”，局部对抗在于“活”，整体对抗在于“灵”。“巧”就巧在时间、空间的利用上；“活”就活在时机的把握上；“灵”就灵在扬长避短上。创造“一肩之差”“一秒之差”的时空优势，合理运用技术战术并准确达到目的，是篮球比赛攻守对抗的实质。

（5）此年龄段学生经过前几年的系统训练，身体素质、心理素质、技术运用、战术理解与执行和个人特点已经逐步凸显，教练员应着重培养他们的特长技术与位置技术，为他们从事篮球运动的长远发展奠定坚实基础。运动员的特长技术与位置技术，需要教练员在长期训练与比赛的实践过程中对运动员潜力、天赋的挖掘与发现，必须采用区别对待的训练手段与方法，必须花费时间与精力精雕细刻。

（6）此年龄段学生的战术教学与训练，全队必须掌握几种或几套进攻战术与防守战术。在训练程序上首先是花精力、花时间提高个人的攻守能力，提高 2～3 人局部攻守配合的质量；随后再抓好半场全队攻防战术的训练质量与应用效果；然后再花时间、花精力抓好全队全场攻守战术的训练。全队任何战术行动都是建立在个人攻守能力的基础之上，提高个人攻守能力和提高局部攻守配合质量，是提高全队攻守战术质量的前提。

（7）在战术教学训练实践过程中，教练员要抓好此年龄段学生战术意识的培养，提高他们战术思维的应变能力与决策能力。教练员要采用相应的手段与方法强化他们的攻守转换意识、快速反击意识、团队配合意识，帮助他们建立相互信任、相互理解、相互提醒、相互鼓励的团队合作精神。

（8）教练员必须认真做好此年龄段学生与球队平时训练、学习、比赛生活等方面的技术资料、比赛统计与比赛记录、学习成绩与生活表现等文档记载工作，作为总结经验教训和提高改进训练质量的可靠依据。

（四）身体训练内容及要求

1. 身体训练内容

（1）观察预测—判断反应—随机应变练习

快攻模拟场景下的观察预测—判断反应—随机应变练习。

阵地进攻模拟场景下的观察预测—判断反应—随机应变练习。

进攻转防守模拟场景下的观察预测—判断反应—随机应变练习。

防守快攻模拟场景下的观察预测—判断反应—随机应变练习。

阵地防守模拟场景下的观察预测—判断反应—随机应变练习。

防守转进攻模拟场景下的观察预测—判断反应—随机应变练习等。

（2）速度练习

一般速度练习：各种短距离的启动加速跑、全速跑、变速跑（30m、60m、100m、200m）练习等。

专项速度练习：徒手短距离折返跑、半场折返跑、全场折返跑练习；运球全场多组折返跑练习；全场快速运球推进行进间投篮或急停跳投练习；全场2人、3人、4人、5人快攻练习；全场2人、3人、

4 人、5 人快速攻守转换练习等。

（3）耐力练习

① 无氧耐力练习（脉搏强度控制在 180 次/分以上）：

专项无氧耐力练习：青少年篮球运动员测试项目中的 15m 距离 17 趟折返跑、全场攻守模拟练习；1min30s 自投自抢练习（规定投次与命中次数）；2min3 人 2 球传、投、抢、传、移动、配合投篮练习（规定投次与命中次数）；2min 内线 3 人 1 球篮下 1 攻 2 对抗练习等。

其他无氧耐力练习：田径场 400m、800m 跑练习；1min30s、2min 双摇跳绳练习等。

② 有氧耐力练习（脉搏强度控制在 160 ~ 170 次/分）：

专项有氧耐力练习：全场 2 人、3 人、4 人、5 人快攻练习；全场 2 人、3 人、4 人、5 人快速攻守转换练习等。

其他有氧耐力练习：1 500m、3 000m、5 000m 匀速跑练习，游泳、爬山、骑自行车等其他项目运动练习等。

（4）柔韧练习

肩关节韧带伸展、收缩与绕环练习；踝关节韧带伸展收缩、内翻、外翻、绕环旋转练习；膝关节柔韧性与灵活性练习；髋关节柔韧性与灵活性练习；躯干及腰部的柔韧性与灵活性练习；大腿前群及后群肌肉拉伸练习等。

（5）跳跃性练习

专项跳跃练习：连续从罚球线外地面捡球，上一步急停或两步急停单手扣篮或双手扣篮练习；连续抛抢篮板球（从篮板下一侧向篮板抛球，随即跳起空中抢球，落地在篮板的另一侧，落地后立即抛球碰篮板，跳起抢球连续进行）练习等。

其他跳跃练习：原地双摇跳绳练习；立定跳远、立定三级跳练习；徒手“跳深”练习；连续跳跃栏架（8 ~ 10 个）练习；连续跨步跳、连续单腿跳、连续两腿交替单跳练习等。

（6）力量练习

手指，手腕及小臂肌群的力量练习：俯卧撑、指卧撑练习；两手握拳两臂直伸进行手腕前屈后翻，两手握哑铃两臂直伸进行手腕前屈后翻练习；两手徒手握拳、两手抓垒球、两手抓铅球练习等。

肩关节及上肢肌群的力量练习：轻重量快速卧推练习；轻重量的快速挺举练习；快速俯卧撑、指卧撑、俯卧撑起双手击掌练习；单杠引体向上、双杠屈臂撑练习等。

躯干核心肌群的力量练习：徒手支撑的静力性练习；瑞士球辅助支撑的静力性与平衡性练习；橡皮筋或橡皮带辅助的收腹举腿、收腹交替打腿、仰卧起坐、俯卧背起、俯卧两腿交替打腿等练习；负重杠铃片、壶铃等轻器械的背起、仰卧起坐、仰卧起坐转体等练习。

大腿及臀部肌群的力量练习：轻力量负重半蹲快速跳起（夹角130°左右）练习；轻力量负重两腿快速交替上下台阶跳（或半蹲跳）练习；轻力量负重跨步走（前腿膝关节夹角近90°）练习；负重深蹲起（体重的70%～80%）练习；负重半蹲起（体重的80%～90%）练习；徒手蛙跳练习等。

踝关节、小腿肌群及膝关节肌群的力量练习：徒手提踵、轻力量负重提踵、负重半蹲起—提踵练习；轻力量杠铃高翻练习；橡皮筋或橡皮带辅助的两脚踝内收、外展、两膝关节内收、外展练习；橡皮筋或橡皮带辅助的两脚踝蹲伸、屈收、两腿伸直上下举腿练习等。

2. 身体训练要求

（1）此年龄段是提高学生一般力量和专项力量的最佳时期，发展学生速度、爆发力是身体教学训练的重点。在教学训练中应该有意识地提高一般身体素质和专项身体素质水平，尤其是注重发展学生爆发力、专项速度和速度耐力训练水平。

（2）科学、合理、有效地安排学生的力量练习，注意将上下肢的环节肌群、多关节的跨关节肌群、躯干核心肌群以及关节周边的小肌群作为练习的重点内容，以轻力量、徒手跳跃、橡皮筋或橡皮带的辅助性练习为主要手段与方法。在负重练习时不宜安排大负荷、超体重的深蹲练习，以防止队员过早出现运动损伤。

（3）此年龄段学生的动作频率与速度训练不可忽视，在教学训练过程中应着重提高他们观察判断的反应速度、准确应答的动作速度、动作衔接与转换的应变速度、重心变换的移动速度。

(4) 在发展学生有氧耐力素质上限水平的基础上，要注意发展学生无氧耐力素质水平，尤其是提高无氧耐乳酸能力。结合运动员个体无氧域水平，安排发展无氧域强度水平的对抗训练，发展和提高运动员最大摄氧量、肺活量和心血管系统的耐力水平。同时还要考虑运动员身体机能代谢的特点，重视加强训练后的拉伸、放松与恢复。

(5) 此年龄段学生要注意适当提高身体练习的比重，身体训练除了安排在综合训练课中以外，还应该每周专门安排 2 ~ 3 次身体训练课，注意训练内容的有效整合及训练练习手段与方法的多样化，以提高学生的兴趣与练习的实际效果。

(五) 心理训练内容及要求

1. 心理训练内容

(1) 动机与兴趣训练

本年龄段学生经过几年的系统训练，已具备了相应的技术、战术水平，取得了相应的竞赛成绩，对篮球产生了浓厚兴趣。要及时帮助学生了解从事篮球运动的社会意义与社会价值，树立集体荣誉和为国争光的远大志向，明确献身篮球事业的强烈动机。

(2) 长时记忆训练

针对本年龄段技术、战术对抗训练内容，要求学生回忆和体验身体对抗的时空感觉，回忆和体验技术对抗的动作幅度、发力方式与用力顺序，回忆和体验战术对抗中各种技术、战术运用的灵活性、准确性的实际效果，提高学生有意记忆与无意记忆的能力，在短时记忆的基础上不断发展他们长时记忆的能力。

(3) 发散思维训练

结合对抗训练的实际内容，向学生提出实战应用的若干问题，鼓励学生独立思考并大胆发表意见，提倡在提高抽象思维能力的基础上培养和发展他们的发散思维能力。

（4）意志品质训练

结合身体、技术、战术对抗训练的实际内容，培养学生自觉性、坚持性、果断性和自制力的意志品质；提高在训练比赛中的自我观察、自我评价、自我监督的自觉性；提高在激烈竞争过程中坚持不懈、克服困难的自我控制的能力；使学生通过训练与比赛促使意志品质由依赖性、受暗示性向独立性、自觉性方面发展，由冲动性、盲目性向自制性、果断性方向发展。

（5）焦虑与情绪训练

在本年龄段技术、战术对抗训练中，有针对性地设置一些有疑义、有争论的状况与场景，让学生产生焦虑和情绪上的波动，通过磨砺，学会体验成功喜悦与失败苦楚，提高学生自我调节与自我控制能力。

2. 心理训练要求

（1）青少年篮球运动员兴趣与动机的培养实际上是一个循循善诱的启发过程，也是教练员、文化教师、管理者与家长共同参与的教育过程。因此，掌握时机，注意方法，善于启发与引导尤为重要。

（2）意志训练是有意识地加强和培养青少年篮球运动员各种意志品质的过程。教练员要善于把培养运动员的自觉性、果断性、顽强性与自制力等意志品质的过程，巧妙地安排到教学训练实践过程中，使他们在提高技战术水平的过程中同时提高自身的意志品质。

（3）重视学生发散思维能力的培养，为今后创造性思维的发展奠定良好基础。在实施过程中要培养学生善于全面观察问题的能力，要鼓励学生敢于大胆质疑问题，学会多视角地分析问题，掌握解决问题的多种途径。

（4）对学生进行焦虑与情绪训练过程中，教练员要注意时机的运用与度的把握，让学生在冲撞、冲突中懂道理、明是非，帮助学生学会自我调节心态与自我控制情绪。

（六）理论教育内容及要求

1. 理论教育内容

（1）阅读比赛

了解篮球比赛开局、高潮、低潮、相持、关键时刻、关键球、特殊人、特殊球等事件的特征与特点，了解场上比赛跌宕起伏的竞争规律，了解关键时刻、关键球的特殊作用。

（2）讲解要领

重点讲解单兵对抗、局部对抗、整体对抗的要领、方法与策略，强调把握对抗的时机与应变的技巧；讲解规则裁判法的相关知识；讲解快攻与防守快攻、进攻半场区域联防、进攻半场人盯人、进攻全场区域紧逼、进攻全场紧逼人盯人和半场区域联防、半场人盯人防守、全场区域紧逼防守、全场紧逼人盯人防守战术的变化形式与应用方法，说明贯彻执行中易犯的错误及纠正的方法。

（3）介绍知识

重点介绍运动生理学、运动心理学、运动训练学等方面知识，使学生理解篮球运动训练的基本理论与基本规律，了解身体训练水平、心理训练水平与促进技术战术能力发展的关系。

2. 理论教育要求

（1）教育学生了解篮球比赛客观规律，学会理解在不同对手、不同状态、不同时刻的比赛中，不惧对手，顽强拼搏，胜不骄、败不馁及“锣声不响不算停，秒针不到不算赢”的基本道理。

（2）教育学生掌握正确的思维方法，培养他们敢于提出问题和善于交流问题的良好习惯；启发学生开发智力，学会采用发散性思维去分析理解训练与比赛，帮助他们学会学习、学会训练、学会比赛。

（3）教育学生了解从事篮球运动训练的基本理论知识，了解掌握基础理论知识对于促进技术、战术发展的积极作用；激励学生献身篮球运动的明确动机。

17 ~18 岁年龄段的训练内容

（一）基本功训练内容及要求

1. 基本功自主练习训练内容

（1）原地球性、球感、球速自主练习。

（2）行进间自主组合支配球、控制球练习。

（3）行进间随意组合支配球、控制球练习。

（4）行进间双手控制球的组合应变练习。

2. 基本功训练要求

（1）此年龄段学生的基本功自主练习，教练员应在每次训练课前安排一定时间要求自觉训练。要求学生必须做到基本功内容天天练，为运动员向高层次发展奠定扎实、全面的基础。

（2）在学生基本功自主练习过程中，教练员要提出一定的要求，让学生根据比赛实际假设不同的状态、不同的进攻与防守场景，学会自我设计、随意组合。

（3）在实战运用中，本年龄段学生的支配球与控制球能力要达到人球一体、随心所欲、运用自如、随意组合和随机应变的水平。

（二）位置技术训练内容及要求

1. 位置技术训练内容

（1）1号位的进攻与防守技术训练

① 1号位进攻技术训练内容

后场防守快攻反击启动摆脱与一传接应技术；接应一传后运球推进与运球突破技术；阵地进攻与外线多种传球技术、与内线多种传球技术；持球突破分球、突破投篮技术；摆脱移动接球技术、摆脱接球急停跳投技术；摆脱徒手空切技术；外围3分球远投技术；冲抢前场篮板球技术等。

② 1号位防守技术训练内容

进攻转防守的快速退防技术；堵截机动接应与快速回位技术；封堵传球技术及抢断技术；防守对手持球突破技术；防守对手运球突破技术；防守对手摆脱接球技术；防守对手徒手摆脱空切技术；防守对方外线投篮及转身挡人抢位技术；抢后场篮板球技术等。

（2）2号位的进攻与防守技术训练

① 2号位进攻技术训练内容

防守快攻反击一传机动接应技术；快攻推进中的传接球技术；快攻结束段的行进间投篮技术、急停跳投技术；阵地进攻中的与外线传球技术、与内线传球技术；持球突破分球、突破投篮技术；摆脱徒手空切技术；摆脱移动接球技术、摆脱接球急停跳投技术；外围3分球远投技术；冲抢前场篮板球技术。

② 2号位防守技术训练内容

进攻转防守时堵截对手接应点或堵截接应人技术；堵截机动接应与快速回位技术；对接应队员前场运球推进的领防技术；封堵对手传球技术及抢断技术；防守对手持球突破技术；防守对手运球突破技术；防守对手摆脱接球技术；防守对手徒手摆脱空切技术；对方重点投手的跟防与盯防技术；防守对方外线投篮及转身挡人抢位技术；防

守抢断技术；抢后场篮板球技术等。

（3）3 号位的进攻与防守技术训练

① 3 号位进攻技术训练内容

防守快攻反击一传机动接应技术；快攻推进中的多种传接球技术；快攻结束段的行进间投篮技术、急停跳投技术；阵地进攻中的与外线传球技术、与内线传球技术；持球突破分球、突破投篮技术；摆脱徒手空切技术；摆脱移动接球技术、摆脱接球急停跳投技术；外围 3 分球远投技术；冲抢前场篮板球技术等。

② 3 号位防守技术训练内容

进攻转防守时堵截对手接应一传技术；防守接应队员前场运球推进的领防技术；阵地防守封堵对手传球技术；防守对手持球突破技术；防守对手运球突破技术；防守对手徒手摆脱空切技术；防守对手摆脱接球技术；对方重点投手的跟防与盯防技术；协防及抢断球技术；防守对方外线投篮及转身挡人抢位技术；抢后场篮板球技术等。

（4）4 号位的进攻与防守技术训练

① 4 号位进攻技术训练内容

后场阵地防守抢场篮板球技术及发动快攻一传技术；快攻跟进与结束阶段的投篮、抢前场篮板球与补篮技术；前场策应、中场策应技术；阵地进攻中高位策应抢位接球、低位策应抢位接球、外策应抢位接球技术；策应掩护、策应传球、策应后突破、突破分球、突破投篮技术；定位掩护挡人、高位掩护挡人、外围掩护挡人技术；策应传球后的跟进、掩护挡人后的跟进技术；徒手横切、背插、顺下移动抢位技术；中距离、远距离投篮技术；篮下对抗投篮、补篮、扣篮技术；抢前场篮板球技术等。

② 4 号位防守技术训练内容

前场篮板球拼抢技术与封堵对手一传技术；快速退防、快速追防与封盖技术；阵地防守过程中防守对手高位策应、低位策应、外策应的选位、移动、堵截、封锁、干扰技术；防守对手横切、背插、顺下徒手空切的堵截与抢位技术；防守对手定位掩护、高位掩护、外围掩护的选位、移动、堵截技术；补防与协防技术；篮下封盖技术；抢后场篮板球技术。

（5）5号位的进攻与防守技术训练

① 5号位进攻技术训练内容

后场阵地防守抢场篮板球技术及发动快攻一传技术；快攻跟进与中场策应技术；阵地进攻中徒手横切、背插、顺下移动抢位技术；高位挡拆、外围挡拆与挡拆后的跟进技术；高位策应抢位接球、低位策应抢位接球、外策应抢位接球技术；策应掩护、策应传球、策应后突破、突破分球、突破投篮技术；中距离投篮技术；篮下对抗投篮、挤靠投篮、躲闪投篮、补篮、扣篮技术；抢前场篮板球技术等。

② 5号位防守技术训练内容

前场篮板球拼抢技术与封堵对手一传技术；快速退防技术；阵地防守中篮下区域的补防与协防技术；防守对手横切、背插、顺下徒手空切的堵截抢位技术；防守对手高位挡拆、外围挡拆的上步协防与回位技术；防守对手高位策应、低位策应、外策应的选位、移动、堵截技术；限制区内的封盖技术；抢后场篮板球技术等。

2. 位置技术训练要求

（1）位置技术训练并非单一的技术训练，必须将位置技术置于一定的实战背景下，设计和安排每一个位置的训练计划；换而言之，位置技术是与全队的整体战术、局部配合有机联系在一起的，在训练过程的实践执行中，应以每个位置的攻守职责作为训练的依据。

（2）1号位在比赛中承担进攻与防守的领导角色，是队员与教练之间沟通的桥梁且发挥攻守配合指挥作用的核心运动员，必须具备宽阔的视野、敏锐的观察力、清醒的头脑和良好的心理素质，具备熟练的控制球与支配球能力、快速灵活的脚步移动能力、较高的中远距离投篮能力以及出色的防守能力，能够运用娴熟的策略、技巧与技术，调控比赛节奏，组织全队进攻与防守战术。在进攻时既善于组织全队进攻，还要善于运用传、运、突、投为队友创造战机，有效地实施全队进攻战术方案。在防守时既善于堵截对方传球，延误对方的推进速度，还要善于退守第一线并采用堵、抢、断、封的技术方法破坏对方的进攻节奏，有效地实施全队防守方案。

（3）2 号位在比赛中承担协助组织后卫组织全队攻守配合的重要作用，必须具备超常的身体素质、快速的脚步移动、全面的攻守技术能力、稳定的中远距离投篮能力和良好的战术意识。在进攻时能够采用突、运、传、切等技术方法为队友创造机会，并利用个人技术与技巧创造得分机会。在防守时能够采用堵、截、抢、断、封、盖的技术方法破坏对方传球与推进，打乱对方的进攻节奏，既能担任全队战术的发起者，还能胜任全队战术的终结者。

（4）3 号位在比赛中承担全队主要得分任务和防守任务，必须具备参与完成快攻的能力、出色的突破能力、稳定的中远距离投篮能力、快速的退防和出色的防守能力。在进攻时既是快攻反击的尖刀，又是投篮得分的主要杀手，还是善于突破分球的助攻者，同时还具有冲抢篮板球的能力。在防守时具有在困难情况下拼抢前场篮板球连续进攻和完成由守转攻的能力，既能堵截对方快攻接应队员，又能快速追防与退防并阻止和破坏对方的进攻节奏，保障全队进攻战术和防守战术并顺利实施。

（5）4 号位在比赛中介于小前锋和中锋之间，既有较高的身材和较大的体重，又能在全场攻守转换中发挥重要作用，必须具备宽阔的视野、敏捷的思维、较快的速度、出色的弹跳、顽强的作风、出众的防守、良好的策应技术、稳定的中距离投篮技术。在进攻时既能在外围协助后卫控制处理球并为同伴掩护创造战机，又能利用策应进行配合，实施中远距离投篮或突破助攻；还能在内线与 5 号位进行有效配合，控制前场篮板球并发动二次进攻。在防守时既能干扰和封锁持球队员的进攻行为，堵截和破坏对手的摆脱与空切路线，创造围守、协防、夹击的配合战机，还能及时抢占有利位置并控制篮板球，创造快攻反击的机会。

（6）5 号位在比赛中利用自己的高度优势活动在篮下限制区和限制区周边，在进攻上具有得分的实力与杀伤力，在防守上具有封盖的潜力与威慑力，在战术配合上作为全队的枢纽，承担进攻、防守和全队配合的关键角色。除了身高条件以外还必须具备清醒的头脑、灵活的脚步、结实的身体、对抗的技巧、良好的预测、准确的判断、娴熟的传球、稳定的投篮、出色的封盖、积极的篮板等综合能力。在进攻时能在激烈碰撞中运用脚步动作的变化、对抗方式的变化与投篮方式的变化创造得分机会或造成对方犯规；同时利用挡拆、掩护、策应等配合方式为队友创造得分机会。在防守时能准确预测对手的行动意图并进行协防、补防和封盖，控制后场篮板球为全队创造快攻反击的机会。

（7）在位置技术训练的基础上，教练员应该根据运动员的身体素质、技术特点、战术思维、心理素质等自身条件，有目的、有意识地设计和安排每个位置队员的特长技术训练。例如：1 号位运球突破推进的速度及掌握行进间处理球的时机与能力；2 号位持球突破的启动速度与突分、急停投篮的质量；3 号位的远距离 3 分球质量与个人防守特长；4 号位策应助攻的技巧与防守抢断的能力；5 号位篮下攻守对抗的质量与封盖及抢篮板球能力等。

（8）篮球运动员的特长技术要经过系统、高质量的训练实践反复磨砺；经过强对抗的实战比赛检验；经过运动员、教练员及时总结并强化。教练员要善于发现运动员的优势、潜力、天赋与特点，结合个体特点量体裁衣，精心设计，耐心引导，反复磨砺，全力培养运动员的特长技术。只有在每个球员特长技术基础上，才能形成全队的战术风格。

（三）战术训练内容及要求

1. 战术训练内容

（1）阵地防守战术训练

① 半场盯人与联防混合防守战术训练。

② 半场对位联防防守战术训练。

③ 半场综合多变防守战术训练。

④ 全场综合多变防守战术训练。

(2) 阵地防守反击快攻战术训练

① 阵地防守抢后场篮板球快攻反击战术训练。

② 阵地防守抢断球快攻反击战术及训练。

③ 掷后场端线界外球快攻反击战术训练。

(3) 快攻反击与阵地进攻衔接战术训练

① 后场篮板球快攻反击与阵地进攻衔接战术训练。

② 抢断球快攻反击与阵地进攻衔接战术训练。

③ 掷后场端线界外球快攻反击与阵地进攻衔接战术训练。

(4) 阵地进攻战术训练

① 进攻半场盯人与联防混合防守战术训练。

② 进攻半场对位联防防守战术训练。

③ 进攻半场综合多变防守战术训练。

④ 进攻全场综合多变防守战术训练。

(5) 进攻转换防守战术训练

① 进攻成功转换全场区域紧逼防守或全场紧逼人盯人防守。

② 进攻成功转换半场综合多变防守战术或半场对位联防。

(6) 特殊情况下的进攻战术训练

① 特殊时段（每节结束时段与相持时段）的进攻战术训练。

② 特殊时间（10s、5s、3s）的进攻战术训练。

③ 特殊情况（落后 1 分、3 分、5 分）的进攻战术训练。

(7) 特殊情况下的防守战术训练

① 特殊时段（每节结束时段与相持时段）的防守战术训练。

② 特殊时间（10s、5s、3s）的防守战术训练。

③ 特殊情况（领先 1 分、3 分、5 分）的防守战术训练。

2. 战术训练要求

（1）此年龄段学生的战术教学与训练，应该以提高运动员个体攻防实力并形成个人技术特长，提高球队实战水平并形成全队战术风格为建设目标。教练员作为球队、球员的设计者和引导者，在平时训练和比赛的实践中一定要注意对运动员实施个体化的训练和针对性的指导，对球队实施多样化的训练和区别性的指导，真正实现球员特色鲜明、球队风格突出的目标。

（2）运动员的特长技术是建立在个人扎实的基本功、全面的基本技术、敏捷的战术思维、成熟的心理素养、突出的身体素质、完善的人格品质基础上，通过教练员精心培养，经过长时间反复磨砺和实战检验，所表现出的天赋与形成的绝招。但是，个人的这种天赋与绝招只有在团队整体表现中才能寻求更大的用武之地。因此，处理好个体与集体的关系是此年龄段学生的重要学习内容。

（3）球队的战术风格是建立在全队对抗意识、对抗作风、对抗身体、对抗技巧、对抗实力的基础上，经过教练员精心调教，通过长时间反复磨砺和实战检验，所表现出的战术打法与形成的球队特色。但是，团队战术打法只有通过个体实力的敢于碰撞、敢于拼抢、善于思考和完美发挥，才能表现其鲜明的特色。因此，帮助运动员建立“你中有我，我中有你，相互信任，相互鼓励”的团队合作精神，提高个体攻守实力，培养个体特长，是提高整体实力并形成战术风格的重要基础。

（4）在战术教学训练实践过程中，教练员一定要抓好此年龄段学生战术思维的培养，提高他们的球场智力、应变能力与决策能力。在实战对抗中，要潜心理解单兵对抗在于“巧”，局部对抗在于“活”，整体对抗在于“灵”。“巧”就巧在时间、空间的利用上；“活”就活在时机的把握上；“灵”就灵在扬长避短、各个击破上的实质意义。

（5）教练员要采用相应的手段与方法培养球员快速反击的意识，训练球队建立不同的快攻反击体系，真正做到：防守质量好，篮板控制好，一传发动快，接应推进快，队形分散快，结束投篮方式多，攻击质量效果好。

（6）教练员要强化球队的攻守转换意识，训练球队建立全场综合防守和半场攻击性防守体系，真正做到：攻守转化快，防守布阵快，给球施压，逼球走向，死球边角夹击，轮转换位，伺机抢断，快速反击质量效果好。

(7) 教练员要训练球队建立机动进攻和连续进攻的战术体系，真正做到：转换衔接快，人、球移动快，穿插层次分明，攻击重点突出，内外结合巧妙，强侧、弱侧转化突然，外投内抢、内投外抢互补，节奏控制有序，局部配合得法，进攻安排连续，攻击质量明显。

(8) 教练员要认真做好此年龄段球员与球队平时训练、比赛的训练记录、比赛记录、比赛统计与技术资料等方面文档记载工作，作为总结经验教训和提高改进训练质量的可靠依据。

(四) 身体训练内容及要求

1. 身体训练内容

(1) 预测分析—主观判断—观察判断—随机应变练习

快攻场景模拟预测分析—主观判断—观察判断—随机应变练习。

阵地进攻场景模拟预测分析—主观判断—观察判断—随机应变练习。

进攻转防守场景模拟预测分析—主观判断—观察判断—随机应变练习。

防守快攻场景模拟预测分析—主观判断—观察判断—随机应变练习。

阵地防守场景模拟预测分析—主观判断—观察判断—随机应变练习。

防守转进攻场景模拟预测分析—主观判断—观察判断—随机应变练习等。

(2) 速度练习

① 一般性速度练习

各种短距离的启动加速跑、全速跑、变速跑（30m、60m、100m、200m、400m）练习等。

② 专项速度练习

规定时间与效果的全场快速运球推进行进间投篮或急停跳投练

习；全场2人、3人、4人、5人快攻多打少、少防多对抗练习；全场2人、3人、4人、5人攻守对抗快速转换练习；徒手短距离折返跑、半场折返跑、全场折返跑练习等。

(3) 耐力练习

① 无氧耐力练习（脉搏强度控制在180次/分以上）

专项手段的无氧耐力练习有：半场15m距离17趟折返跑、全场攻守模拟练习；2min自投自抢练习（规定投次与命中次数）；3min 3人2球传、投、抢、传、移动、配合投篮练习（规定投次与命中次数）；半场15m距离17趟折返跑×4，间歇时间90s等。

其他手段的无氧耐力练习：田径场800m跑练习；2min双摇跳绳练习等。

② 有氧耐力练习（脉搏强度控制在160~170次/分）

采用持续匀速负荷和变速负荷的方法发展一般耐力素质，负荷强度一般应控制在接近无氧代谢的强度，心率控制在160次/分左右。提高有氧代谢水平的主要方法有：匀速跑、变速跑、超越跑、折返跑等。这是青少年篮球运动员有氧耐力训练的主要内容与方法。

其他手段的有氧练习：3 000m、5 000m、10 000m匀速跑练习，1小时爬山、骑自行车等其他项目运动的匀速练习等。

(4) 力量练习

① 力量练习的内容

上肢力量训练主要包括指关节力量、腕关节力量、肘关节力量、肩关节力量训练，以全面发展小肌群和屈伸肌群的围度与力量作为重点。

下肢力量训练主要包括掌趾和踝关节力量、膝关节与髋关节的屈伸力量，以全面发展小肌群和屈伸肌群的围度与力量作为重点。

躯干力量训练主要包括腹肌和背肌力量，以全面发展腹内外斜肌和脊柱伸展肌群作为重点。

② 力量练习的手段

跳跃练习：跨步跳、单足跳、台阶跳、蛙跳、直膝跳、沙坑跳、跳深等。

杠铃练习：提铃至胸练习（提铃、高翻、箭步翻、下蹲翻练习等）。

挺举练习：左右腿交换的上挺练习等。抓举练习：左右腿交换的箭步抓举练习等。半蹲与深蹲练习：半蹲包括静力性半蹲和动力性半蹲；深蹲主要是要求快速力量的计时深蹲。半蹲跳练习：包括克制半蹲跳和退让半蹲跳两种肌肉收缩练习方式。

各种形式的环节对抗练习：包括踝关节、膝关节、髋关节、指腕关节、肘关节、肩关节部位屈、伸肌群的动力和静力对抗练习。

各种形式的综合力量练习器练习：综合力量练习器有多种动作练习方式，有助于准确有效地发展局部肌肉力量。

负重跨步走与负重跑、跳练习：负重跨步走练习的方式主要有肩部负重与直臂上举负重两种；负重跑、跳的练习方式主要有腰部与腿部负重等。

抛掷练习：单手和双手完成的各种方式的投、抛、掷练习。根据不同年龄阶段可相应采用不同重量的抛掷练习负荷。

（5）柔韧练习

肩关节韧带伸展、收缩与绕环练习；踝关节韧带伸展收缩、内翻、外翻、绕环旋转练习；膝关节柔韧性与灵活性练习；髋关节柔韧性与灵活性练习；躯干及腰部的柔韧性与灵活性练习；大腿前群及后群肌肉拉伸练习等。

2. 身体训练要求

（1）提高此年龄段学生的爆发力素质、无氧耐力素质和专项力量素质是身体教学训练的重点。在实践中应加大身体训练的强度，有意识地注重发展学生爆发力、专项速度和速度耐力的训练水平，提高训练的质量和效果。

（2）篮球运动员在球场上做出任何一种攻守行为的选择，都是以观察反应为前提，判断反应为基础，决策反应为核心。随着运动员训练水平和运动能力的提高，对反应判断也提出了更高要求。在激烈复杂的对抗过程中，攻守转换千变万化，因此，熟练掌握第一反应和第二反应是运动员成熟的重要标志。观察反应取决于视野的宽度，判断反应取决于思维的敏感度，决策反应取决于行为的应答速度。视野观察的宽度与思维决策的深度有机结合，对于提高篮球运动员的技能与潜能有着十分重要的作用。

（3）要重视力量练习动作的正确性，尤其要注意杠铃力量练习动作技术的正确性，这是保证练习效果和防止受伤的前提。运动员必须掌握杠铃练习的专项技术动作如高翻技术、上挺技术、抓举技术，以及深蹲与半蹲跳技术等。力量训练中应遵循身体各部位肌群全面均衡发展的原则：要重视指、腕部位和踝关节部位的小肌群力量训练；要注意上肢与下肢、屈肌与伸肌、前群与后群、左侧与右侧、腹肌与背肌、退让收缩与克制收缩力量全面均衡发展。青少年篮球运动员的力量训练应重视掌趾和胫骨前肌的力量训练，这是发展弹跳力、预防和防止胫骨骨膜炎和踝关节扭伤的基础和保证。

（4）速度是篮球运动的灵魂，是篮球运动员创造战机、实行攻击、投篮得分的关键条件，也是在紧张激烈的比赛中战胜对手、夺取比赛胜利的基础和保证。篮球运动速度的特点决定了运动员不仅需要ATP—CP供能能力，而且要具备高水平的糖酵解供能能力。速度训练应注意发展环节肌肉力量（在训练实践中往往容易忽视上肢的指、腕、肘关节和下肢的掌趾与踝关节力量训练），这是提高动作速率、动作幅度和预防运动损伤的重要途径。速度训练必须与技战术训练紧密结合，启动与突破速度、疾跑加速跑速度、投篮出手速度和速度耐力是青少年篮球运动员速度训练的重点。

（5）篮球运动员在比赛中主要以糖酵解供能形式为主。因此，运动员的耐力训练要以乳酸能和机体耐酸能力训练为主，有氧供能训练为辅。有氧供能能力强，运动员在比赛和训练中的恢复能力就强，有利于有效地利用和发挥机能潜力，保持旺盛的竞技状态。青少年篮球运动员的耐力素质训练必须打下扎实的有氧供能基础，努力发展ATP—CP供能能力和糖酵解供能能力，以及有氧—无氧供能能力。提高有氧供能和有氧—无氧供能训练水平是青少年篮球运动员耐力素质训练的主要内容与目的。

（6）此年龄段学生的身体训练除了安排在综合训练课中以外，还应该每周安排2~3次专门身体训练课，建议采用循环练习的方式，注意安排训练内容与训练手段与方法的多样化，以提高学生练习的实际效果。

（五）心理训练内容及要求

1. 心理训练内容

（1）赛期心理训练

赛期心理训练包括赛前心理训练、临赛心理准备和赛后心理调整。

赛前心理训练：比赛动机训练，竞赛模拟训练，自信心训练，表现训练，情绪调节训练等。

临赛心理准备：赛前心理诊断，教育性谈话，身心调整，念动训练与想象训练等。

赛后心理调整：自我总结，自我评价，心理恢复等。

（2）模拟训练

模拟训练包括语言形象模拟和实景情况模拟等。

语言形象模拟训练：队友语言沟通形象模拟，队友暗语手势沟通。

形象模拟，队友激励言辞模拟，队友严厉批评言辞模拟，对手语言挑衅形象模拟，对手挑衅侮辱言辞模拟等。

实景情况模拟训练：主场氛围实景模拟（主队），客场氛围实景模拟（客队），比赛特殊时段实景模拟，比赛特殊球实景模拟，对手特殊位置队员技术特点实景模拟，对手特殊防守战术方案实景模拟，对手特殊进攻战术方案实景模拟等。

（3）应激控制训练

比赛对于运动员来说是一种应激情境，通常会导致运动员产生紧张、焦虑、害怕等情绪反应，同时也伴随生理唤醒水平的升高。通过降低唤醒水平和认知训练可以减缓应激反应。应激控制训练首先要明确运动员的应激源和应激反应，坚持区别对待和系统训练的原则。

控制应激的有效方法包括：渐进放松训练、自生训练、呼吸控制、表象训练、系统脱敏训练和认知训练等。

(4) 生物反馈训练

生物反馈训练是借助仪器将人体内各器官、各系统心理、生理过程中的许多不能觉察的信息，如肌电、皮肤电、脑电等记录并显示出来，训练人们通过对这些信号活动变化的认识和体验，学会有意识地控制自身的心理生理活动的过程。

生物反馈的指标有很多种，经常使用的有：肌电图测量肌肉张力；手指皮肤电和手掌心温度变化显示血液流动的速度；心率和血压显示心脏的活动等；脑电反应脑内的活动等。

生物反馈训练需要使用专业仪器设备，训练过程需要专业人员参与；训练是从学会识别仪器的原始信号开始，然后在训练师的指导下，掌握生理或心理活动与信号反馈之间的联系，从而从反馈信号中学会控制身体和心理过程。生物反馈训练要通过训练指导让运动员的生理指标相对于基线逐步提高。

2. 心理训练要求

(1) 教练员和学生必须了解：一般心理训练的任务是培养和激发学生对训练比赛的良好动机与态度，发展他们所必须具备的心理品质与个性特征，为提高他们篮球运动水平提供良好的心理条件。赛期心理训练的任务是调整他们适宜的动机和情绪激活水平，注意集中于技术战术准备上，不受内外部因素干扰；善于及时进行自我暗示和自我动员，适度紧张，镇定自信，有较好的自我评价与自我控制能力，适时形成最佳心理准备状态。

(2) 在比赛或赛期心理准备与心理调控训练过程中，应该注意教练员自身的心理调节，要妥善处理自己的不良情绪，随时调整自己的心理活动指向，做好运动员心理激励与心理调控的良师益友。

(3) 做好运动队和运动员在赛前、赛期过程中对参赛角色的合理定位。赛前要求运动队和运动员确定自身立足于“夺”的定位；赛期过程中随着比赛进程及比赛成绩变化，必须本着冲击对手的原则调整自身定位；赛后必须对自我和球队重新进行角色定位。

（4）教练员与运动员必须注意到，提高和调整运动员自我控制能力是心理训练的核心内容与主要任务，其训练的途径、手段、方法多种多样，其提高幅度是没有止境的，会使运动员终身受益。

（六）理论教育内容及要求

1. 理论教育内容

（1）现场观摩国内、外高水平篮球比赛，组织观看国内重要篮球比赛和国际重大篮球比赛录像资料，交流观摩和观看比赛的心得体会，分析比赛中的经典案例，提高观察、分析问题的能力。

（2）讲解要点：重点讲解规则裁判法相关知识；讲解攻守转换的时机、布局、战术方法与执行要求；讲解机动进攻战术变化形式与应用方法，说明执行中易犯错误及纠正方法；讲解综合多变防守和攻击性防守的基本原则、防守技巧、应变方式以及执行中易犯错误及纠正方法；讲解单兵对抗、局部对抗、整体对抗的要领、方法与策略，强调把握对抗时机与应变技巧。

（3）学习知识：重点了解我国篮球运动现状；了解世界篮球运动发展趋向；了解明星运动员的技术特色与特长；了解赛前、赛期心理变化的基本规律与自我调节基本方法；学习运动生理学、运动心理学、运动训练学等方面知识，掌握篮球运动训练基本理论与基本规律，全方位促进自身技术战术能力全面发展。

2. 理论教育要求

（1）教育学生掌握正确的观察和分析问题思维方法，培养善于交流问题的良好习惯，学会运用辩证思维的方法去分析理解训练与比赛，学会在学习、训练、比赛的实践过程中正确对待队友、对手和自我，在技术、战术、心理等方面全面成熟。

（2）教育学生了解篮球运动发展的客观规律，了解世界篮球运动发展趋向，了解从事篮球运动训练的基本理论知识，掌握篮球运动训练的基本理论与基本规律。

（3）教育与激励学生明确献身篮球运动的动机，树立为国争光的远大志向，为国家青年队、国内高水平俱乐部、大专院校、大型企业和社会培养高水平、高质量、高素养的篮球人才。

六、测试指标

(一) 各年龄组考核内容与比例

各年龄组考核内容与比例见表13。

表13　各年龄组考核内容与比例

组别	比赛成绩/%	素质与技术达标/%	技术评定/%
9～10岁	20	40	40
11～12岁	30	35	35
13～14岁	40	30	30
15～16岁	55	25	20
17～18岁	70	15	15

(二) 各年龄组身体素质、技术测验项目和技术评定

各年龄组身体素质、技术测验项目和技术评定见表14。

表14　各年龄组身体素质、技术测验项目和技术评定

类别		9～10岁	11～12岁	13～14岁	15～16岁	17～18岁
身体素质	速度类	5.80m × 3 折返跑 全场3/4加速跑	5.80m × 3 折返跑 全场3/4加速跑	5.80m × 6 折返跑 全场3/4加速跑	5.80m × 6 折返跑 全场3/4加速跑	5.80m × 6 折返跑 全场3/4加速跑

续表 14

类别		9~10岁	11~12岁	13~14岁	15~16岁	17~18岁
身体素质	耐力速度类	15m × 5 折返跑	15m × 9 折返跑	15m × 13 折返跑	15m × 17 折返跑	15m × 17 折返跑
	力量类	立定跳远 30s 仰卧起坐 30s 背起	立定跳远 30s 仰卧起坐 30s 背起	俯卧撑 立定跳远 1min 仰卧起坐 1min 背起	俯卧撑 立定跳远 1min 仰卧起坐 1min 背起	俯卧撑 立定跳远 1min 仰卧起坐 1min 背起 杠铃高翻 负重深蹲
	弹跳类	原地双脚跳摸高	原地双脚跳摸高 助跑单脚跳摸高	原地双脚跳摸高 助跑单脚跳摸高 助跑单跳双停双手摸高	原地双脚跳摸高 助跑单脚跳摸高 助跑单跳双停双手摸高	原地双脚跳摸高 助跑单脚跳摸高 助跑单跳双停双手摸高
	灵敏类	单足交替跳绳 30s 髋旋转（内外） 肩回环	双摇跳绳 30s 髋旋转（内外） 肩回环	双摇跳绳 1min 髋旋转（内外） 肩回环	双摇跳绳 1min 髋旋转（内外） 肩回环	双摇跳绳 1min 髋旋转（内外） 肩回环
	柔韧类	体前屈	体前屈	体前屈	体前屈	体前屈
	专项感知	限制区周边多向移动 原地跳起转体双手头上传球	限制区周边多向移动 原地跳起转体双手头上传球	限制区周边多向移动 原地跳起转体双手头上传球	限制区周边多向移动 跳起空中转体双手头上传球	限制区周边多向移动 跳起空中转体双手头上传球

续表 14

类别		9~10岁	11~12岁	13~14岁	15~16岁	17~18岁
基本技术	投篮类	左右手行进间高手、低手、双手投篮	左右手运球行进间高手、低手、双手投篮 0°、45°、90°5步后退投篮	0°、45°、90°5步后退投篮 1min自投自抢投篮	0°、45°、90°7步后退投篮 1min30s自投自抢投篮	0°、45°、90°7步后退投篮 1min30s自投自抢投篮
	传球类	半场移动传接球	半场移动传接球	全场多点综合传接球	全场多点综合传接球	全场多点综合传接球
	运球类	半场左右手运球见线折返	全场左右手运球见线折返	全场综合运球上篮 全场左右手运球见线折返	全场综合运球上篮 全场运球见线折返	全场综合运球上篮 全场运球见线折返
	移动类	梯形滑步	梯形滑步	六边形移动 梯形滑步	六边形移动 梯形滑步	六边形移动 梯形滑步
	综合类			全场攻防技术模拟	全场攻防技术模拟	全场攻防技术模拟
技术动作评定		限制区周边多向移动	限制区周边多向移动	限制区周边多向移动	限制区周边多向移动	限制区周边多向移动
		左右手行进间高手、低手、双手投篮	左右手运球行进间高手、低手、双手投篮	0°、45°、90°5步后退投篮	0°、45°、90°7步后退投篮	0°、45°、90°7步后退投篮

续表 14

类别	9~10 岁	11~12 岁	13~14 岁	15~16 岁	17~18 岁
	半场移动传接球	0°、45°、90° 5 步后退投篮	左右手运球行进间高手、低手、双手投篮	1min30s 自投自抢投篮	1min30s 自投自抢投篮
	半场左右手运球见线折返	半场移动传接球	1min 自投自抢投篮	全场多点综合传接球	全场多点综合传接球
技术动作评定	梯形滑步	全场左右手运球见线折返	全场多点综合传接球	全场综合运球上篮	全场综合运球上篮
		梯形滑步	全场左右手运球见线折返	全场运球见线折返	全场运球见线折返
			六边形移动	六边形移动	六边形移动
			梯形滑步	梯形滑步	梯形滑步
			全场攻防技术模拟	全场攻防技术模拟	全场攻防技术模拟

七、测试方法

（一）身体素质测试方法（20 项）

1. 5.80m ×3 或5.80m ×6 折返跑

（1）适用群体

少年队、青年队。

（2）测试目的

测试队员快速启动、急停及转换的能力。

（3）测试设备

标准篮球场地、秒表。

（4）测试方法

受测运动员④站在篮球场端线外篮下位置，裁判发令同时开表计时。测试者在端线出发后，跑至罚球线做急停并转身启动算 1 次，然后在端线和罚球线之间用最快速度往返做 3 个来回共 6 次（12 岁以下 5. 80m ×3、跑 1 个半来回）；测试者在折返时必须有一只脚踏到罚球线或端线，否则算违例。12 岁以下通过罚球线停表；18 岁以下者，通过端线停表；启动时脚不许踩线；急停往返启动时脚必须踩线。每人测 2 次，取最好成绩（图 8、图 9）。

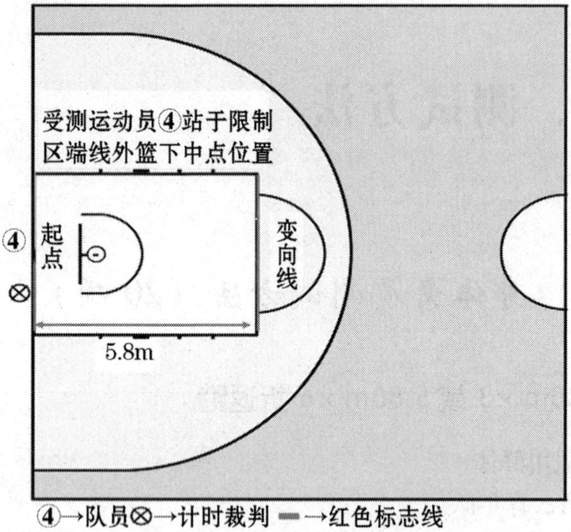

图 8　5. 80m ×3 或 5. 80m ×6 测试场地示意图

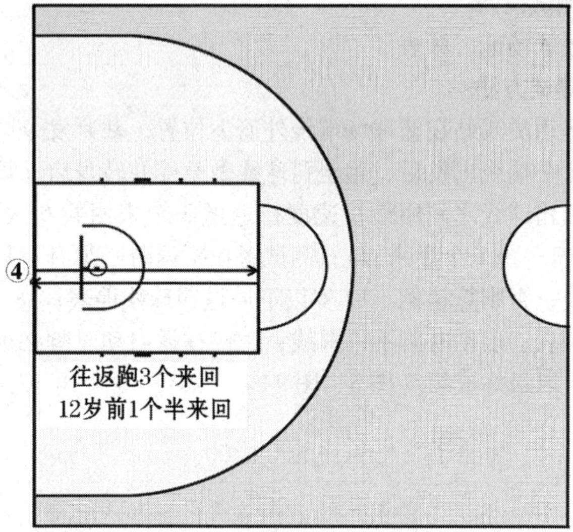

图 9　5. 80m ×3 或 5. 80m ×6 测试方法图

（5）测试要求

出发前，准备姿势正确，两脚自然开立，稍屈膝，降重心，上体放松稍前倾，目视前方。信号发出后，反应迅速；启动快而有力，上体迅速前倾，重心前移，后脚蹬地快速有力，跑动放松、协调。见线急停快速、稳定；再启动，蹬地、转身快速有力。急停、转身协调连贯。“折返跑”全过程中，急停的第一步抵地制动，左右脚自然交替进行。

（6）测试细则

① 以组为单位测验。

② 以端线为起点，12 岁前测试者以罚球线为终点、12 岁后测试者以端线为终点。

③ 每名运动员测试 2 次，取其最好成绩。

④ 脚未触线违例，裁判鸣笛即被罚下，重新测试，如再次违例，即取消本项目测验成绩。

⑤ 每人测试用 3 块表计时，取中间值。

2. 全场 3/4 场加速跑

（1）适用群体

少年队、青年队。

（2）测试目的

测试篮球运动员场上最快速度的冲刺能力。

（3）测试设备

标准篮球场地、秒表。

（4）测试方法

受测运动员④站在篮球场端线中点外，裁判发令同时开表计时。测试者听到裁判员发令后，快速启动加速跑，快速跑过中场并冲刺到前场罚球线，通过罚球线时（脚踩罚球线）裁判员停表。测试者启动时脚不许踩线，要尽最大努力快速跑完全程，全速通过罚球线后才能减速。每人测 2 次，取最好成绩（图 10、图 11）。

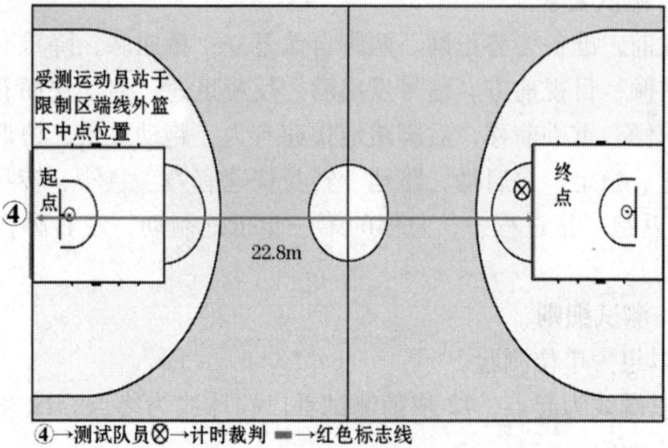

图 10　全场 3/4 场加速跑测试场地示意图

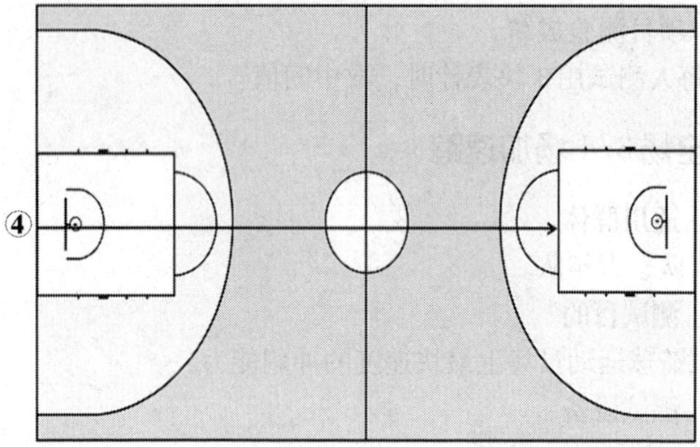

图 11　全场 3/4 场加速跑测试方法图

（5）测试要求

反应迅速，启动快而有力，起跑后身体前倾角度大，两腿快速交替后蹬与摆动，后蹬有力。上体随着步频加快和步幅加大逐渐抬起，两臂配合两腿做积极有力的摆动，整个跑动过程加速明显，身体姿态平稳且动作自然放松；跑至终点处达到最高速度。

（6）测试细则

① 以组为单位测验。

② 以前场罚球线为起点，以后场罚球线为终点。

③ 每名运动员测试 2 次，取其最好成绩。

④ 起跑时运动员不得踩线，如出现踩线、抢跑现象，裁判鸣笛即被罚下，重新测试，如再次违例，即取消本项目测验成绩。

⑤ 裁判 2 人，1 人发令，1 人计时。

3. 15m×17 次折返跑

（1）适用群体

少年队、青年队。

（2）测试目的

采用 15m×17 次折返跑，测试运动员的速度和耐力。

（3）测试设备

标准篮球场地、秒表。

（4）测试方法

受测运动员④在球场的边线站立，裁判发令的同时开表计时。测试者听到裁判员口令后启动加速跑，跑至球场对面边线做急停并转身启动算一次，然后在球场两条边线之间用最快速度往返做 7～17 次折返跑（9～10 岁 15m×7 次、11～12 岁 15m×9 次、13～14 岁 15m×13 次、15～18 岁 15m×17 次）。测试者在两边线折返时必须有一脚踏到边线，否则算违例；最后一趟折回时脚踏到边线停表。启动时脚不许踩线，不许抢跑，每次折回时必须有一只脚踏到边线，如脚未踩线，裁判鸣笛，即被罚下。每人测 2 次，取最好成绩（图 12、图 13）。

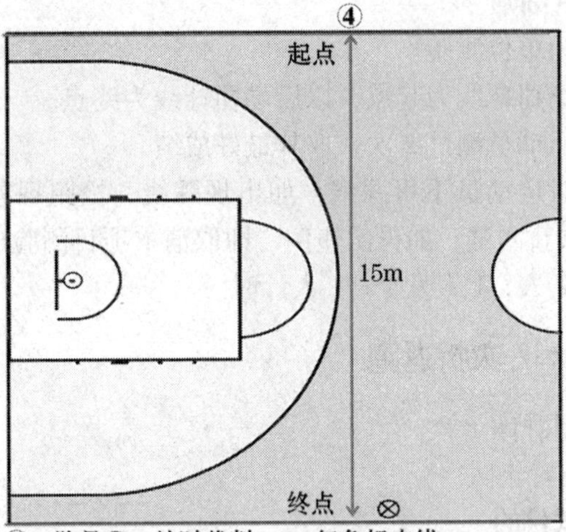

图 12　15m ×17 次折返跑测试场地示意图

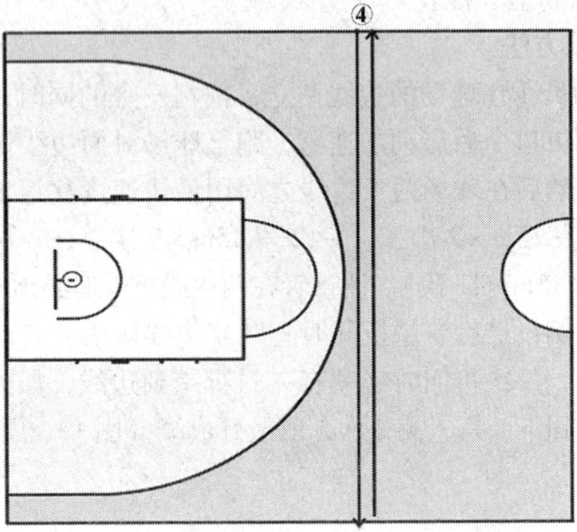

图 13　15m ×17 次折返跑测试方法图

（5）测试要求

出发前，准备姿势正确，两脚自然开立，稍屈膝，降重心、上体放松稍前倾，目视前方。信号发出后反应迅速，启动快而有力，上体迅速前倾、重心前移、后脚蹬地快速有力。见线急停快速、稳定；再启动时蹬地转身快速有力。急停转身协调连贯（急停时第一步脚跟着地迅速过渡到全脚掌抵地制动、屈膝、降重心并后移，第二步落地时，前脚掌内侧用力蹬地，身体稍侧转。两臂屈肘自然张开，帮助控制身体平衡）。转身启动加速明显，自始至终动作快速、连贯、稳定。“折返跑”全过程跑动速度快，速度保持好，跑动中身体姿态平稳、自然放松。

（6）测试细则

① 以组为单位测验，每组 4 ~6 人。

② 以端线为起终点。

③ 每名运动员测试 2 次。

④ 5 名裁判员，1 人发令，并检查违例。4 人计时（每人计 1 名受试者）兼检查是否违例，如出现违例，裁判鸣笛即被罚下。重新测试，如再次违例，即取消本项目测验成绩。

4. 30s 或 1min 俯卧撑

（1）适用群体

少年队、青年队。

（2）测试目的

测试运动员的上肢力量及全身协调性。

（3）测试设备

标准篮球场地、秒表。

（4）测试方法

受测运动员俯卧在篮球场地上，直臂撑地呈准备姿势，裁判员喊“开始”口令的同时开表计时。运动员两手按地，两食指间距离与肩同宽，两腿向后，两膝关节伸直。向下屈臂，使身体平直下降，肩关节与肘关节保持在同一平面，躯干与臀部下肢都要伸直。两手向上伸直支撑起后恢复到开始姿势为完成 1 次（贴近地面时吸气，远离时呼气，这样可以更好地拉伸胸肌）。测试者做俯卧撑时，两臂要平起平落，全身伸直，下落时肩关节与肘关节保持在同一平面，支撑起后恢复到开始姿势，动作达不到要求者不计次数。15~18 岁计 1min 内完成的次数（13~14 岁计 30s 时间内完成的次数）。

（5）测试要求

双手手指向前全掌撑地，双臂分开比肩略宽，前脚掌着地，用腰、腹力量控制躯干呈直线，屈臂双肘向两侧分开，下降身体使上身贴近地面，肩、肘处于同一水平面，动作过程中身体须保持挺直，两臂弯曲时身体平落，然后两臂用力推直同时身体平起还原直臂支撑的起始动作。

有以下错误动作时不予计数：塌腰，撅臀，屈膝，低头，肘尖指向身体后方，动作幅度小，未伸直手臂，肩、肘未处于同一水平面。

（6）测试细则

① 以组为单位测验，每组 4~6 人。

② 每名运动员测试 1 次。

③ 5 名裁判员，1 人计时，4 人计数（每人计一名受试者）兼检查是否违例，如出现违例，裁判口语告知其原因，不计入测试次数。

5. 立定跳远

（1）适用群体

少年队、青年队。

（2）测试目的

测试运动员下肢的爆发力和上、下肢的协调配合能力。

（3）测试设备

标准篮球场地、卷尺。

（4）测试方法

在篮球场地进行，受测运动员站在标志线后，双脚蹬地向前起跳，跳起腾空后双脚落地，丈量起跳线到双脚着地之间的距离为测试成绩。运动员双脚起跳前不许踩线，双脚必须同时落地，双脚着地后不得后倒或双手撑地，不准穿钉鞋。每人测 2 次，取最好成绩。

（5）测试要求

立定跳远技术动作由预摆、起跳、腾空、落地等部分组成。预摆：两脚左右开立与肩同宽，两臂前后摆动，上下肢动作协调配合，前摆时两腿伸直，后摆时屈膝降重心，上体稍前倾，手尽量往后摆；起跳腾空：两臂稍屈由后往前上方摆动时两脚用力快速蹬地，同时向前上方跳起腾空并充分展体；落地缓冲：在空中收腹举腿的同时两臂屈臂用力由前向后摆振，小腿前伸，脚跟着地并迅速过渡到全脚掌，屈膝缓冲。起跳时蹬伸与摆臂同时进行，蹬地快速有力，空中展体充分，收腹快，落地稳。

有以下错误动作时不予计算成绩：起跳前有跳步或垫步动作。

（6）测试细则

① 以组为单位进行测验。

② 运动员连续跳 2 次，取最好成绩。

③ 不准赤脚或穿钉鞋。

6. 30s 或 1min 仰卧起坐

（1）适用群体

少年队、青年队。

（2）测试目的

测试运动员的腰腹力量及全身协调性。

（3）测试设备

标准篮球场地、海绵垫、秒表。

（4）测试方法

受测运动员在海绵垫上，仰卧平躺且两膝曲收，两脚放在垫子上，两手交叉抱头部后脑勺位置，呈准备姿势，裁判员发令同时开表计时。测试者迅速仰卧起坐，坐起时两肘关节必须触及两大腿外侧，后仰时两肩关节、背部、头部必须紧贴垫子呈准备姿势，计 1min 内完成的仰卧起坐次数（9 ~ 12 岁计 30s 仰卧起坐次数）。测试者做仰卧起坐时，两手始终交叉屈肘抱于头后，仰卧起坐坐起时，两肘关节必须触及两大腿外侧，仰卧时两肩关节、背部、头部必须紧贴垫子，动作达不到要求者不计次数。每人测 2 次，取最好成绩。

（5）测试要求

身体仰卧于地垫上，双手手指交叉握贴于头的后部，双肘指向两侧，两腿屈膝成 90°左右，脚部平放在地上，脚距与髋同宽。起坐时腰部发力，头、颈同时抬离地面，用力收腹屈背使两肩抬起，双肘保持外展并触及大腿外侧，然后还原成仰卧姿势。要求双手须抱头，肘关节保持外展，臀部不得离开垫子，后倒还原后肩部须触垫子。起坐时吸气，后倒时呼气，动作积极快速，节奏感强。

有以下错误动作时不予计数：起坐时双手交叉在颈部，过分使用颈部力量，肘部向内收缩接触膝盖，颈部和头部未同时抬高，下放身体时脊柱以弓形着地，借助背部着地反弹力量。

（6）测试细则

① 以组为单位测验，每组 4 ~6 人。

② 每名运动员测试 2 次。

③ 5 名裁判员，1 人计时，4 人计数（每人计 1 名受试者）兼检查是否违例，如出现违例，裁判口语告知其原因，不计入测试次数。

7. 30s 或 1min 背起

（1）适用群体

少年队、青年队。

（2）测试目的

测试运动员的背部力量及全身协调性。

（3）测试设备

标准篮球场地、海绵垫、秒表。

（4）测试方法

受测运动员身体平卧在海绵垫上，两手手指交叉抱头，脸部下颌贴于垫面，两腿伸直，呈准备姿势，裁判员发令同时开表计时。测试者上体用力向上抬起，尽量让腰部离开软垫，腿部不能发力，下落时胸部平卧垫子，下颌贴于垫面呈准备姿势，计 1min 内完成的次数（9 ~12 岁计 30s 背起次数）。测试者做背起时，两手始终交叉屈肘抱于头后，背起时，上体用力向上抬起，腰部尽量离开垫面，腿部不能发力，下落时胸部平卧垫子，下颌贴于垫面，动作达不到要求者不计次数。每人测 2 次，取最好成绩。

（5）测试要求

身体俯卧于地垫上，双手抱头，肘外展，背起时腰背肌用力，使身体做体后屈、伸动作，后屈时上体应尽可能高抬，然后放下时胸部触垫。要求：双手须抱头，肘关节保持外展，体后屈时头部后仰，以肩部带动身体上抬；动作积极快速，节奏感强。

有以下错误动作时不予计数：双手交叉在颈部，过分低头，身体两侧用力不均匀导致左右倾斜，身体抬起高度不够，腹部未离开地面，借助胸部着地反弹力量。

（6）测试细则

① 以组为单位测验，每组 4 ~6 人。

② 每名运动员测试 2 次。

③ 5 名裁判员，1 人计时，4 人计数（每人计 1 名受试者）兼检查是否违例，如出现违例，裁判口语告知其原因，不计入测试次数。

8. 30s 杠铃高翻

（1）适用群体

青年队。

（2）测试目的

测试运动员下肢的爆发力及上肢的协调能力。

（3）测试设备

杠铃（男运动员 50kg、女运动员 30kg)、秒表。

（4）测试方法

受测运动员两脚开立，脚尖向前，双脚间距离与肩同宽站立于杠铃前。测试者向下前屈，两膝关节屈收，两腿下蹲，两臂伸直，两手正握（掌心向下）杠铃，两手握距略宽于肩，背部保持直立姿势。裁判员发令同时开表计时，测试者两臂伸直两手将杠铃拉离地面并快速向上提拉，脚踝关节、膝关节、髋关节协调发力快速蹬伸，杠铃经过膝关节、髋关节和胸部高度后，两手迅速翻举将杠铃横放于锁骨和肩上位置，待全身直立后将杠铃下放回地面，重复以上动作，15～18岁计30s内的最大重复次数。每人测2次，取最好成绩。

（5）测试要求

准备姿势正确，双手提拉动作迅速，踝、膝、髋3个关节蹲伸明显，发力过程协调，双手高翻动作快速合理。

（6）测试注意事项

在测试杠铃高翻前，运动员应熟练掌握杠铃高翻的技术动作，可以先用一根木棍或轻杠铃进行热身练习，使动作正确协调，然后再逐步增大重量和增加重复次数。

（7）测试细则

① 以组为单位进行测验。

② 每名运动员测试2次。

③ 2名裁判员，1人计时，另1人负责观察运动员技术动作兼记录成绩，如出现技术不合格现象，裁判口语告知其原因，不计入测试次数。

9. 1min杠铃负重半蹲起

（1）适用群体

青年队。

（2）测试目的

测试运动员的下肢力量及耐力。

（3）测试设备

杠铃（男运动员80kg、女运动员60kg）、秒表。

（4）测试方法

受测运动员将杠铃杆置于肩部背后的项颈部中部，挺胸展肩，两眼保持平视，背部保持直立姿势，两手自然握住杠铃杆，距离略宽于肩并用拇指锁住杠铃杆，两脚自然分开与肩同宽或略宽于肩，用全脚掌着地。动作开始时两手握住杠铃，上体背部保持直立，两腿弯曲至大腿与小腿的夹角约120°时停止下降，然后再向上蹬腿伸直，两眼保持平视，上体背部保持直立还原成开始姿势，重复以上动作，15～18岁计1min内的最大重复次数。每人测2次，取最好成绩。

（5）测试要求

测试者必须掌握正确的负重蹲伸技术，控制好杠铃，下蹲夹角约120°，两眼保持平视，上体背部保持直立，避免弯腰、躯干过分前倾或两膝并拢。

（6）测试注意事项

测试前，受试者要进行充分的热身和牵拉，做好准备活动后，再做4～5组递增重量的热身练习，确保不发生损伤。

（7）测试细则

① 以组为单位进行测验。

② 每名运动员测试2次。

③ 2名裁判员，1人计时，另1人负责观察运动员技术动作兼记录成绩，如出现技术不合格现象，裁判口语告知其原因，不计入测试次数。

④ 受测队出两名协助人员，站在两侧保护，以防发生意外损伤。

10. 原地摸高

（1）适用群体

少年队、青年队。

（2）测试目的

测试运动员下肢腿部肌肉的爆发力及协调性。

（3）测试设备

标准篮球场地、白粉、测试篮板或摸高器。

（4）测试方法

受测运动员事先用手涂上白粉，原地两脚站立于测试篮板或摸高器下（左侧或右侧不限），两手上举呈准备姿势。动作开始时两腿迅速弯曲，两手快速下摆，然后两手尽力向上挥摆提肩，伸展手臂并带动腰腹伸展，两腿快速蹬伸发力向上起跳，用手指尖在测试篮板或摸高器上留下标记，记录标记高度。起跳前双脚不许移动，如跳步或并步起跳算违例。每人测2次，取最好成绩。

（5）测试要求

准备动作充分，起跳姿势正确，起跳时，单双脚均无移动，摆臂充分，重心平稳，爆发力强，起跳有力，起跳后空中伸展，能在达到最高点时用单手触碰摸高器。

（6）测试细则

① 以组为单位进行测验。

② 运动员连续测试2次，取最好成绩。

③ 起跳前双脚不得挪动（脚跟可提起），双脚脚尖离开地面算起跳一次。

④ 摸到刻度板以内的成绩有效，未在刻度板上留下痕迹为测试失败一次。

⑤ 计算成绩以 cm 为单位，如摸到超出 315cm 位置但未达到 316cm，仍按 315cm 计算。

11. 助跑单脚起跳摸高

（1）适用群体

少年队、青年队。

（2）测试目的

测试运动员下肢腿部肌肉的爆发力及协调性。

（3）测试设备

标准篮球场地、白粉、测试篮板或摸高器。

（4）测试方法

受测运动员事先用手涂上白粉，站立于篮球场地（半场3分线内）适宜助跑起跳的位置（助跑移动路线不限）。测试者助跑启动沿助跑路线跑至测试篮板或摸高器下，利用左脚或右脚单脚快速向上起跳，一只手臂上举用指尖触摸测试篮板或摸高器的最高点，在测试篮板或摸高器上留下标记，记录标记高度。运动员必须在规定的范围内助跑，不得加长助跑距离，没有留下印迹则重测。每人测2次，取最好成绩（图14）。

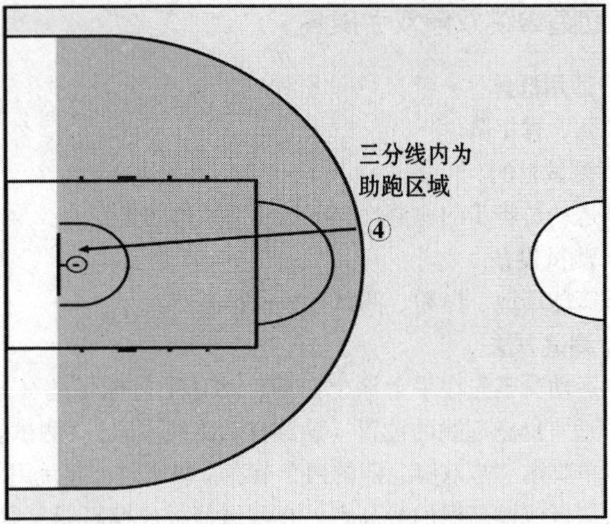

图 14　助跑单脚起跳摸高测试场地示意图

（5）测试要求

助跑姿势正确，第一步跨踏步伐大而有力，第二步加速跟进，起跳有力。起跳时有明显的重心制动、前移和发力动作，空中移动距离适中，身体与手臂动作伸展，能在达到最高点时用手指尖碰触摸高器。

（6）测试细则

① 以组为单位进行测验。

② 运动员连续测试 2 次，取最好成绩。

③ 运动员必须在规定区域内助跑。

④ 运动员左脚起跳测右手摸高，右脚起跳测左手摸高，取其最好成绩。

⑤ 摸到刻度板以内的成绩有效，未在刻度板上留下痕迹为测试失败 1 次。

⑥ 计算成绩以 cm 为单位，如摸到超出 315cm 位置但未达到 316cm，仍按 315cm 计算。

12. 助跑单跳双停双手摸高

（1）适用群体

少年队、青年队。

（2）测试目的

测试运动员脚步的协调性与下肢腿部肌肉的爆发力。

（3）测试设备

标准篮球场地、白粉、测试篮板或摸高器。

（4）测试方法

受测运动员事先在手上涂上白粉，站立于篮球场地（半场限制区附近）适宜助跑起跳的位置（助跑移动路线不限）。测试者助跑过程中利用单脚跳一步双脚急停的两个节奏，快速向上起跳用双手指尖触摸测试篮板或摸高器的最高点，在测试篮板或摸高器上留下标记，记录标记高度。运动员必须在规定的范围内助跑，不得加长助跑距离；必须选择单跳双停的两个节奏，规定双脚起跳，双手触摸；没有

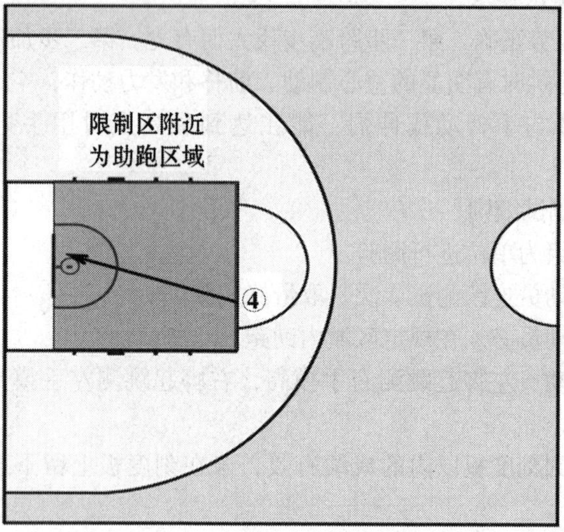

图 15　助跑单跳双停双手摸高场地示意图

留下印迹则重测。每人测 2 次，取最好成绩（图 15）。

（5）测试要求

助跑过程中（在规定区域内）单脚（左右均可）有力跨出一步，落地时伴随着脚后跟向脚前掌的过渡、制动，重心前移、脚前掌支撑等动作明显；单脚跨步到双脚跳步急停衔接自然流畅，步法清晰，重心调整平稳自然发力明显，起跳有力，能在到达最高点时用双手指尖触碰摸高器。

（6）测试细则

① 以组为单位进行测验。

② 运动员连续测试 2 次，取最好成绩。

③ 运动员必须在规定区域内助跑。

④ 摸到刻度板以内的成绩有效，未在刻度板上留下痕迹为测试失败 1 次。

⑤ 计算成绩以 cm 为单位，如摸到超出 315cm 位置，但未达到 316cm，仍按 315cm 计算。

13. 1min 单足交替跳绳

（1）适用群体

少年队。

（2）测试目的

测试运动员的灵敏素质、协调性和时空感觉能力。

（3）测试设备

标准篮球场地、跳绳、秒表。

（4）测试方法

受测运动员在篮球场地内，双手持绳于两脚后做好准备姿势，裁判员发令的同时开表计时，测试者立即向上向前双手摇动跳绳，经头上并从前面通过脚下向后摆动循环进行，两脚交替跳动配合跳绳摆动，计 1min 内完成的次数（9 ~ 10 岁）。摇绳 1 次必须跳起 1 次，计算成功的次数，达不到要求不计入总数内。每人测 2 次，取最好成绩。

(5) 测试要求

双手摇动跳绳与双脚交替跳起配合动作准确、规范、熟练、连贯；全身动作保持协调一致，动作频率快。

(6) 测试细则

① 以组为单位测验，每组 4 ~ 6 人。

② 每名运动员测试 2 次。

③ 5 名裁判员，1 人计时，4 人计数（每人计 1 名受试者）兼检查是否违例。

14. 1min 双摇跳绳

(1) 适用群体

少年队、青年队。

(2) 测试目的

测试运动员的灵敏素质、协调性和时空感觉能力。

(3) 测试设备

标准篮球场地、跳绳、秒表。

(4) 测试方法

受测运动员在篮球场地内，双手持绳于两脚后做好准备姿势，裁判员发令的同时开表计时，测试者立即向上向前双手摇动跳绳，经头上并从前面通过脚下向后摆动循环进行，双脚跳起 1 次，双手摇绳 2 次，两脚同时跳动配合两手摆动跳绳，计 1min 内完成的次数（11 ~ 18 岁）。跳起 1 次必须摇绳 2 次，计算成功的次数，达不到要求不计入总数内。每人测 2 次，取最好成绩。

(5) 测试要求

双脚跳起与双手摇动跳绳连续 2 次动作协调、熟练、连贯，身体腾空及连续 2 次完成跳绳节奏协调一致，动作频率快。

(6) 测试细则

① 以组为单位测验，每组 4 ~ 6 人。

② 每名运动员测试 2 次。

③ 5 名裁判员，1 人计时，4 人计数（每人计 1 名受试者）兼检

查是否违例。

15. 30s 或 1min 髋关节内外旋转

（1）适用群体

少年队、青年队。

（2）测试目的

测试运动员髋关节的灵活性与协调性。

（3）测试设备

标准篮球场地、篮架支柱、秒表。

（4）测试方法

受测运动员双脚与肩同宽站立位于篮架下 1m 左右的标志线外，两臂伸直，双手支持篮架呈准备姿势。裁判员发令的同时开表计时，测试者迅速抬起左脚或右脚，另一只脚着地，膝关节抬至 90°左右经过标志线中间的垂直线向外伸展，髋关节同时向外旋转，脚掌着地于标志线外，之后另一条腿抬起做同样的外展、外旋动作，左右脚交替进行，没达到要求不计数量。计 1min 内完成的次数（9 ~ 12 岁计 30s 内完成次数）。每人测 2 次，取最好成绩。

（5）测试要求

两手支撑，一只脚着地另一条腿抬起，膝关节、髋关节按标志线向外旋转；脚掌着地后换另一条腿抬起，左右交替进行；髋关节、膝关节外展旋转动作准确、规范、熟练、连贯，两腿交替协调一致，动作频率快。

（6）测试细则

① 以组为单位测验，每组 4 ~ 6 人。

② 每名运动员测试 2 次。

③ 5 名裁判员，1 人计时，4 人计数（每人计 1 名受试者）兼检查是否违例，如出现技术不合格现象，裁判口语告知其原因，不计入测试次数。

16. 肩回环

（1）适用群体

少年队、青年队。

（2）测试目的

测试运动员肩关节的灵活性与协调性。

（3）测试设备

标准篮球场地、秒表、带刻度的木棍（0 ~ 75cm）。

（4）测试方法

受测运动员在篮球场地内两臂前平举，两手握有带刻度的木棍呈准备姿势。裁判员发令的同时开表计时，测试者两手同时迅速抬起木棍自前向上过头向后做肩回环动作直至木棍碰到臀部，然后再从后向上过头绕回体前位置。在做肩回环时两臂不能弯曲。每人测 2 次，计算运动员双手握木棍的刻度。

（5）测试要求

两臂不能弯曲，两手臂直臂向后、向前做回环动作轻松、自如、连贯，两手握棍距离越短越好。

（6）测试细则

① 以组为单位测验。

② 每名运动员测试 2 次。

③ 裁判 1 人，计量刻度兼检查运动员是否违例。

17. 坐位体前屈

（1）适用群体

少年队、青年队。

（2）测试目的

测试运动员的柔韧性与协调性。

（3）测试设备

坐位体前屈测试仪。如果没有这种仪器，也可以用台阶和直尺进行测试。

（4）测试方法

使用坐位体前屈测试仪：测试者赤足坐下，用双脚抵住测试仪的前部，两脚分开约10～15cm，两腿膝关节伸直，一只手的手指放于另一只手的手指上，上体前屈，尽力向前碰触测试仪并坚持2s。运动员可以重复2次并记录最大值。如果需要，检查者可以按下运动员的膝部使其接触地面。

使用直尺：测试者赤足测试，两腿伸直站立，两脚分开10～15cm，脚底接触台阶底部；将直尺按照双手伸出的方向放在台阶上，将脚底所在位置作为零刻度。测试者上体前曲，两腿直立，双手向下伸直，并尽力超出脚掌，计算双手超出台阶的刻度，如果双手伸出的位置超过脚底，计为正数；如果双手没有达到脚底所在位置，计为负数。被试者可以重复2次并记录最大值。

（5）测试要求

运动员膝盖不能弯曲；手指接触仪器时要坚持1～2s。

（6）测试细则

① 以组为单位测验。

② 每名运动员测试2次。

③ 裁判1人，计量刻度兼检查运动员是否违例。

18. 限制区灵敏性测试

（1）适用群体

少年队、青年队。

（2）测试目的

测试运动员脚步动作的灵敏性和移动能力。

（3）测试设备

篮球场地限制区，4个障碍物，1块秒表，标志开始、结束和变向的胶带。

（4）测试方法

受测运动员④位于罚球线起始标志线并面向端线，裁判员发令的同时开表计时，测试者从罚球线左角开始迅速启动跑向底线，绕过标志物后采用防守横滑步移动到篮下限制区右底角，绕过标志物后退跑至罚球线，再绕过标志物向左做防守横滑步，用左脚触碰变向线，然后向右防守横滑步至罚球线右角，绕过标志物后向前跑向底线，绕过标志物后采用防守横滑步移动到篮下限制区左底角，绕过标志物后退跑至出发位置冲过终点线。测试 2 次，取最快的 1 次作为最终成绩（图 16）。

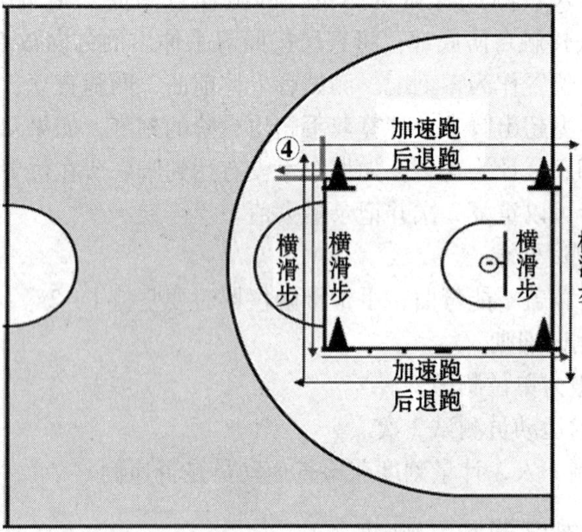

图 16　限制区灵敏性测试方法图

（5）测试场地

在标准篮球场（28m×15m）进行测验，4 个障碍物分别设立在限制区的 4 个顶点上，障碍物的外沿设置在限制区场角的内沿上，在起点位置设立变向标志线。

（6）测试要求

按规定做相应脚步动作，移动过程中不允许碰倒标志物。测试者移动绕过标志物时碰倒标志物，或是切入限制区的角内或以侧身跑代替防守滑步；或未碰到变向线等均视为违例，须被罚下重新测试，如再次违例，即取消本项目测验成绩。

（7）测试细则

① 以组为单位进行测验。

② 每名运动员测试 2 次。

③ 裁判员 3 名，1 名观察运动员是否犯规，另外 2 名裁判员计时。

④ 如果运动员出现违例现象，裁判立即鸣笛，重新测试，如再次违例即取消本项目测验成绩。

（8）限制区灵敏性测试技术评定（表 15）

表 15　等级评分标准

等级评分	评分标准
86 ~ 100	启动反应很快，动作频率很快，急停步伐清晰，转换横滑步衔接连贯；横滑步启动速度很快，后腿蹬地有力，前腿移动迅速，动作频率很快，移动中两脚无并拢现象；急停转换后退跑启动迅速，动作节奏很明显，摆臂动作很规范，身体重心平稳，动作协调；到达节点后急停重心稳定，转换启动非常迅速
75 ~ 85	启动反应快，动作频率快，急停步伐较清晰，转换横滑步衔接较连贯；横滑步启动速度快，后腿蹬地有力，前腿移动迅速，动作频率快，移动中两脚没有并拢现象；急停转换后退跑启动快，动作节奏明显，摆臂动作规范，身体重心较为平稳，动作较协调；到达节点后急停重心较为稳定，转换启动快
65 ~ 74	启动反应较快，动作频率较快，急停步伐较稳，转换横滑步衔接欠缺连贯；横滑步启动速度较快，后腿蹬地较明显，前腿移动较迅速，动作频率较快，移动中两脚时有并拢现象；急停转换后退跑启动较快，动作节奏较明显，摆臂动作较规范，身体重心不太平稳，动作较协调；到达节点后急停重心较为稳定，转换启动比较迅速

续表 15

等级评分	评分标准
55～64	启动反应较慢，动作频率较慢，急停步伐不太清晰，转换横滑步衔接不太连贯；横滑步启动速度较慢，后腿蹬地不太明显，前腿移动较慢，节奏不太明显，动作频率较慢，移动中两脚有并拢现象；急停转换后退跑启动较慢，动作节奏不太明显，摆臂动作不太规范，身体重心有所起伏，动作不太协调；到达节点后急停重心不太稳定，转换启动速度较慢
40～54	启动反应慢，动作频率慢，急停步伐不清晰，转换横滑步衔接不连贯；横滑步启动速度慢，后腿蹬地不明显，前腿移动慢，节奏不明显，动作频率慢，移动中两脚并拢现象突出；急停转换后退跑启动慢，动作节奏不明显，摆臂动作不规范，身体重心起伏较大，动作不协调；到达节点后急停重心不稳定，转换启动速度慢

易犯错误及扣分分值：

① 启动反应速度慢扣 5 分。

② 横滑步动作不标准扣 5 分。

③ 移动中身体重心起伏大扣 5 分。

④ 急停步伐紊乱扣 5 分。

19. 原地跳起转体双手头上传球

（1）适用群体

少年队（9～14 岁）。

（2）测试目的

测试运动员身体的协调性及腰部、背部、双手的肌肉力量。

（3）测试设备

标准篮球场地、篮球、皮尺。

（4）测试方法

受测运动员双手持球站立于篮球场地端线外，背向球场，不得踩线，当裁判员发令后，跳起转体 180°并采用双手头上传球方式在空中将球传向前场，测量球的落点与端线之间的距离。

（5）测试要求

必须在空中转体完成传球动作。

（6）测试细则

① 以组为单位测验。

② 每名运动员连续测试 2 次。

③ 裁判 2 人，1 人计量距离，另外 1 人检查运动员是否违例，如违例告知其原因并重新测试；如再次违例即取消本项目测验成绩。

（7）原地跳起转体双手头上传球技术评定（表 16）

表 16　等级评分标准

等级评分	评分标准
86～100	起跳爆发力十分明显，空中身体动作协调，伸展高度与幅度很大，传球技术娴熟；背肌、腹肌紧张度控制非常适宜，空中转体自然，双手头上传球出手时小臂前扣、手腕手指鞭打爆发力十分明显，传球路线清晰，落点距离很远
75～85	起跳爆发力明显，空中身体动作协调，伸展高度与幅度大，传球技术熟练；背肌、腹肌紧张度控制好，空中转体协调，双手头上传球出手时小臂前扣、手腕手指鞭打爆发力明显，传球路线较清晰，落点距离远
65～74	起跳爆发力较明显，空中身体动作较协调，伸展高度与幅度较大，传球技术较熟练；背肌、腹肌紧张度控制较好，空中转体较协调，双手头上传球出手时小臂前扣、手腕手指鞭打爆发力较明显，传球路线清晰，落点距离较远
55～64	起跳爆发力不明显，空中身体动作不太协调，伸展高度与幅度不大，传球技术不太熟练；背肌、腹肌紧张度控制不太好，空中转体不太协调，双手头上传球出手时小臂前扣、手腕手指鞭打爆发力不太明显，落点距离比较近

续表 16

等级评分	评分标准
40 ~ 54	起跳爆发力不明显，空中身体动作不协调，伸展高度与幅度不大，传球技术不熟练；背肌、腹肌紧张度控制不好，空中转体不协调，双手头上传球出手时小臂前扣、手腕手指鞭打爆发力不明显，落点距离很近

易犯错误及扣分分值：

① 起跳爆发力不明显扣 5 分。

② 空中转体动作不协调扣 5 分。

③ 空中背肌、腹肌紧张度控制不好扣 5 分。

④ 出手时手腕、手指鞭打爆发力不明显扣 5 分。

20. 跳起抢球空中转体双手头上传球

（1）适用群体

青年队（15 ~ 18 岁）。

（2）测试目的

测试运动员的时空感觉、弹跳、身体的协调性及腰部、背部、双手肌肉力量。

（3）测试设备

标准篮球场地、篮球、皮尺。

（4）测试方法

受测运动员持球站立于篮球场地限制区内，面向篮板，当裁判员发令后，测试者将球抛向篮板，随后跳起双手抢篮板球并在空中转体 180°，采用双手头上传球方式在空中将球传向前场，测量其球的落点与起点之间的距离。

（5）测试要求

必须抛球碰击篮板，跳起抢篮板球并转体在空中完成传球动作。

（6）测试细则

① 以组为单位测验。

② 每名运动员连续测试2次。

③ 裁判2人，1人计量距离，另外1人检查运动员是否违例，如违例告知其原因并重新测试；如再次违例即取消本项目测验成绩。

（7）跳起抢球空中转体双手头上传球技术评定（表17）

表17　等级评分标准

等级评分	评分标准
86～100	自抛篮板球的碰板点准确，反弹高度非常适宜；起跳爆发力十分明显，空中身体动作协调，伸展高度与幅度很大，抢球技术娴熟；背肌、腹肌紧张度控制非常适宜，空中转体自然，双手头上传球出手时小臂前扣、手腕手指鞭打爆发力十分明显，传球路线清晰，落点距离很远
75～85	自抛篮板球的碰板点准，反弹高度适宜；起跳爆发力明显，空中身体动作协调，伸展高度与幅度大，抢球技术熟练；背肌、腹肌紧张度控制好，空中转体协调，双手头上传球出手时小臂前扣、手腕手指鞭打爆发力明显，传球路线清晰，落点距离远
65～74	自抛篮板球的碰板点较准，反弹高度较理想；起跳爆发力明显，空中身体动作较协调，伸展高度与幅度较大，抢球技术较熟练；背肌、腹肌紧张度控制较好，空中转体较协调，双手头上传球出手时小臂前扣、手腕手指鞭打爆发力较明显，传球路线清晰，落点距离较远
55～64	自抛篮板球的碰板点不太准，反弹高度不太理想；起跳爆发力不明显，空中身体动作不太协调，伸展高度与幅度不大，抢球技术不太熟练；背肌、腹肌紧张度控制不太好，空中转体不太协调，双手头上传球出手时小臂前扣、手腕手指鞭打爆发力不太明显，落点距离比较近
40～54	自抛篮板球的碰板点不准，反弹高度不理想；起跳爆发力不明显，空中身体动作不协调，伸展高度与幅度不大，抢球技术不熟练；背肌、腹肌紧张度控制不好，空中转体不协调，双手头上传球出手时小臂前扣、手腕手指鞭打爆发力不明显，落点距离很近

易犯错误及扣分分值：

① 抛球碰板反弹高度不理想扣 5 分。

② 起跳爆发力不明显扣 5 分。

③ 空中背肌、腹肌紧张度控制不好扣 5 分。

④ 出手时手腕、手指鞭打爆发力不明显扣 5 分。

（二）专项技术测试方法（12 项）

1. 左右手运球行进间高手、低手、双手投篮

（1）适用群体

少年队（9 ~ 12 岁）。

（2）测试目的

测试运动员行进间投篮技术的稳定性。

（3）测试设备

标准篮球场地、篮球、秒表。

（4）测试方法

受测运动员④位于篮球场地右侧 45°3 分线外，用右手运球行进间投篮，投篮没进必须补中，自己抢球之后右手运球到左侧 45°绕过 3 分线处障碍物，换为左手运球行进间投篮。在右侧用右手运球依次做行进间高手、低手及双手投篮；在左侧用左手运球依次做行进间高手、低手及双手投篮。运动员运球启动时裁判员开始计时，左侧双手投篮完毕左手运球回到起点停表。记录时间，每人测试 2 次，取最好成绩（图 17）。

（5）测试场地

在标准篮球场（28m × 15m）进行测验，分别在球场左右侧 3 分线设立两个障碍物，障碍物分别设置在罚球线的延长线与 3 分线的两个交点上，障碍物的外沿在 3 分线的内沿上。

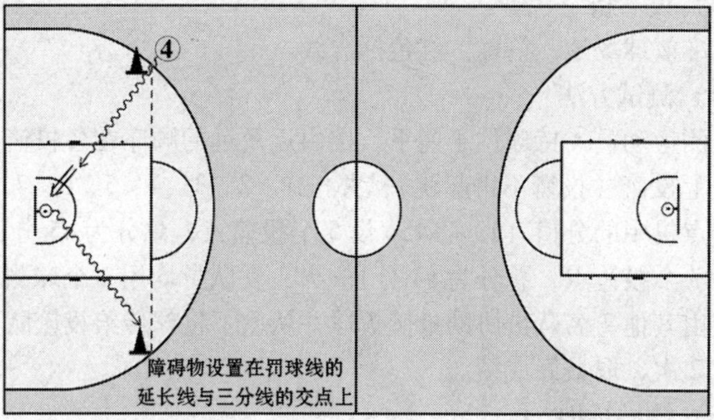

图 17　左右手运球行进间高手、低手、双手投篮测试方法图

(6) 测试要求

必须按规定顺序、规定区域、规定方式投篮，投篮不中必须补篮，补篮方式不限，不能违例。

(7) 测试细则

① 以组为单位进行测验。

② 1 人测验，2 块表计时。

③ 必须按规定路线、规定投篮方式完成测试，投篮不中必须补篮，补篮方式不限。

④ 如果运动员出现不按照规定顺序、规定区域、规定方式投篮，裁判鸣笛即被罚下，重新测试。如再次违例，即取消本项目测验成绩；如果运动员出现违例，则违例 1 次总时间增加 1 秒。

⑤ 裁判 3 人，2 人计时，1 人检查运动员是否违例。

2. 0°、45°、90° 5 步（7 步）后退投篮

(1) 适用群体

少年队、青年队。

(2) 测试目的

测试运动员原地投篮技术的稳定性。

(3) 设　备

标准篮球场地、篮球、红色标志线。

(4) 测试方法

受测运动员④持球位于篮下，按由近及远的顺序在各投篮点进行单手肩上投篮（投篮不得起跳），并按1、2、3、4、5、6、7计算不同投篮点投中的分值（13~14岁设5个投篮点，总分为45分；15岁以上设7个投篮点，总分为84分）。男、女队员均用2个球测验，每次投篮由其他2名队员协助抢篮板球并从篮下将球传给投篮队员。每人测试2次，取最好成绩。

(5) 测试场地

在标准篮球场（28m×15m）进行测验，分别在0°、45°、90° 3个方向分设7个投篮点（●为标志点），7个投篮点间距为1m，5个投篮点间距为0.95m，间距从3分线（罚球线）外沿向篮圈中心点开始测量。

(6) 测试要求

必须按规定顺序、规定区域和规定方式投篮；其他队员不能将球手递手直接交给投篮运动员（图18）。

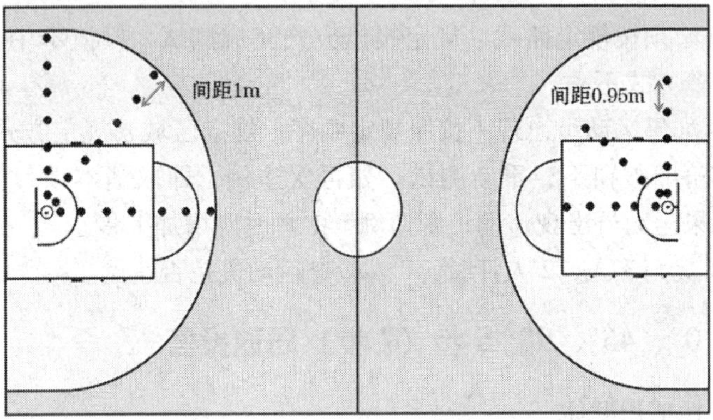

图18　0°、45°、90° 5步（7步）后退投篮测试场地示意图

（7）测试细则

① 以组为单位进行测验。

② 必须以规定路线完成投篮。

③ 踩线投中无效，裁判员告知其进球无效，不计入总分。

④ 每名运动员测试2次。

⑤ 裁判员2名，1名裁判员计数，另1名裁判员检查是否违例。

3.1min 自投自抢中距离跳起投篮

（1）适用群体

少年队（13～14岁）。

（2）测试目的

测试运动员中距离跳投技术的稳定性。

（3）测试设备

标准篮球场地、篮球、秒表、红色胶带。

（4）测试方法

受测运动员④持球站立于篮球场地距离篮筐4.5m线外任意一点，裁判员发令的同时开表计时，测试者立即开始跳投，投篮出手后自己抢篮板球并运球到4.5m线外再次投篮，测试者可以在标志线外任意一点投篮，1min时间到停止投篮，记录测试者投篮次数和投中次数。每人测试2次，取最好成绩。

（5）测试场地

在标准篮球场（28m×15m）进行测验，以篮圈中心在地面投影点为圆心，以4.5m为半径画成半圆弧，运动员在弧线外投篮（图19）。

（6）测试要求

测试者踩线投中无效，但可以记录1次投篮次数；抢到篮板球必须运球出4.5m线外，否则投中无效；球从篮板反弹到场外，不准其他人帮助捡球；男队员必须跳投，女队员投篮方式不限（图19）。

（7）测试细则

① 以组为单位进行测验。

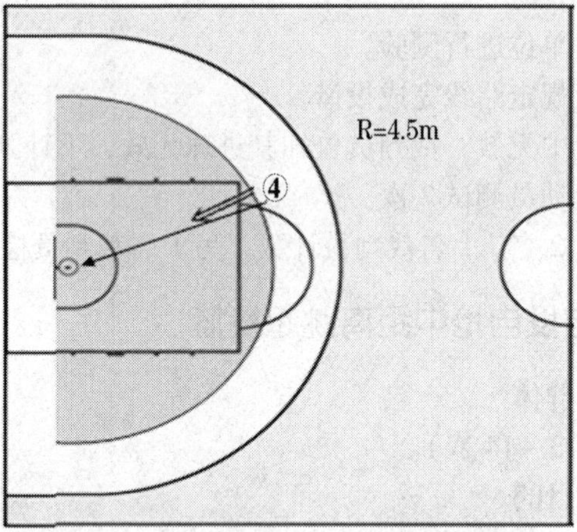

图 19　1min 自投自抢中距离跳起投篮测试场地示意图

② 男运动员用跳投，女运动员投篮方式不限。

③ 踩线、走步或运球违例，投中无效。裁判员告知其进球无效，不计入总分。

④ 抢篮板球后要运球出投篮区域。

⑤ 总表计时，乒乓球翻分牌现场计数。

⑥ 裁判员 3 名，1 名裁判员计数，1 名裁判员检查是否违例，另外 1 名裁判员计时。

4. 1min30s 自投自抢远距离跳起投篮

(1) 适用群体

青年队（15 ~ 18 岁）。

(2) 测试目的

测试运动员远距离跳投技术的稳定性。

(3) 测试设备

标准篮球场地、篮球、秒表、胶带。

(4) 测试方法

受测运动员持球位于篮球场地内，外线运动员站立于 3 分线外

（6.75m）任意一点，内线运动员站立于距离篮筐5.5m线外任意一点，裁判员发令的同时开表计时，测试者立即开始跳投，投篮出手后自己抢篮板球并运球到5.5m或6.75m线外再次做跳起投篮，测试者可以在标志线外任意一点上投篮，1min30s时间到停止投篮，记录测试者投篮次数和投中次数。每人测试2次，取最好成绩。

（5）测试场地

在标准篮球场（28m×15m）进行测验，以篮圈中心在地面投影点为圆心，以5.5m为半径画成半圆弧。外线运动员在3分线外投篮（图20），内线运动员在5.5m线外投篮（图21）。

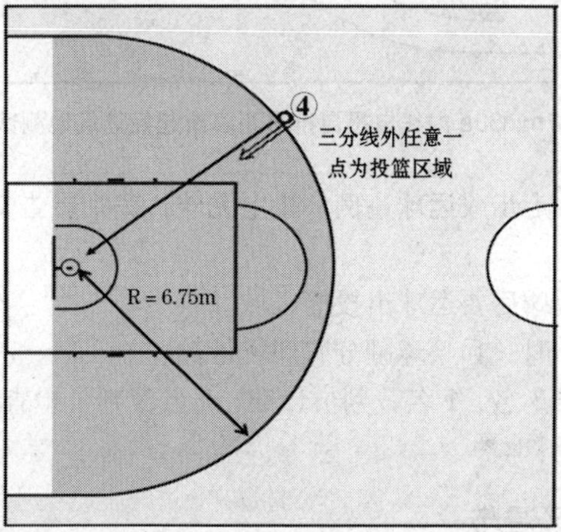

图20　1min30s外线自投自抢远距离跳起投篮场地测试示意图

（6）测试要求

测试者踩线投篮投中无效，但可以记录1次投篮次数；抢到篮板球必须运球出5.5m或6.75m线外，否则投中无效；球从篮板反弹到场外，不准其他人帮助捡球；男队员必须跳投，女队员投篮方式不限。

（7）测试细则

① 以组为单位进行测验。

② 男运动员用跳投，女运动员投篮方式不限。

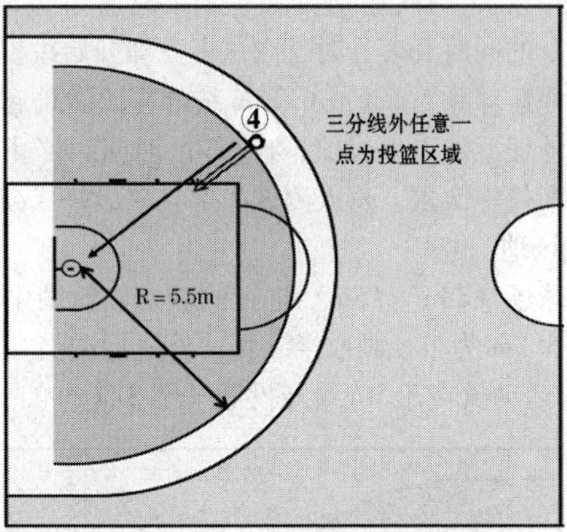

图 21　1min30s 内线自投自抢远距离跳起投篮场地测试示意图

③ 踩线、走步或运球违例，投中无效，裁判员告知其进球无效，不计入总分。

④ 抢篮板球后要运球出投篮区域。

⑤ 总表计时，乒乓球翻分牌现场计数；

⑥ 裁判员 3 名，1 名裁判员计数，1 名裁判员检查是否违例，另外 1 名裁判员计时。

5. 限制区滑步

（1）适用群体

少年队、青年队。

（2）测试目的

测试运动员防守脚步的移动能力。

（3）测试设备

标准篮球场地、秒表、两名配合队员。

（4）测试方法

两名配合队员⑤、⑥站在制定区域上，双手持球置于腹部。受测运动员④站在篮球场地端线篮下中点处，两脚开立呈防守基本姿势。

裁判员发令同时开表计时，测试者迅速沿端线向左横滑步至端线与罚球区边线交点处，上跨右脚变为前滑步，沿限制区线前滑步至罚球线，右脚向前并变成攻击步，用右手拍击队员⑤手中的球；然后立即后撤右脚（踩到罚球线），沿罚球线再向右横滑步，移动到罚球线与限制区线交点处，右脚再一次向前跨出成攻击步，伸右手拍击队员⑥手中的球；然后撤右脚变为身体正对前场，左脚在前的后滑步，移动至端线与罚球区右边线交点处，撤左脚变成横滑步移动至起点（双脚必须回到起点左侧）。接着沿原路返回，动作同上，方向相反（到罚球线上左脚左手拍球、左脚撤步），回到起点停止计时，记录所用时间。每人测试 2 次，取最好成绩（图 22）。

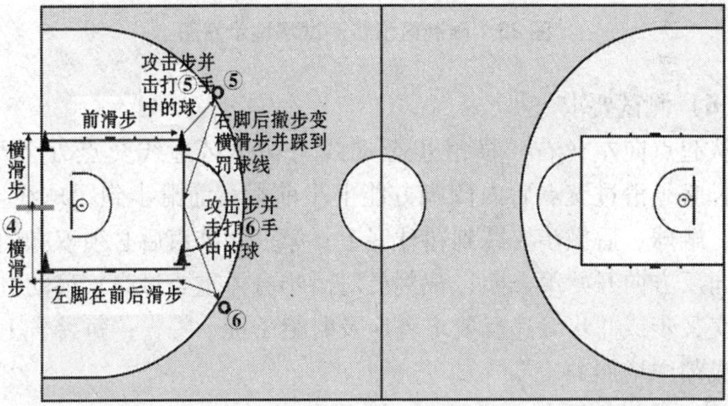

图 22　限制区滑步测试方法图

（5）测试场地

在标准篮球场（28m × 15m）进行测验，起点设置在端线的中心处，障碍物分别设置在限制区的 4 个顶点上，障碍物的外沿设置为限制区的内沿。队员⑤和队员⑥所处的位置是与底线平行的假想线与 3 分线的交点处，假想线距离底线 6. 8m（图 23）。

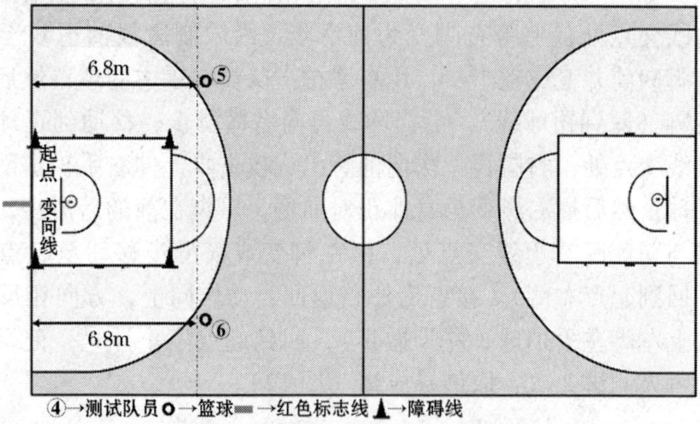

图 23　限制区滑步测试场地示意图

（6）测试要求

从起点向左（右）横滑步至端线与罚球区边线交点处上步时，外侧脚必须滑过交点后内侧脚方能上步前滑；前滑步到罚球线上时，跨步、触球、后撤步要踩到罚球线上；第一圈结束后必须双脚回到起点再向反方向开始第二圈；裁判员对滑步身体重心过高、移动过程中运用交叉步或并步等违反要求者应及时给予提示警告；每警告 1 次在测试成绩中增加 1s。

（7）测试细则

① 以组为单位进行测验。

② 1 人测试，2 块表计时。

③ 如出现运动员抢跑、未踩到变向标志线、未拍击辅助队员手中的球、未踩到罚球线的现象，裁判鸣笛即被罚下，重新测试，如再次违例，即取消本项目测验成绩；对于运动技术动作不合格者，裁判员及时给予提示警告；每警告 1 次在测试成绩中增加 1s。

④ 裁判员 3 名，2 名裁判员计时，1 名裁判员检查是否违例。

6. 半场运球见线折返

（1）适用群体

少年队（9～12 岁）。

（2）测试目的

测试运动员的移动控制球能力。

（3）测试设备

标准篮球场地、篮球、秒表。

（4）测试方法

受测运动员④持球站位于篮球场地端线外呈准备姿势，裁判员发令的同时开表计时，测试者迅速用右手运球至罚球线，急停转身启动用左手运球返回到端线，急停转身启动用右手运球至球场中线，急停转身启动用左手运球返回到端线共 2 个来回；然后立即抄球变成两手运两个球再做同样的折返 2 个来回，一共 4 个来回，测试者运球到端线后停表。每人测试 2 次，取最好成绩（图 24）。

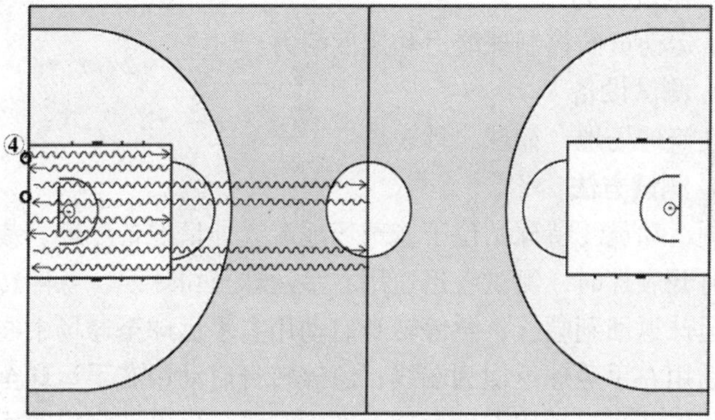

图 24　半场运球见线折返测试方法图

（5）测试场地

在标准篮球场（28m×15m）进行测验，起点到第一折返线的距离为 5.8m，到第二折返线的距离为 14m，到第三折返线的距离为

5.8m，到第四折返线的距离为14m，每名测试运动员手中持1个篮球，底线外放置1个篮球。

（6）测试要求

运球不能走步违例；在折返时必须脚踩线。

（7）测试细则

① 以组为单位进行测验，每组2~4人。

② 每名运动员测试2次。

③ 5名裁判员，1人发令，2人计时（每人计1名受试者）兼检查底线位置是否违例，每一条折返线上安排1名裁判，观察是否踩线、是否出现犯规现象，如未踩线或犯规，裁判鸣笛即被罚下，重新测试，如再次违例，即取消本项目测验成绩。

7. 全场左右手运球见线折返

（1）适用群体

少年队、青年队。

（2）测试目的

测试运动员的控制球能力和速度耐力。

（3）测试设备

标准篮球场地、篮球、秒表。

（4）测试方法

受测运动员④持球站位于篮球场地端线外呈准备姿势，裁判员发令并同时开表计时，测试者迅速用右手运球至罚球线，急停转身启动用左手运球返回到端线；急停转身启动用右手运球至球场中线，急停转身启动用左手运球返回到端线；急停转身启动用右手运球至前场罚球线，急停转身启动用左手运球返回到端线；急停转身启动用右手运球至前场端线，急停转身启动用左手运球返回到端线共4个来回；测试者运球到端线后停表。每人测试2次，取最好成绩（图25）。

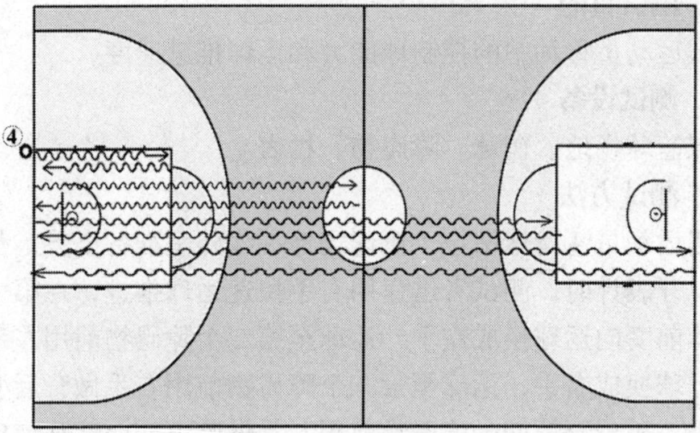

图 25　全场左右手运球见线折返测试方法图

（5）测试场地

在标准篮球场（28m×15m）进行测验，起点到第一折返线的距离为 5.8m，到第二折返线的距离为 14m，到第三折返线的距离为 22.2m，到第四折返线的距离为 28m，每名测试运动员手中持 1 个篮球。

（6）测试要求

运球不能带球跑、脚踢球或 2 次运球，必须按规定方式运球，在折返时必须脚踩线。

（7）测试细则

① 以组为单位进行测验，每组 2～4 人。

② 每名运动员测试 2 次。

③ 9 名裁判员，1 人发令，2 人计时（每人计 1 名受试者）兼检查底线位置是否违例，每一条折返线上安排 1 名裁判，观察是否踩线、是否出现犯规现象，如未踩线或犯规，裁判鸣笛即被罚下，重新测试，如再次违例，即取消本项目测验成绩。

8. 全场综合运球上篮

（1）适用群体

少年队、青年队（13～18 岁）。

（2）测试目的

测试运动员移动中的控制球能力和运球推进速度。

（3）测试设备

标准篮球场地、篮球、障碍物、秒表。

（4）测试方法

受测运动员④持球站位于篮球场地端线外呈准备姿势，裁判员发令的同时开表计时，测试者迅速用右手快速运球推进，在第一个障碍物前做体前变向运球换成左手，运球至第二个障碍物前用左手做后转身变向运球换成右手，运球至第三个障碍物前用右手做背后变向运球换成左手，运球至第四个障碍物前用左手做胯下变向运球换成右手行进间投篮，如果球不进需要补中。然后抢到球，用右手快速运球推进至前场行进间右手上篮，如果球不进需要补篮投中。随即抢到球后，迅速用左手快速运球推进返回行进间左手上篮，如果球不进需要补中，然后抢球用左手快速运球推进在第一个障碍物前做体前变向换成右手，运球至第二个障碍物前用右手做后转身换成左手，运球至第三个障碍物前用左手做背后运球换成右手，运球至第四个障碍物前用右手做胯下运球换成左手行进间左手投篮，如果球不进需要补中，球入篮筐停表，记录所用时间。每人测试 2 次，取最好成绩（图 26）。

（5）测试场地

在标准篮球场（28m × 15m）进行测验，起点在限制区边线与端线交点上，起点到第一障碍物的距离为 6.5m，A、B、C、D 4 个障碍物之间的距离为 5m。第四障碍物到底线的距离为 6.5m。4 个障碍物到边线距离为 3m（图 27）。

（6）测试要求

不能带球跑、脚踢球或 2 次运球；必须按规定的方式运球、投篮；不能碰倒障碍物；如出现犯规，裁判鸣笛即被罚下，重新测试。如再次违例，即取消本项目测验成绩。

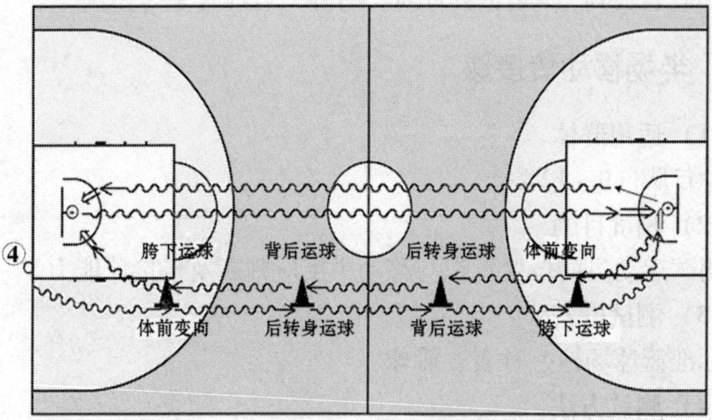

图 26　全场综合运球上篮测试方法图

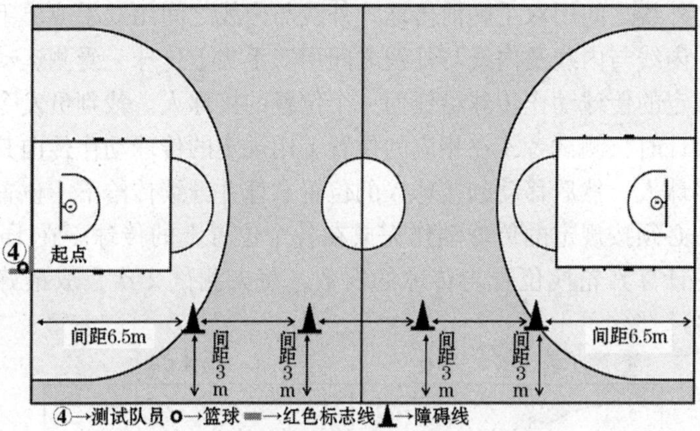

图 27　全场综合运球上篮测试场地示意图

（7）测试细则

① 以组为单位进行测验。

② 每名运动员测试 2 次。

③ 必须按照规定方法、规定路线，在规定区域内完成运球和投篮，如出现投篮不中，必须将球补进，补篮方式不限。

④ 出现违规，裁判鸣笛即被罚下，重新测试，如再次违例，即取消本项目测验成绩。

⑤ 2 名裁判，1 名裁判计时，另外 1 名检查是否违例。

9. 半场移动传接球

（1）适用群体

少年队（9 ~ 12 岁）。

（2）测试目的

测试运动员的位置意识与移动中反应判断及传接球能力。

（3）测试设备

标准篮球场地、秒表、篮球。

（4）测试方法

篮球场地半场范围内按 1 - 2 - 2 或 1 - 3 - 1 进攻队形站位，规定外线与外线之间用双手胸前传球，外线与内线之间用双手或单手反弹传球，内线与内线及内线与外线之间用双手头上传球。受测运动员可按照规定的传球动作传球给任何一个位置的接球人。裁判员发令并同时开表计时，测试者④在相应的位置上用规定的传球动作传向其他位置的接球人，然后移动到接球人的位置拿球并继续传给下一位置的接球人，必须按规定的传球动作完成在各个位置上的传球。在 1min 的时间内计算其轮换位置与传球的次数，每人测试 2 次，取最好成绩（图 28）。

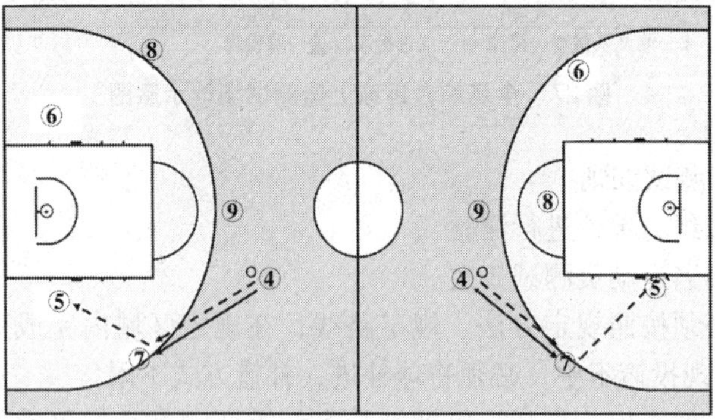

图 28　半场移动传接球测试方法图

（5）测试场地

在标准篮球场地（28m×15m）进行测验，1－2－2 进攻阵型落位，队员⑤和队员⑥的位置分别在限制区左侧和右侧的抢篮板球分位线上，队员⑦和队员⑧位于罚球线的延长线与 3 分线的交点上，队员⑨位于 3 分线的顶点。1－3－1 进攻阵型落位，队员⑤的位置在限制区左侧或右侧抢篮板球分位线上，队员⑥和队员⑦位于罚球线与 3 分线的交点上，队员⑨位于 3 分线的顶点（图 29）。

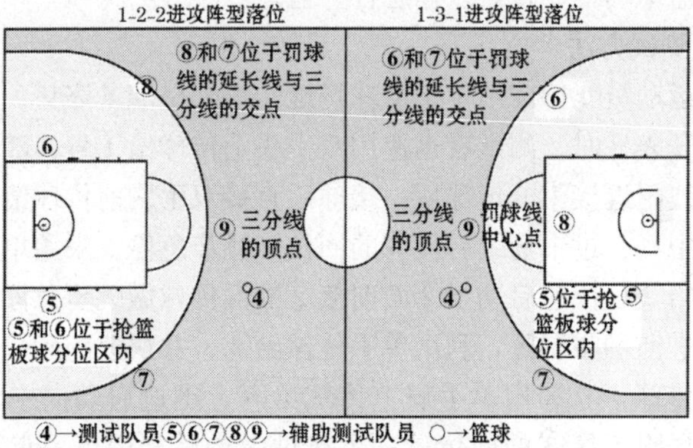

图 29　半场移动传接球测试场地示意图

（6）测试要求

必须按规定方式传球，如果有违规则不计入传球总成绩，所有帮助测试的配合队员不得超出自身所站区域，如超出则不计此次传球成绩。

（7）测试细则

① 以组为单位进行测验。

② 每名运动员测试 2 次。

③ 必须按照规定方法、规定路线，在规定区域内完成传球，违例不算。

④ 2 名裁判，1 名裁判计时，另外 1 名裁判计数兼检查是否违例。

10. 全场多点综合传接球

（1）适用群体

少年队、青年队（13～18 岁）。

（2）测试目的

测试运动员行进间的控制球能力与处理球能力。

（3）测试设备

标准篮球场地、秒表、标志杆、篮球。

（4）测试方法

受测运动员④持球站位于篮球场地端线外呈准备姿势，裁判员发令的同时开表计时，测试者迅速用双手头上传球给①号，随即快速启动至罚球线附近接①的传球后，接球后直接双手胸前传球给③，并快速移动到中场，过中场线后接③的回传球跳步急停，采用单手或双手击地传球给②，快速启动至②面前接②的回传球做跳步急停，然后做顺步突破进前场限制区，利用单手传球给③，并快速跑到前场端线外接③的回传球，立即用单手肩上传球给⑤，迅速启动向中场快速移动，在中场附近接⑤的回传球，运球过中场后利用单手点拨传球给①，快速移动至前场 3 分线外，两步急停接①的传球，利用单手体侧或单手胸前传球击打限制区内的标志杆，击中标志或球落地停表，记录所测试时间。每人测试 2 次，取最好成绩（图 30）。

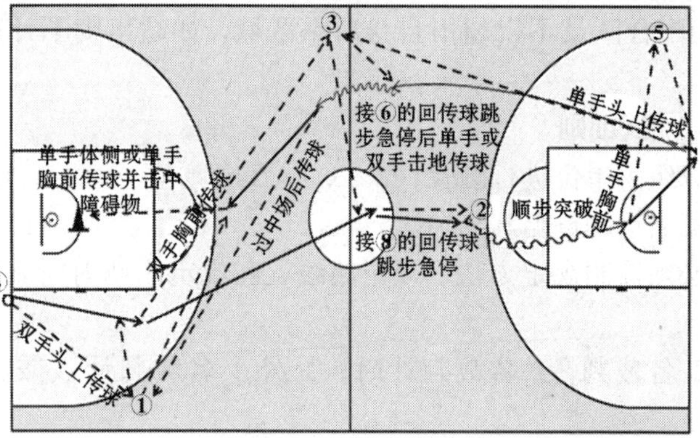

图 30　全场多点综合传接球测试方法图

（5）测试场地

在标准篮球场（28m×15m）进行测验，起点位于端线与限制区边线交汇点。①位置在罚球线延长线和边线的交点上，③位于右侧后场场角位置，②位于3分线顶端位置，⑤位于左侧0°角位置3分线外距离底线1.5m处（图31）。

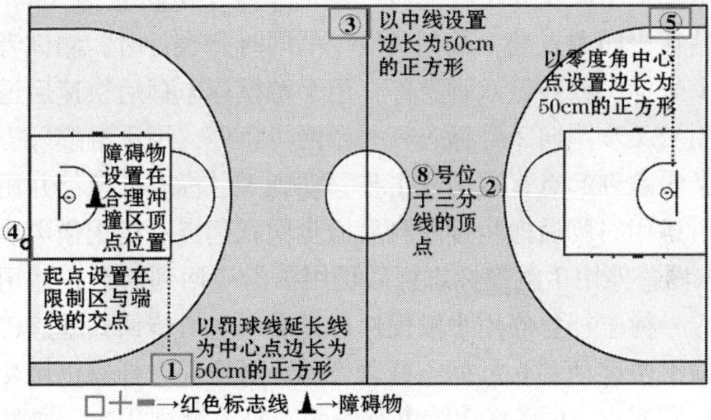

图31　全场多点综合传接球测试场地示意图

（6）测试要求

必须按规定方式传球，不能带球跑、脚踢球。出现犯规现象，裁判鸣笛即被罚下，重新测试。如再次违例，即取消本项目测验成绩。

（7）测试细则

① 以组为单位进行测验。

② 每名运动员测试2次。

③ 必须按照规定方法、规定路线，在规定区域内完成传球，不能抢跑，如果出现犯规现象，裁判鸣笛即被罚下，重新测试，如再次违例，即取消本项目测验成绩。

④ 3名裁判，2名裁判计时，另外1名裁判检查是否违例。

11. 六边形移动

（1）适用群体

少年队、青年队（13～18岁）。

（2）测试目的

测试运动员的反应能力和脚步移动灵活性。

（3）测试设备

标准篮球场地、标志杆、秒表。

（4）测试方法

篮球场地中间设6个标志杆，距离中圈中点位置为5m。受测运动员④站在中圈中点处，裁判员发令的同时开表计时，测试者快速启动跑向1号标志杆并做双脚急停，用手触摸标志杆后快速后退跑到起点，运用交叉步跑向2号标志杆并做两步急停，用手触摸标志杆后仍运用交叉步跑到起点，运用攻击步移动到3号标志杆急停并用手触摸标志杆后运用右脚后撤步接左脚后撤步回到起点；运用横滑步移动到4号标志杆急停用手触摸标志杆后仍用横滑步回到起点；运用前滑步移动到5号标志杆急停用手触摸标志杆后用后滑步回到起点；运用交叉步变横滑步移动到6号标志杆急停用手触摸标志杆后仍用交叉步变横滑步回到起点。6点移动结束时停表，每人测试2次，取最好成绩（图32）。

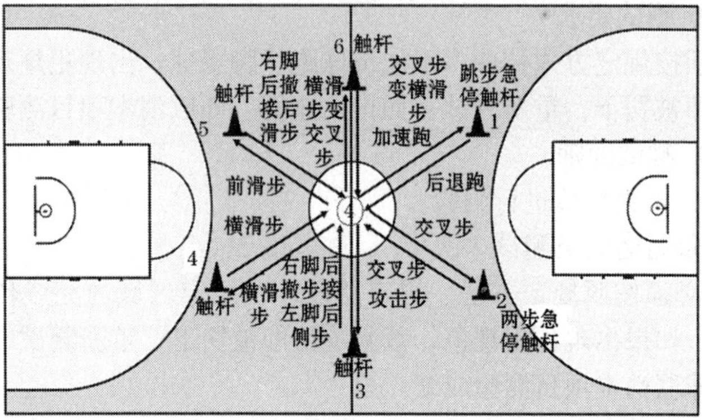

图32　六边形移动测试方法图

（5）测试场地

在标准篮球场地（28m×15m）进行测验，每个标志杆之间的夹角为60°，每个标志杆之间间距为5m，中圈中点到标志杆之间距离为5m（图33）。

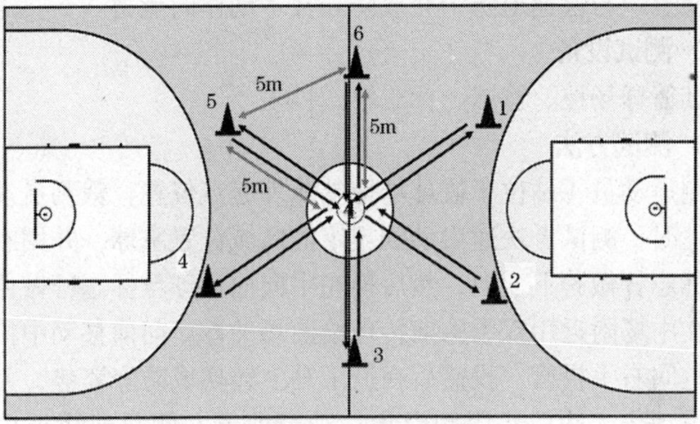

图33　六边形移动测试场地示意图

（6）测试要求

测试者必须记住各个点对移动步法的要求，不能做错；每次移动后都要返回启动位置并进行下一次移动；移动中要保持技术动作的规范，不能为了追求速度而降低动作质量，裁判员对违反要求者及时给予提示警告，每警告1次在测试成绩中增加1秒。

（7）测试细则

① 以组为单位进行测验。

② 1人测试，2块表计时。

③ 运动员出现抢跑、未触及障碍物时，裁判鸣笛即被罚下，重新测试，如再次违例，即取消本项目测验成绩。

④ 运动员动作质量达不到要求时及时给予提示警告；每警告1次在测试成绩中增加1秒。

⑤ 裁判员3名，2名裁判员计时，1名裁判员检查是否违例。

12. 全场攻防技术模拟

（1）适用群体

少年队、青年队（13～18岁）。

（2）测试目的

综合评价运动员快速行进间完成运、传、投等技术动作的能力和攻守转换意识与快速退防中完成防守技术动作的能力。

（3）测试设备

标准篮球场地、篮球、标志杆、秒表。

（4）测试方法

受测运动员④站位于篮球场地端线外起点位置，裁判员发令的同时开表计时，测试者快速启动到规定的区域位置拿球，并用右手向前运球至标志杆做胯下变向，然后换左手向前运球至标志杆做体前变向运球，在中场附近用双手胸前传球给前场的⑥，向前移动中接⑥的回传球行进间右手投篮。投篮后在篮下马上转换成防守姿势，并立即做封堵传球动作，然后运用侧滑步移动至前场左侧罚球线延长线夹击点，急停做夹击动作（脚必须踩过夹击线外），做完夹击后变后退跑到前场中线附近十字区域并踩到十字标志线，然后快速启动跑向中场场角做夹击动作，做完夹击后立即后转身运用后滑步到后场3分线附近急停，然后启动加速跑到后场罚球线延长线与边线处急停做夹击封堵动作，随即运用交叉步跑向后场场角，在底角做夹击动作。

在底角完成夹击后，受测运动员④马上转身启动到左侧放球处，左手拿球开始从左边用左手向前运球至标志杆做胯下变向运球，然后换右手向前运球至标志杆做体前变向运球，中场附近用双手胸前传球到前场的⑤，快速启动接⑤回传球用左手行进间投篮。投篮后在篮下马上转换成防守姿势，并立即做封堵传球动作，然后运用侧滑步至前场右侧罚球线延长线夹击点，急停做夹击动作；做完夹击后变后退跑到前场中线附近十字区域并踩到十字标志线，然后快速启动跑向右侧中场场角做夹击动作，完成夹击后随即后转身运用后滑步到后场3分线附近急停，然后启动加速跑到后场罚球线延长线与边线处急停做封堵动作，随即运用交叉步跑向后场场角，在底角做夹击动作，完成夹击动作后停表。每人测试2次，取最好成绩（图34、图35）。

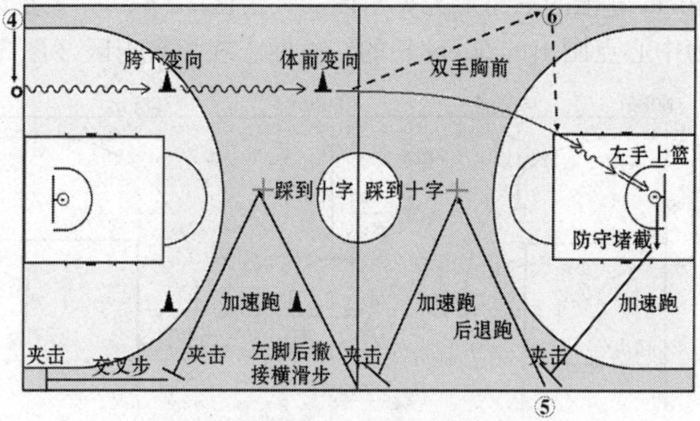

图34　全场攻防技术模拟测试方法图

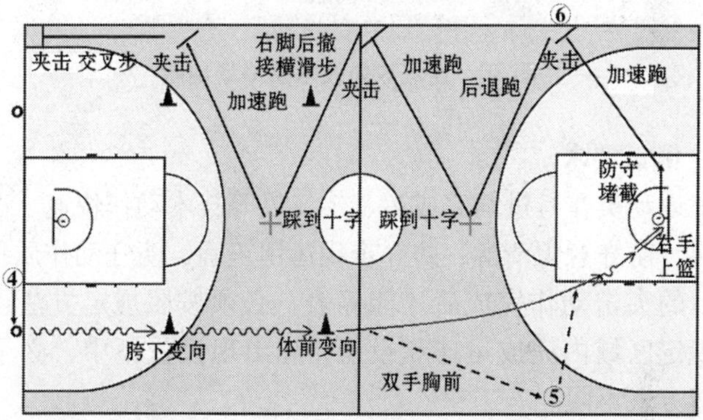

图35　全场攻防技术模拟测试方法图

（5）测试场地

在标准篮球场地（28m×15m）进行测验，起点设置在右侧限制区边线与端线的交点处。篮球放置在端线上，距离边线 3m。障碍物 1 与障碍物 3 与罚球线平行，障碍物 2 与障碍物 4 距离中线 2m，各障碍物距离边线的距离为 3m。⑤号和⑥号队员所处的位置在罚球线的延长线与边线的交点上，协助测试队员传接球时不得移动，在测试者进行防守测试时站于场外。两个十字标志设置在距离罚球线、中线 4.1m 的中点上。夹击区 1、3、6、8 以边线与端线、边线与中线的交点，取50cm画出的三角形为夹击区、夹击区2、4、5、7是以罚球线延长线为中心点画出的50cm长的红色标志线为夹击区（图36）。

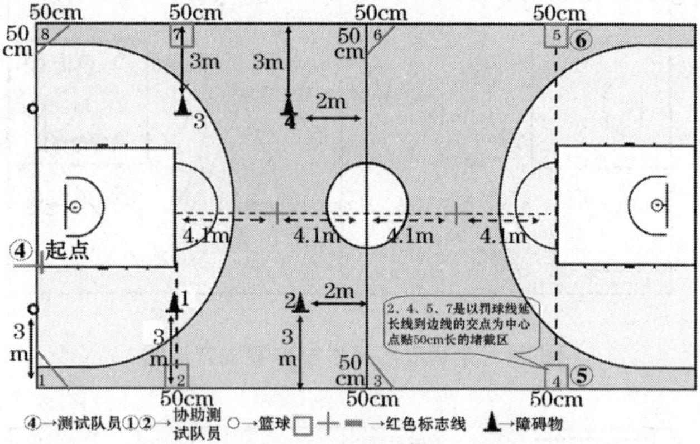

图36　全场攻防技术模拟场地图

（6）测试要求

要求运动员在行进间完成运、传、投等技术动作快速、准确；攻守转换快，防守意识清醒、防守步伐运用正确，防守动作质量高，第二趟最后的夹击动作完成后才能停表，必须按照规定方法、规定路线，在规定区域内完成运球和投篮，如出现投篮不中，必须将球补进，补篮方式不限。

（7）测试细则

① 以组为单位进行测验。

② 1人测试，2块表计时。

③ 必须按照规定方法、规定路线，在规定区域内完成运球和投篮，如出现投篮不中，必须将球补进，补篮方式不限。

④ 出现抢跑、未踩到标志点标志线、不按照规定方法完成测试造成犯规时，裁判鸣笛即被罚下，重新测试，如再次违例，即取消本项目测验成绩。

⑤ 运动员技术动作不合格及时给予提示警告；每警告1次在测试成绩中增加1秒。

（三）专项技术测试技术评定

1. 左右手运球行进间高手、低手、双手投篮

（1）等级评分标准（表18）

表18　等级评分标准

等级评分	评分标准
86～100	运球启动很快，运球技术娴熟，运球推进快速，行进间节奏十分明显，起跳动作正确，高手、低手和双手投篮手法规范；抢篮板球意识突出，转换运球推进很快，左右手运用自如，行进间投篮命中率准确
75～85	运球启动快，运球技术熟练，运球推进快，行进间节奏明显，起跳动作正确，高手、低手和双手投篮手法规范；抢篮板球意识明显，转换运球推进快，左右手运用熟练，行进间投篮命中率高
65～74	运球启动较快，运球技术较熟练，运球推进较快，行进间节奏较明显，起跳动作较正确，高手、低手和双手投篮手法较规范；抢篮板球意识较强，转换运球推进较快，左右手运用较熟练，行进间投篮命中率较高
55～64	运球启动较慢，运球技术不太熟练，运球推进较慢，行进间节奏不太明显，起跳动作不太正确，高手、低手和双手投篮手法不太规范；抢篮板球意识不太强，转换运球推进较慢，左右手运用不太熟练，行进间投篮命中率不高
40～54	运球启动慢，运球技术不熟练，运球推进慢，行进间节奏不明显，起跳动作不正确，高手、低手和双手投篮手法不规范；抢篮板球意识不强，转换运球推进慢，左右手运用不熟练，行进间投篮命中率低

（2）易犯错误及扣分分值

① 运球启动、推进、转换速度慢扣5分。

② 运球违例扣5分。

③ 投篮技术不规范扣5分。

④ 每次补篮扣1分，最高扣5分。

（3）左右手运球行进间高手、低手、双手投篮评定用表（表19）

表19　左右手运球行进间高手、低手、双手投篮评定用表

队名__________（男、女）

号码	姓名	评分等级					易犯错误及扣分分值				合计总分
		86~100分	75~85分	65~74分	55~64分	40~54分	运球启动、推进、转换速度慢扣5分	运球违例扣5分	投篮技术不规范扣5分	每次补篮扣1分，最高扣5分	

2.0°、45°、90° 5 步（7 步）后退投篮

（1）等级评分标准（表 20）

表 20　等级评分标准

等级评分	评分标准
86～100	以单手肩上投篮为例：持球手法正确，五指自然分开，掌心空出；举球位置非常规范，单手举球稳定于肩上，左手放松扶球；用力顺序正确，蹬地、伸膝、展腰、抬肘、伸臂、屈腕、拨球系列动作协调连贯，球在空中有明显的后旋，运行轨迹十分合理，投篮技术动作十分规范，投篮非常准确
75～85	以单手肩上投篮为例：持球手法正确，五指自然分开，掌心空出；举球位置规范，单手举球于肩上，左手放松扶球；用力顺序正确，蹬地、伸膝、展腰、抬肘、伸臂、屈腕、拨球系列动作协调连贯，球在空中有后旋，运行轨迹合理，投篮技术动作规范，投篮准确
65～74	以单手肩上投篮为例：持球手法比较正确，五指分开，掌心触球不明显；举球位置比较规范，单手举球比较稳定，左手扶球比较协调；用力顺序较正确，蹬地、伸膝、展腰、抬肘、伸臂、屈腕、拨球系列动作比较协调，球在空中有后旋，运行轨迹比较合理，投篮技术动作比较规范，投篮效果比较理想
55～64	以单手肩上投篮为例：持球手法不太正确，五指没分开，掌心触球；举球位置不太规范，单手举球不太稳定，左手扶球比较紧张；用力顺序不太正确，蹬地、伸膝、展腰、抬肘、伸臂、屈腕、拨球系列动作不太协调，球在空中后旋不太明显，运行轨迹不够合理，投篮技术动作不太规范，投篮效果不理想
40～54	单手肩上投篮为例：持球手法不正确，五指没分开，掌心触球；举球位置不规范，单手举球不稳，左手扶球紧张；用力顺序不正确，蹬地、伸膝、展腰、抬肘、伸臂、屈腕、拨球系列动作不协调，不连贯，球在空中无后旋，运行轨迹不合理，投篮技术动作不规范，投篮效果不好

（2）易犯错误及扣分分值

① 持球手法不正确扣5分。

② 举球位置不规范扣5分。

③ 出手用力顺序不正确扣5分。

④ 球在空中无后旋，运行轨迹不合理扣5分。

（3）0°、45°、90° 5步（7步）后退投篮评定用表（表21）

表21 0°、45°、90° 5步（7步）后退投篮评定用表

队名__________（男、女）

号码	姓名	评分等级					易犯错误及扣分分值				合计总分
		86~100分	75~85分	65~74分	55~64分	40~54分	持球手法不正确扣5分	举球位置不规范扣5分	出手用力顺序不正确扣5分	球在空中无后旋，运行轨迹不合理扣5分	

3. 1min 自投自抢投篮

（1）等级评分标准（表22）

表22　等级评分标准

等级评分	评分标准
86～100	跳起投篮技术动作十分规范。急停与起跳动作协调一致，起跳与举球动作同步，投篮持球位置及持球手法正确，空中身体动作协调放松，出手时机把握十分准确，投篮技术抬肘、伸臂、屈腕、手指拨球动作完整，球在空中有明显的后旋，运行轨迹十分合理，球离手后身体自然落地屈膝缓冲，身体平衡很好。对篮板球落点判断准确，冲抢意识十分明显，抢球及运球移动技术动作非常协调，运球急停与起跳动作衔接十分连贯
75～85	跳起投篮技术动作规范。急停与起跳动作协调，起跳与举球动作同步，投篮持球位置及持球手法正确，空中身体动作协调放松，出手时机把握得准确，投篮技术抬肘、伸臂、屈腕、手指拨球动作完整，球在空中有后旋，运行轨迹合理，球离手后身体自然落地屈膝缓冲，保持身体平衡好。对篮板球落点判断准确，冲抢意识明显，抢球及运球移动技术动作协调，运球急停与起跳动作的衔接连贯
65～74	跳起投篮技术动作较规范。急停与起跳动作比较协调，起跳与举球动作能够同步，投篮持球位置及持球手法基本正确，空中身体动作比较协调，出手时机把握得比较准确，投篮技术抬肘、伸臂、屈腕、手指拨球动作比较完整，球在空中有后旋，运行轨迹比较合理，球离手后身体落地缓冲，能够保持身体平衡。对篮板球落点判断比较准确，冲抢意识比较明显，抢球及运球移动技术动作比较协调，运球急停与起跳动作的衔接比较连贯

续表 22

等级评分	评分标准
55～64	跳起投篮技术动作不太规范。急停与起跳动作及起跳与举球动作不够协调，投篮持球位置及持球手法不太正确，空中身体动作比较紧张，出手时机把握得不太准确，投篮技术抬肘、伸臂、屈腕、手指拨球动作不够完整，球在空中后旋不太明显，运行轨迹不够合理，球离手后身体落地缓冲，身体平衡较差。投篮出手后对篮板球落点判断不够准确，冲抢意识不太明显，抢球及运球移动技术动作不太协调，运球急停与起跳动作衔接不太连贯
40～54	跳起投篮技术动作不规范。急停与起跳动作不协调，起跳与举球动作不同步，投篮持球位置及持球手法不正确，空中身体动作不放松，出手时机把握不准，投篮抬肘、伸臂、屈腕、手指拨球动作不完整，球在空中无后旋，运行轨迹不合理，球离手后身体落地缓冲，身体平衡欠缺。投篮出手后，对篮板球落点判断不准确，冲抢意识不明显，抢球及运球移动技术动作不协调，运球急停与起跳动作衔接不连贯

（2）易犯错误及扣分分值

① 持球时五指没有自然分开，掌心触球，手肘关节外展，举球位置离头部过分靠近或偏远等扣 5 分。

② 用力方式不正确，仅靠臂部用力“推铅球”式投篮，肩部紧张伸臂动作不充分，出手时手臂前推使投篮出手角度减小，手腕手指动作不柔和，球在空中无后旋扣 5 分。

③ 急停与起跳动作不连贯、起跳速度慢，急停起跳时脚掌蹬地方法或用力方向错误造成在空中失去身体平衡扣 5 分。

④ 出手时机把握不准，边跳边投（踮投）或投球出手太晚，上、下肢和身体用力动作不协调、不连贯，出现“后坐”“蹬腿”“挺腹”等多余动作，球出手后食指、中指、无名指未指向球篮方向扣 5 分。

(3) 1min 自投自抢投篮评定用表（表23）

表23 1min 自投自抢投篮评定用表

队名________________（男、女）

号码	姓名	评分等级					易犯错误及扣分分值				合计总分
		86~100分	75~85分	65~74分	55~64分	40~54分	持球时五指没有自然分开，掌心触球，手肘关节外展，举球位置离头部过分靠近或偏远等扣5分	用力方式不正确，仅靠臂部用力“推铅球”式投篮，肩部紧张伸臂动作不充分，出手时手臂前推使投篮出手角度减小，手腕手指动作不柔和，球在空中无后旋扣5分	急停与起跳动作不连贯、起跳速度慢，急停起跳时脚掌蹬地方法或用力方向错误造成在空中失去身体平衡扣5分	出手时机把握不准，边跳边投（踮投）或投球出手太晚，上、下肢和身体用力动作不协调、不连贯，出现“后坐”“蹬腿”“挺腹”等多余动作，球出手后食指、中指、无名指未指向球篮方向扣5分	

4. 1min30s 自投自抢投篮

（1）等级评分标准（表24）

表24　等级评分标准

等级评分	评分标准
86～100	跳起投篮技术动作十分规范。急停与起跳动作协调一致，起跳与举球动作同步，投篮持球位置及持球手法正确，空中身体动作协调放松，出手时机把握十分准确，投篮技术抬肘、伸臂、屈腕、手指拨球动作完整，球在空中有明显后旋，运行轨迹十分合理，球离手后身体自然落地屈膝缓冲，身体平衡很好。对篮板球落点判断准确，冲抢意识十分明显，抢球及运球移动技术动作非常协调，运球急停与起跳动作衔接十分连贯
75～85	跳起投篮技术动作规范。急停与起跳动作协调，起跳与举球动作同步，投篮持球位置及持球手法正确，空中身体动作协调放松，出手时机把握准确，投篮技术抬肘、伸臂、屈腕、手指拨球动作完整，球在空中有后旋，运行轨迹合理，球离手后身体自然落地屈膝缓冲，保持身体平衡好。对篮板球落点判断准确，冲抢意识明显，抢球及运球移动技术动作协调，运球急停与起跳动作的衔接连贯
65～74	跳起投篮技术动作较规范。急停与起跳动作比较协调，起跳与举球动作能够同步，投篮持球位置及持球手法基本正确，空中身体动作比较协调，出手时机把握比较准确，投篮技术抬肘、伸臂、屈腕、手指拨球动作比较完整，球在空中有后旋，运行轨迹比较合理，球离手后身体落地缓冲，能够保持身体平衡。对篮板球落点判断比较准确，冲抢意识比较明显，抢球及运球移动技术动作比较协调，运球急停与起跳动作的衔接比较连贯

续表 24

等级评分	评分标准
55～64	跳起投篮技术动作不太规范。急停与起跳动作及起跳与举球动作不够协调，投篮持球位置及持球手法不太正确，空中身体动作比较紧张，出手时机把握不太准确，投篮技术抬肘、伸臂、屈腕、手指拨球动作不够完整，球在空中后旋不太明显，运行轨迹不够合理，球离手后身体落地缓冲，身体平衡较差。投篮出手后对篮板球落点判断不够准确，冲抢意识不太明显，抢球及运球移动技术动作不太协调，运球急停与起跳动作衔接不太连贯
40～54	跳起投篮技术动作不规范。急停与起跳动作不协调，起跳与举球动作不同步，投篮持球位置及持球手法不正确，空中身体动作不放松，出手时机把握不准，投篮抬肘、伸臂、屈腕、手指拨球动作不完整，球在空中无后旋，运行轨迹不合理，球离手后身体落地缓冲，身体平衡欠缺。投篮出手后对篮板球落点判断不准确，冲抢意识不明显，抢球及运球移动技术动作不协调，运球急停与起跳动作衔接不连贯

（2）易犯错误及扣分分值

① 持球时五指没有自然分开，掌心触球，手肘关节外展，举球位置离头部过分靠近或偏远等扣 5 分。

② 用力方式不正确，仅靠臂部用力“推铅球”式投篮，肩部紧张伸臂动作不充分，出手时手臂前推使投篮出手角度减小，手腕手指动作不柔和，球在空中无后旋扣 5 分。

③ 急停与起跳动作不连贯、起跳速度慢，急停起跳时脚掌蹬地方法或用力方向错误造成在空中失去身体平衡扣 5 分。

④ 出手时机把握不准，边跳边投（踮投）或投球出手太晚，上、下肢和身体用力动作不协调、不连贯，出现“后坐”“蹬腿”“挺腹”等多余动作，球出手后食指、中指、无名指未指向球篮方向扣 5 分。

（3）1min30s自投自抢投篮评定用表（表25）

表25　1min30s自投自抢投篮评定用表

队名________________（男、女）

号码	姓名	评分等级					易犯错误及扣分分值				合计总分
		86～100分	75～85分	65～74分	55～64分	40～54分	持球时五指没有自然分开，掌心触球，手肘关节外展，举球位置离头部过分靠近或偏远等扣5分	用力方式不正确，仅靠臂部用力“推铅球”式投篮，肩部紧张伸臂动作不充分，出手时手臂前推使投篮出手角度减小，手腕手指动作不柔和，球在空中无后旋扣5分	急停与起跳动作不连贯、起跳速度慢，急停起跳时脚掌蹬地方法或用力方向错误造成在空中失去身体平衡扣5分	出手时机把握不准，边跳边投（踮投）或投球出手太晚，上、下肢和身体用力动作不协调、不连贯，出现“后坐”“蹬腿”“挺腹”等多余动作，球出手后食指、中指、无名指未指向球篮方向扣5分	

5. 限制区滑步

（1）等级评分标准（表26）

表26　等级评分标准

等级评分	评分标准
86～100	启动反应很快，横滑步动作频率很快，移动中两脚无并拢现象；横滑步转换前滑步衔接十分连贯，后侧腿蹬地有力，前侧腿移动迅速，到达节点重心稳定；右脚（左脚）上步转换攻击步快速突然，下手准确有力，变换成后撤步腰胯发力、膝关节外展十分明显，重心平稳，回位准确，2次动作十分连贯；后撤步转换为后滑步时步伐清晰，方向正确，启动速度很快，动作节奏很明显，摆臂动作很规范，身体重心很稳，到达节点变换横滑步时转换启动非常迅速
75～85	启动反应快，横滑步动作频率快，移动中两脚无并拢现象；横滑步转换前滑步衔接连贯，后侧腿蹬地有力，前侧腿移动迅速，到达节点重心稳定；右脚（左脚）上步转换攻击步突然，下手准确有力，变换成后撤步腰胯发力、膝关节外展明显，重心平稳，回位准确，2次动作连贯；后撤步转换为后滑步时步伐清晰，方向正确，启动速度快，动作节奏明显，摆臂动作规范，身体重心稳，到达节点变换横滑步时转换启动迅速
65～74	启动反应较快，横滑步动作频率较快，移动中两脚时有并拢现象；横滑步转换前滑步衔接比较连贯，后侧腿蹬地明显，前侧腿移动较快，到达节点重心较稳定；右脚（左脚）上步转换攻击步比较突然，下手较准确，变换成后撤步腰胯发力、膝关节外展明显，重心平稳，回位准确，2次动作连贯；后撤步转换为后滑步时步伐清晰，方向正确，启动速度较快，动作节奏较明显，摆臂动作较规范，身体重心比较稳定，到达节点变换横滑步时转换启动比较迅速

续表 26

等级评分	评分标准
55 ~ 64	启动反应较慢，横滑步动作频率比较慢，移动中两脚时有并拢现象；横滑步转换前滑步衔接不太连贯，后侧腿蹬地不明显，前侧腿移动迟缓，到达节点重心不太稳；右脚（左脚）上步转换攻击步较慢，下手不太准确，变换成后撤步腰胯发力、膝关节外展不太明显，重心有所起伏，回位不太准确，2 次动作不太连贯；后撤步转换为后滑步时步伐不太清晰，方向不太正确，启动速度较慢，动作节奏不太明显，摆臂动作不太规范，身体重心不太稳，到达节点变换横滑步时转换启动速度比较慢
40 ~ 54	启动反应慢，横滑步动作频率慢，移动中两脚存在并拢现象；横滑步转换前滑步衔接不连贯，后侧腿蹬地无力，前侧腿移动迟缓，到达节点重心不稳；右脚（左脚）上步转换攻击步慢，下手不准确，变换成后撤步腰胯发力、膝关节外展不明显，重心不平稳，回位不准确，2 次动作不连贯；后撤步转换为后滑步时步伐不清晰，面向不正确，启动速度慢，动作节奏不明显，摆臂动作不规范，身体重心不稳，到达节点变换横滑步时转换启动速度慢

（2）易犯错误及扣分分值

① 启动反应速度慢扣 5 分。

② 前、后滑步动作不标准扣 5 分。

③ 移动中身体重心起伏大扣 5 分。

④ 攻击步后撤步转换步伐紊乱扣 5 分。

（3）限制区滑步评定用表（表27）

表27　限制区滑步评定用表

队名____________（男、女）

号码	姓名	评分等级					易犯错误及扣分分值				合计总分
		86～100分	75～85分	65～74分	55～64分	40～54分	启动反应速度慢扣5分	前、后滑步动作不标准扣5分	移动中身体重心起伏大扣5分	攻击步后撤步转换步伐紊乱扣5分	

6. 半场运球见线折返

（1）等级评分标准（表28）

表28　等级评分标准

等级评分	评分标准
86～100	出发前持球站立姿势好；启动迅速，推放球协调、快而有力；行进间运球跑快而平稳；见线两步急停步伐清晰，按拍球、降重心协调稳定；再启动，蹬、转、换手推拍球快速、有力、连贯。全过程左右手运球熟练、自如，控制球好。
75～85	出发前持球站立姿势基本正确；启动、推放球速度一般；行进间运球跑动速度一般；见线两步急停步伐清楚，按拍球、降重心稳定性协调性一般；再启动蹬、转、换手推拍球速度一般。全过程运球熟练程度一般，左右手差异明显
65～74	出发前持球站立姿势基本正确。启动、推放球速度一般；行进间运球跑动速度慢；见线两步急停步伐较乱，按拍球、降重心不能协调性一致；再启动蹬、转、换手推拍球速度一般，重心不稳。全过程运球不熟练，手对球的控制不好，左右手差异明显
55～64	出发前持球站立姿势基本正确。启动、推放球速度一般；行进间运球跑动速度慢；见线两步急停步伐较乱，按拍球、降重心不能协调一致；再启动蹬、转、换手推拍球速度一般，重心不稳。全过程运球不熟练，手对球的控制不好，左右手差异明显
40～54	出发前持球站立姿势不正确；启动推放球速度慢；行进间运球跑动速度慢、手脚配合差；见线两步急停不稳定；再启动蹬、转、换手运球动作不协调、速度慢；全过程运球熟练性差，手对球的控制差

（2）易犯错误及扣分分值

① 反应启动慢扣 5 分。

② 急停步伐混乱扣 5 分。

③ 脚手配合不协调扣 5 分。

④ 左右手运球差异明显扣 5 分。

（3）半场运球见线折返评定用表（表 29）

表 29　半场运球见线折返评定用表

队名＿＿＿＿＿＿＿＿＿（男、女）

号码	姓名	评分等级					易犯错误及扣分分值				合计总分
		86~100 分	75~85 分	65~74 分	55~64 分	40~54 分	反应启动慢扣 5 分	急停步伐混乱扣 5 分	脚手配合不协调扣 5 分	左右手运球差异扣 5 分	

7. 全场运球见线折返

（1）等级评分标准（表30）

表30　等级评分标准

等级评分	评分标准
86～100	出发前持球站立姿势好；启动迅速，推放球协调、快而有力；行进间运球跑快而平稳；见线两步急停步伐清晰，按拍球、降重心协调稳定；再启动蹬、转、换手推拍球快速、有力、连贯。全过程左右手运球熟练、自如，控制球好
75～85	出发前持球站立姿势正确；启动、推放球较快；行进间运球跑速率较快；见线两步急停步伐清晰，按拍球、降重心较协调稳定；再启动蹬、转、换手推拍球较快。全过程运球较熟练，但左右手略有差异
65～74	出发前持球站立姿势基本正确；启动、推放球速度一般；行进间运球跑动速度一般；见线两步急停步伐清楚，按拍球、降重心稳定性协调性一般；再启动蹬、转、换手推拍球速度一般。全过程运球熟练程度一般，左右手差异明显
55～64	出发前持球站立姿势基本正确。启动、推放球速度一般；行进间运球跑动速度慢；见线两步急停步伐较乱，按拍球、降重心不能协调性一致；再启动蹬、转、换手推拍球速度一般，重心不稳。全过程运球不熟练，手对球的控制不好，左右手差异明显
40～54	出发前持球站立姿势不正确；启动推放球速度慢；行进间运球跑动速度慢、手脚配合差；见线两步急停不稳定；再启动蹬、转、换手运球动作不协调、速度慢。全过程运球熟练性差，手对球的控制差

（2）易犯错误及扣分分值

① 反应启动慢扣5分。

② 急停步伐混乱扣 5 分。

③ 脚手配合不协调扣 5 分。

④ 左右手运球差异明显扣 5 分。

（3）全场运球见线折返评定用表（表 31）

表 31　全场运球见线折返评定用表

队名__________________（男、女）

号码	姓名	评分等级					易犯错误及扣分分值				合计总分
		86～100 分	75～85 分	65～74 分	55～64 分	40～54 分	反应启动慢扣 5 分	急停步伐混乱扣 5	脚手配合不协调扣 5 分	左右手运球差异扣 5 分	

8. 全场综合运球上篮

（1）等级评分标准（表32）

表32 等级评分标准

等级评分	评分标准
86～100	出发前持球站立姿势好；启动迅速，推放球快；体前变向、胯下运球按拍球有力，蹬地、转体侧肩护球快速连贯，加速明显。背后运球向后拉球动作幅度大，拍按球快速，落点准确。运球转身拍按球、拉球转身快速、重心平稳，手对球的控制好；投篮快速准确，抢篮板意识突出，转换快速。全过程左右手运球熟练自如；技术动作快速、准确、稳定、流畅，有节奏变化
75～85	出发前持球站立姿势好；启动、推放球较快；体前变向、胯下运球按拍球、蹬地、转体侧肩护球较连贯，有一定加速；背后运球向后拉球动作幅度较大，拍按球较快。运球转身拍按球、拉球转身较平稳；全过程技术动作较准确、连贯，抢篮板较熟练，左右手运球、投篮熟练性有一定差异
65～74	出发前持球站立姿势正确；启动、推放球速度一般；体前变向、胯下运球按拍球、蹬地、转体侧肩护球动作速度、协调性一般，加速一般；背后运球向后拉球动作幅度、拍按球速度一般。运球转身拍按球、拉球转身速度、稳定性一般；全过程技术动作准确性、熟练性一般。左右手有差异
55～64	出发前持球站立姿势基本正确；启动、推放球速度慢；体前变向、胯下运球按拍球、蹬地、转体侧肩护球动作速度、协调性差；背后运球向后拉球动作幅度小、拍按球速度一般。全过程技术动作准确性、稳定性、熟练性较差。手对球的控制不好，左右手差异明显
40～54	出发前持球站立姿势不正确；启动、推放球速度缓慢；全过程行进间运球过障碍速度慢，手脚配合的协调性差，动作的稳定性、准确性、连贯性差。投篮、抢篮板技术动作准确性、熟练性差。左右手对球的控制能力差

（2）易犯错误及扣分分值

① 运球出现违例扣 5 分。

② 右手变向、胯下、背后、后转身运球出现失误扣 5 分。

③ 左手变向、胯下、背后、后转身运球出现失误扣 5 分。

④ 行进间投篮没中必须补中，每次补篮扣 2 分，最多扣 5 分。

（3）全场综合运球上篮评定用表（表 33）

表 33 全场综合运球上篮评定用表

队名＿＿＿＿＿＿＿＿（男、女）

号码	姓名	评分等级					易犯错误及扣分分值				合计总分
		86～100 分	75～85 分	65～74 分	55～64 分	40～54 分	运球出现违例扣 5 分	右手变向、胯下、背后、后转身运球出现失误扣 5 分	左手变向、胯下、背后、后转身运球出现失误扣 5 分	行进间投篮没中必须补中，每次补篮扣 2 分，最多扣 5 分	

9. 半场移动传接球

（1）等级评分标准（表34）

表34 等级评分标准

等级评分	评分标准
86～100	场上移动迅速，到位及时，每个位置站位符合要求，并能够熟练掌握各位置的传球技术。外线位置的双手胸前传球、双手击地反弹或单手体侧、单手击地反弹传球及内线位置的双手头上传球技术动作规范，用力过程合理，上下肢配合协调，手腕手指压拨球动作明显，出手及时，传球路线、落点准确，传球动作熟练
75～85	场上移动较迅速，到位较及时，每个位置站位较符合要求，并能够掌握各位置的传球技术。外线位置的双手胸前传球、双手击地反弹或单手体侧、单手击地反弹传球及内线位置的双手头上传球技术动作较规范、用力过程较合理，上下肢配合较协调，手腕手指压拨球动作较明显，出手比较及时，传球路线、落点较准确，传球动作较熟练
65～74	场上移动、到位以及每个位置站位基本符合要求，并基本掌握各位置的传球技术。外线位置的双手胸前传球、双手击地反弹或单手体侧、单手击地反弹传球及内线位置的双手头上传球技术动作基本规范，用力过程基本合理，上下肢配合基本协调，手腕手指压拨球动作、传球出手时机以及路线、落点基本符合要求，传球动作熟练
55～64	场上移动、到位以及每个位置站位不太符合要求，各位置的传球技术不太熟练。外线位置的双手胸前传球、双手击地反弹或单手体侧、单手击地反弹传球及内线位置的双手头上传球技术动作不太规范，用力过程、上下肢配合、手腕手指压拨球动作不太协调

续表 34

等级评分	评分标准
40 ~ 54	场上移动、到位以及每个位置站位不符合要求，各位置的传球技术不熟练。外线位置的双手胸前传球、双手击地反弹或单手体侧、单手击地反弹传球及内线位置的双手头上传球，技术动作不规范，用力过程、上下肢配合、手腕手指压拨球动作不明显，传球出手时机以及路线、落点不符合要求

（2）易犯错误及扣分分值

① 场上移动、到位以及每个位置站位不符合要求扣 5 分。

② 外线位置的传球技术不标准扣 5 分。

③ 内线位置的传球技术不标准扣 5 分。

④ 传球出手时机以及路线、落点不符合要求扣 5 分。

（3）半场移动传接球评定用表（表 35）

表 35　半场移动传接球评定用表

队名＿＿＿＿＿＿＿＿（男、女）

号码	姓名	评分等级					易犯错误及扣分分值				合计总分
		86 ~ 100 分	75 ~ 85 分	65 ~ 74 分	55 ~ 64 分	40 ~ 54 分	场上移动、到位以及每个位置站位不符合要求扣 5 分	外线位置的传球技术不标准扣 5 分	内线位置的传球技术不标准扣 5 分	传球出手时机以及路线、落点不符合要求扣 5 分	

10. 全场多点综合传接球

（1）等级评分标准（表36）

表36　等级评分标准

等级评分	评分标准
86～100	场上移动迅速，路线合理，到位及时，节奏十分明显，急停步法清晰，突破技术规范，并能够熟练掌握各节点的传球技术；双手头上传球、双手胸前传球、击地传球、突破分球、单手肩上传球、行进间点拨传球等传球技术娴熟，动作规范，用力过程合理，上下肢配合协调，手腕手指压拨球动作明显，出手及时，传球路线、落点准确，接球技术正确、稳定，出色完成达标要求
75～85	场上移动较迅速，路线较合理，到位较及时，急停步法较清晰、规范，突破技术动作比较符合要求，并能够掌握各节点的传球技术；双手头上传球、双手胸前传球、击地传球、突破分球、单手肩上传球、行进间点拨传球等传球技术较熟练，动作较规范、用力过程较合理，上下肢配合较协调，手腕手指压拨球动作较明显，出手比较及时，传球路线、落点较准确，接球技术较正确、稳定，较好完成达标要求
65～74	场上移动基本迅速，路线基本合理，到位基本及时，急停步法基本清晰、规范，突破技术动作基本符合要求，并基本掌握各节点的传球技术；双手头上传球、双手胸前传球、击地传球、突破分球、单手肩上传球、行进间点拨传球等传球技术较熟练，动作基本规范、用力过程、上下肢配合、手腕手指压拨球动作、传球出手时机以及路线、落点基本符合要求，接球技术基本正确、稳定。能够完成达标要求

续表 36

等级评分	评分标准
55～64	能够按照路线要求做到场上移动，急停步法不够清晰、规范，突破技术动作基本符合要求，各位置的传球技术不太熟练，双手头上传球、双手胸前传球、击地传球、突破分球、单手肩上传球、行进间点拨传球等技术动作不太规范，用力过程、上下肢配合、手腕手指压拨球动作、传球出手时机以及路线、落点不太符合要求，接球技术不够正确，基本完成达标要求
40～54	不能够按照路线要求做到场上移动，急停步法不清晰、规范，突破技术动作不符合要求，各位置的传球技术不熟练。双手头上传球、双手胸前传球、击地传球、突破分球、单手肩上传球、行进间点拨传球等技术动作不规范，用力过程、上下肢配合、手腕手指压拨球动作不明显，传球出手时机以及路线、落点不符合要求，接球技术不正确，不能完成达标要求

(2) 易犯错误及扣分分值

① 场上移动、到位以及每个节点的节奏出现错误扣 5 分。

② 每个节点的传球技术出现错误扣 5 分。

③ 突破分球、点拨传球、击地传球失误扣 5 分。

④ 传球出手时机以及路线、落点不符合要求扣 5 分。

（3）全场多点综合传接球评定用表（表37）

表37　全场多点综合传接球评定用表

队名＿＿＿＿＿＿＿＿（男、女）

号码	姓名	评分等级					易犯错误及扣分分值				合计总分
		86~100分	75~85分	65~74分	55~64分	40~54分	场上移动、到位以及每个节点的节奏出现错误扣5分	每个节点的传球技术出现错误扣5分	突破分球、点拨传球、击地传球失误扣5分	传球出手时机以及路线、落点不符合要求扣5分	

11. 六边形移动

（1）等级评分标准（表38）

表38 等级评分标准

等级评分	评分标准
86～100	启动反应很快，动作频率很快，急停步伐清晰。交叉步伐清晰步幅大，上下肢配合协调，重心平稳。攻击步后腿蹬地有力，前脚掌落地平稳，膝关节前移动作标准，步伐变换明显，到达节点转换为后撤步时，髋关节发力外旋、膝关节外展落地动作非常准确，后撤步移动快速。横滑步启动很快，后侧腿蹬地有力，前侧腿移动迅速，动作连贯协调，节奏十分明显，移动中两脚无并拢现象。前滑步后腿蹬地有力，前腿移动快速，手部动作指向及摆动合理规范，在节点转换时，前脚使用后撤步动作十分规范。交叉步变横滑步动作转换非常明显，手部动作指向及摆动合理规范，横滑步变交叉步动作明显，动作连贯协调，两步急停重心稳定
75～85	启动反应快，动作频率快，急停步伐清晰。交叉步伐清晰步幅大，上下肢配合协调，重心平稳。攻击步后腿蹬地有力，前脚掌落地平稳，膝关节前移动作标准，步伐变换明显，到达节点转换为后撤步时，髋关节发力外旋、膝关节外展落地动作准确，后撤步移动迅速。横滑步启动快，后侧腿蹬地有力，前侧腿移动迅速，动作连贯协调，节奏明显，移动中两脚无并拢现象。前滑步后腿蹬地有力，前腿移动迅速，手部动作指向及摆动合理规范，在节点转换时，前脚使用后撤步动作规范。交叉步变横滑步动作转换明显，手部动作指向及摆动合理规范，横滑步变交叉步动作明显，动作连贯协调，两步急停重心稳定

续表 38

等级评分	评分标准
65～74	启动反应较快，动作频率较快，急停步伐较清晰。交叉步伐清晰步幅较大，上下肢配合比较协调，重心比较平稳。攻击步后腿蹬地比较明显，前脚掌落地较稳，膝关节前移动作比较标准，步伐变换较清晰，到达节点转换为后撤步时，髋关节发力外旋、膝关节外展落地动作比较准确，后撤步移动较快。横滑步启动较快，后侧腿蹬地较明显，前侧腿移动较快，动作比较连贯协调，节奏较明显，移动中两脚无并拢现象。前滑步后腿蹬地较明显，前腿移动较快，手部动作指向及摆动比较规范，在节点转换时，前脚使用后撤步动作较规范。交叉步变横滑步动作转换较明显，手部动作指向及摆动比较规范，横滑步变交叉步动作较明显，动作比较连贯协调，两步急停重心较稳定
55～64	启动反应较慢，动作频率较慢，急停步伐不太清晰。交叉步伐不太清晰步幅较小，上下肢配合不太协调，重心不太平稳。攻击步后腿蹬地不明显，前脚掌落地不太稳，膝关节前移动作不太标准，步伐变换不太清晰，到达节点转换为后撤步时，髋关节发力外旋、膝关节外展落地动作不太准确，后撤步移动不太迅速。横滑步启动较慢，后侧腿蹬地不明显，前侧腿移动较慢，动作连贯不太协调，节奏不太明显，移动中两脚有并拢现象。前滑步后腿蹬地无力，前腿移动较慢，手部动作指向及摆动不太规范，在节点转换时，前脚使用后撤步动作不太规范。交叉步变横滑步动作转换不明显，手部动作指向及摆动不太规范，横滑步变交叉步动作不明显，动作不连贯且不太协调，两步急停重心不太稳定

续表 38

等级评分	评分标准
40～54	启动反应慢，动作频率慢，急停步伐不清晰。交叉步伐不清晰步幅小，上下肢配合不协调，重心不平稳。攻击步后腿蹬地无力，前脚掌落地不稳，膝关节前移动作不标准，步伐变换不明显，到达节点转换为后撤步时，髋关节发力外旋、膝关节外展落地动作不准确，后撤步移动不迅速。横滑步启动慢，后侧腿蹬地无力，前侧腿移动慢，动作连贯不协调，节奏不明显，移动中两脚有并拢现象。前滑步后腿蹬地无力，前腿移动慢，手部动作指向及摆动不规范，在节点转换时，前脚使用后撤步动作不规范。交叉步变横滑步动作转换不明显，手部动作指向及摆动不规范，横滑步变交叉步动作不明显，动作不连贯不协调，两步急停重心不稳定

（2）易犯错误及扣分分值

① 启动反应速度慢扣 5 分。

② 每个节点的规定动作出现错误扣 5 分。

③ 移动中身体重心起伏大扣 5 分。

④ 急停步伐紊乱扣 5 分。

（3）六边形移动评定用表（表39）

表39　六边形移动评定用表

队名________________（男、女）

号码	姓名	评分等级					易犯错误及扣分分值				合计总分
		86 ~ 100分	75 ~ 85分	65 ~ 74分	55 ~ 64分	40 ~ 54分	启动反应速度慢扣5分	每个节点的规定动作出现错误扣5分	身体重心起伏大扣5分	急停步伐紊乱扣5分	

12. 全场攻防技术模拟

（1）等级评分标准（表40）

表40　等级评分标准

等级评分	评分标准
86～100	场上移动迅速，步法清晰，路线合理，到位及时，节奏明显，技术十分规范，并能够熟练掌握各节点的规定技术。左右手体前变向、胯下变向按拍球准确，蹬地、转体侧肩护球快速连贯；行进间传球技术娴熟，启动加速十分明显，行进间接球投篮连贯准确。攻转守的意识十分突出，篮下封堵积极，交叉步启动快速突然，后退跑放松协调，侧身加速跑频率很快，夹击动作规范；后转身衔接后滑步快速平稳，退防移动到位准确，横滑步迅速稳定，封堵动作积极，交叉步移动快速，场角夹击动作规范，守转攻意识十分明显
75～85	场上移动迅速，步法清晰，路线合理，到位及时，节奏明显，技术规范，并能够掌握各节点的规定技术。左右手体前变向、胯下变向按拍球准确，蹬地、转体侧肩护球连贯；行进间传球技术熟练，启动加速明显，行进间接球投篮连贯准确。攻转守的意识突出，篮下封堵积极，交叉步启动突然，后退跑放松协调，侧身加速跑频率快，夹击动作规范；后转身衔接后滑步重心平稳，退防移动到位准确，横滑步迅速稳定，封堵动作积极，交叉步移动快速，场角夹击动作规范，守转攻意识明显

续表 40

等级评分	评分标准
65 ~ 74	场上移动较迅速，步法较清晰，路线比较合理，到位比较及时，节奏较明显，技术较规范，能够掌握各节点的规定技术。左右手体前变向、胯下变向按拍球较准确，蹬地、转体侧肩护球比较连贯；行进间传球技术较熟，启动加速较明显，行进间接球投篮比较连贯。攻转守的意识比较突出，篮下封堵较积极，交叉步启动较快，后退跑比较协调，侧身加速跑频率较快，夹击动作较规范；后转身衔接后滑步重心较平稳，退防移动到位较准确，横滑步移动较快，封堵动作较积极，交叉步移动较快，场角夹击动作较规范，守转攻意识较明显
55 ~ 64	场上移动比较慢，步法不太清晰，路线不太合理，到位不太及时，节奏不太明显，技术不太规范，各节点的规定技术掌握不太熟练。左右手体前变向、胯下变向按拍球不太准确，蹬地、转体侧肩护球快速连贯不够；行进间传球技术不够熟练，启动加速不太明显，行进间接球投篮连贯准确欠缺。攻转守的意识不太突出，篮下封堵不够积极，交叉步启动较慢，后退跑不太协调，侧身加速跑频率较慢，夹击动作不太规范；后转身衔接后滑步重心有所起伏，退防移动到位不够准确，横滑步移动较慢，封堵动作不太积极，交叉步移动速度较慢，场角夹击动作不太规范，守转攻意识不太明显
40 ~ 54	场上移动慢，步法不清晰，路线不合理，到位不及时，节奏不明显，技术不规范，不能掌握各节点的规定技术。左右手体前变向、胯下变向按拍球欠准确，蹬地、转体侧肩护球不连贯；行进间传球技术不熟练，启动加速不明显，行进间接球投篮不连贯，欠准确。攻转守的意识不突出，篮下封堵不积极，交叉步启动慢，后退跑不协调，侧身加速跑频率慢，夹击动作不规范；后转身衔接后滑步重心起伏大，退防移动到位不准确，横滑步移动慢，封堵动作不积极，交叉步移动速度慢，场角夹击动作不规范，守转攻意识不明显

（2）易犯错误及扣分分值

① 场上移动以及每个节点的规定动作出现错误扣 5 分。

② 每个节点的技术动作出现错误扣 5 分。

③ 进攻出现违例、失误扣 5 分。

④ 攻转守、守转攻意识不明显扣 5 分。

（3）全场攻防技术模拟评定用表（表 41）

表 41　全场攻防技术模拟评定用表

队名__________（男、女）

号码	姓名	评分等级					易犯错误及扣分分值				合计总分
		86～100 分	75～85 分	65～74 分	55～64 分	40～54 分	场上移动以及每个节点的规定动作出现错误扣 5 分	每个节点的技术动作出现错误扣 5 分	进攻出现违例、失误扣 5 分	攻转守、守转攻意识不明显扣 5 分	

八、评分标准

（一）身体素质测试评分标准

身体素质测试评分标准见表42～表51。

表42　17～18岁青少年男子篮球运动员身体素质考核成绩评分表

分值	5.8m×6折返跑(s)	全场3/4场加速跑(s)	15m×17折返跑(s)	俯卧撑(次)	立定跳远(m)	1min仰卧起坐(次)	1min背起(次)	30s杠铃高翻(次)	1min负重半蹲(次)	原地摸高(m)	助跑单脚跳摸高(m)	单跳双停双手摸高(m)	双摇跳绳(次)	髋旋转(次)	肩回环(cm)	体前屈(cm)	限制区周边多向移动(s)	跳起空中转体双手头上传球(m)
100	7.12	3.01	49.04	63	3.1	66	70	22	58	3.33	3.55	3.36	125	100	78	-25	10.53	25
99	7.16	3.03	49.46		3.09	65			57	3.32	3.53	3.35	124	99			10.66	24.5
98	7.2	3.06	49.88	60	3.08	64	69	21	56	3.31	3.51	3.34	123	98	80	-24	10.8	23.7
97	7.24	3.09	50.3		3.07					3.3	3.49	3.33	122	97			10.93	23.4
96	7.28	3.12	50.72	58	3.06	63	68		55	3.29	3.47	3.32	121		82	-23	11.07	23.1
95	7.32	3.15	51.14		3.05			20		3.28	3.45	3.31	120	96			11.2	22.5
94	7.36	3.18	51.56	57	3.04	62	67		54	3.27	3.43	3.3	119		84	-22	11.34	22.1
93	7.4	3.21	51.98		3.03			19		3.26	3.41	3.29	118	95			11.47	21.9
92	7.44	3.24	52.4	56	3.02	61	66		53	3.25	3.39	3.28	117		86	-21	11.61	21.5
91	7.48	3.27	52.82		3.01			18		3.24	3.37	3.27	116	94	88		11.74	21.3
90	7.52	3.31	53.14	55	3	60	65		52	3.23	3.35	3.26	115	93		-20	11.88	21
89	7.57	3.33	53.56		2.99						3.33		114		90		11.99	19.8
88	7.62	3.36	53.98	54	2.98	58	64	17	51	3.22		3.24	113	92		-19	12.1	19.6
87	7.67	3.39	54.4		2.97						3.32		112		92		12.21	19.4

续表 42

分值	5.8m×6折返跑(s)	全场3/4场加速跑(s)	15m×17折返跑(s)	俯卧撑(次)	立定跳远(m)	1min仰卧起坐(次)	1min背起(次)	30s杠铃高翻(次)	1min负重半蹲(次)	原地摸高(m)	助跑单脚跳摸高(m)	单跳双停双手摸高(m)	双摇跳绳(次)	髋旋转(次)	肩回环(cm)	体前屈(cm)	限制区周边多向移动(s)	跳起空中转体双手头上传球(m)
86	7.72	3.42	54.82	53	2.96	57	63		50	3.21		3.23	111	90		-18	12.32	19.2
85	7.77	3.43	55.24		2.95			16			3.3		110		94		12.43	19
84	7.82	3.44	55.66	52	2.94	56	62		49	3.19		3.22	109	89		-17	12.54	18.8
83	7.87	3.45	56.08		2.93						3.28		108		96		12.65	18.6
82	7.92	3.46	56.5	51	2.92	55	61		48	3.18		3.21	107	88		-16	12.76	18.4
81	7.97	3.47	56.92		2.91						3.26		106		98		12.87	18.2
80	8.02	3.48	57.34	50	2.9	54	60	15	47	3.17		3.2	105	87		-15	12.98	18.1
79	8.07	3.49	57.65		2.89	53	59				3.25		104		100		13.05	18
78	8.12	3.5	58.07	49	2.88	52	58		46	3.16		3.19	103	86		-14	13.13	17.8
77	8.17	3.51	58.49		2.87	51	57				3.24		102		102		13.21	17.6
76	8.22	3.52	58.91	48	2.86	50	56		45	3.15		3.18	101	85		-13	13.29	17.4
75	8.27	3.53	59.33		2.85	49	55	14			3.23		100	84	104		13.37	17.2
74	8.32	3.54	59.75	47	2.84	48	54		44	3.14		3.17	99			-12	13.45	17
73	8.37	3.55	60.17		2.83	47	53				3.22		98	83	106		13.53	16.8
72	8.42	3.56	60.59	46	2.82	46	52		43	3.13		3.16	97	82		-11	13.61	16.6
71	8.47	3.57	61.01		2.81	45	51				3.19		96		108		13.69	16.4
70	8.52	3.58	61.43	45	2.8	44	50	13	42	3.12		3.15	95	81		-10	13.77	16.2
69	8.57	3.59	61.85		2.79	43	49				3.18		94		109		13.85	16.1
68	8.62	3.6	62.27	44	2.78	42	48		41	3.1		3.14	93	80		-9	13.93	16
67	8.67	3.61	62.69		2.77	41	47				3.17		92	79	110		14.01	15.9
66	8.72	3.62	63.11	43	2.76	40	46		40	3.09		3.13	91			-8	14.09	15.8
65	8.77	3.63	63.53		2.75	39	45	12			3.16		90	78	111		14.17	15.7
64	8.82	3.64	63.95	42	2.74	38	44			3.08		3.12	89	77		-7	14.25	15.6

续表42

分值	5.8m×6折返跑(s)	全场3/4场加速跑(s)	15m×17折返跑(s)	俯卧撑(次)	立定跳远(m)	1min仰卧起坐(次)	1min背起(次)	30s杠铃高翻(次)	1min负重半蹲(次)	原地摸高(m)	助跑单脚跳摸高(m)	单跳双停双手摸高(m)	双摇跳绳(次)	髋旋转(次)	肩回环(cm)	体前屈(cm)	限制区周边多向移动(s)	跳起空中转体双手头上传球(m)
63	8.87	3.65	64.37		2.73	37	43		39		3.15		88		112		14.33	15.5
62	8.92	3.66	64.79	41	2.72	36	42			3.07		3.11	87	76		-6	14.41	15.4
61	8.97	3.67	65.21		2.71	35	41				3.14		86		113		14.49	15.3
60	9.02	3.68	65.63	40	2.7	34	40	11	38	3.05		3.09	85	75		-5	14.57	15.2
59	9.08	3.69	66.05		2.69	33	39				3.13		84	74	114		14.65	15.1
58	9.14	3.7	66.47	39	2.68	32	38					3.06	83			-4	14.73	15
57	9.2	3.71	66.89		2.67	31	37		37	3.04	3.12		82		115		14.81	14.9
56	9.26	3.72	67.31	38	2.66	30	36					3.03	81	73		-3	14.89	14.8
55	9.32	3.73	67.73		2.65	29	35	10		3.02	3.11		80		116		14.97	14.7
54	9.38	3.74	68.15	37	2.64	28	34					3	79	72		-2	15.05	14.6
53	9.44	3.75	68.57		2.63	27	33		36	3.01	3.1		78	71	117		15.13	14.5
52	9.5	3.76	68.99	36	2.62	26	32					2.98	77			-1	15.21	14.4
51	9.56	3.77	69.41		2.61	25	31			2.99	3.09		76	70	118		15.29	14.2
50	9.62	3.78	69.83	35	2.6	24	30	9	35			2.97	75	69		1	15.37	14
49	9.68	3.79	70.25		2.59					2.97	3.08		74	68	119		15.45	13.8
48	9.74	3.8	70.67	34	2.58	23	29						73	67		2	15.53	13.6
47	9.8	3.81	71.09		2.57				34	2.95			72	66	120		15.61	13.4
46	9.86	3.82	71.51	33	2.56	22	28				3.07	2.96	71	65		3	15.69	13.2
45	9.92	3.83	71.93		2.55			8	33	2.93			70	64	121		15.77	13
44	9.98	3.84	72.35	32	2.54	21	27						69	63		4	15.85	12.8
43	10.04	3.85	72.77		2.53				32	2.92	3.06	2.95	68	62	122		15.93	12.6
42	10.1	3.86	73.19	31	2.52	20	26						67	61		5	16.01	12.4
41	10.16	3.87	73.61		2.51				31				66	60	123		16.09	12.2

续表 42

分值	5.8m×6折返跑(s)	全场3/4场加速跑(s)	15m×17折返跑(s)	俯卧撑(次)	立定跳远(m)	1min仰卧起坐(次)	1min背起(次)	30s杠铃高翻(次)	1min负重半蹲(次)	原地摸高(m)	助跑单脚跳摸高(m)	单跳双停双手摸高(m)	双摇跳绳(次)	髋旋转(次)	肩回环(cm)	体前屈(cm)	限制区周边多向移动(s)	跳起空中转体双手头上传球(m)
40	10.22	3.88	74.03	30	2.5	19	25	7	30	2.9	3.05	2.93	65	59		6	16.17	12
39	10.28	3.89	74.45		2.49				29	2.89	3.04	2.92	64	58	124		16.25	11.8
38	10.34	3.9	74.87	29	2.48	18	24		28	2.88	3.03	2.91	63	57		7	16.33	11.6
37	10.4	3.91	75.29		2.47				27	2.87	3.02	2.9	62	56	125		16.41	11.4
36	10.46	3.92	75.71	28	2.46	17	23	6	26	2.86	3.01	2.89	61	55		8	16.49	11.2
35	10.52	3.93	76.13		2.45				25	2.85	3	2.88	60	54	126		16.57	11
34	10.58	3.94	76.55	27	2.44	16	22		24	2.84	2.99	2.87	59	53		9	16.65	10.8
33	10.64	3.95	76.97		2.43		21		23	2.83	2.98	2.86	58	52	127		16.73	10.6
32	10.7	3.96	77.39	26	2.42	15	20	5	22	2.82	2.97	2.85	57	51		10	16.81	10.4
31	10.76	3.97	77.81		2.41		19		21	2.81	2.96	2.84	56	50	128		16.89	10.2
30	10.82	3.98	78.23	25	2.4	14	18		20	2.8	2.95	2.83	55	49		11	16.97	10
29	10.88	3.99	78.65		2.39		17		19	2.79	2.94	2.82	54	48	129		17.05	9.8
28	10.94	4	79.07	24	2.38	13	16	4	18	2.78	2.93	2.81	53	47		12	17.13	9.6
27	11	4.01	79.49		2.37		15		17	2.77	2.92	2.8	52	46	130		17.21	9.4
26	11.06	4.02	79.91	23	2.36	12	14		16	2.76	2.91	2.79	51	45		13	17.29	9.2
25	11.12	4.03	80.33		2.35		13		15	2.75	2.9	2.78	50	44	131		17.37	9
24	11.18	4.04	80.75	22	2.34	11	12	3	14	2.74	2.89	2.77	49	43		14	17.45	8.8
23	11.24	4.05	81.17		2.33		11		13	2.73	2.88	2.76	48	42	132		17.53	8.6
22	11.3	4.06	81.59	21	2.32	10	10		12	2.72	2.87	2.75	47	41		15	17.61	8.4
21	11.36	4.07	82.01		2.31		9		11	2.71	2.86	2.74	46	40	133		17.69	8.2
20	11.42	4.08	82.43	20	2.3	9	8	2	10	2.7	2.85	2.73	45	39	134	16	17.77	8

表43 17～18岁青少年女子篮球运动员身体素质考核成绩评分

分值	5.8m×6折返跑(s)	全场3/4场加速跑(s)	15m×17折返跑(s)	俯卧撑(次)	立定跳远(m)	1min仰卧起坐(次)	1min背起(次)	30s杠铃高翻(次)	1min负重半蹲(次)	原地摸高(m)	助跑单脚跳摸高(m)	单跳双停双手摸高(m)	双摇跳绳(次)	髋旋转(次)	肩回环(cm)	体前屈(cm)	限制区周边多向移动(s)	跳起空中转体双手头上传球(m)
100	8.49	3.46	56.23	47	2.8	60	65	19	46	3.03	3.15	3.05	120	90	45	-26	11.78	16
99	8.51	3.48	56.53	46	2.79				45				119	89			11.99	
98	8.53	3.5	56.83	45	2.78	59	64		44	3.02	3.14	3.04	118	88	50	-25	12.1	
97	8.55	3.52	57.13	44	2.77				43				117	87			12.21	15.5
96	8.57	3.54	57.43	43	2.76	58	63	18	42	3.01	3.13	3.03	116	86	55	-24	12.32	
95	8.59	3.56	57.73	42	2.75				41				115	85			12.43	
94	8.61	3.58	58.03	41	2.74	57	62		40	3	3.12	3.02	114	84	60	-23	12.54	15
93	8.63	3.6	58.33	40	2.73				39				113	83			12.65	
92	8.65	3.62	58.63	39	2.72	56	61		38	2.99	3.11	3.01	112	82	62	-22	12.76	
91	8.67	3.64	58.93	38	2.71			17	37				111	81			12.84	14.5
90	8.69	3.66	59.23	37	2.7	55	60		36		3.1	3	110	80	64	-21	12.92	
89	8.71	3.68	59.63		2.69					2.98			109				13	
88	8.73	3.7	60.03	36	2.68	54	59		35		3.09	2.99	108	79	66	-20	13.08	14
87	8.75	3.72	60.43		2.67								107				13.16	
86	8.77	3.74	60.83	35	2.66	53	58	16	34	2.97	3.08	2.98	106	78	68	-19	13.24	
85	8.79	3.76	61.23		2.65								105				13.32	13.5
84	8.81	3.78	61.63	34	2.64	52	57		33		3.07	2.97	104	77	70	-18	13.4	
83	8.83	3.8	62.03		2.63					2.96			103				13.48	
82	8.85	3.82	62.43	33	2.62	51	56		32		3.06	2.96	102	76	72	-17	13.56	13
81	8.87	3.84	62.83		2.61			15					101				13.64	
80	8.89	3.86	63.23	32	2.6	50	55		31	2.95	3.05	2.95	100	75	74	-16	13.72	
79	8.91	3.88	63.63		2.59						3.04		99				13.8	12.5
78	8.93	3.9	64.03	31	2.58	49	54		30		3.03	2.94	98	74	76	-15	13.88	

续表 43

分值	5.8m×6折返跑(s)	全场3/4场加速跑(s)	15m×17折返跑(s)	俯卧撑(次)	立定跳远(m)	1min仰卧起坐(次)	1min背起(次)	30s杠铃高翻(次)	1min负重半蹲(次)	原地摸高(m)	助跑单脚跳摸高(m)	单跳双停双手摸高(m)	双摇跳绳(次)	髋旋转(次)	肩回环(cm)	体前屈(cm)	限制区周边多向移动(s)	跳起空中转体双手头上传球(m)
77	8.95	3.92	64.43		2.57					2.94	3.02		97				13.96	
76	8.97	3.94	64.83	30	2.56	48	53		29		3.01	2.93	96	73	78	-14	14.04	
75	8.99	3.96	65.23		2.55			14			3		95				14.12	12
74	9.01	3.98	65.63	29	2.54	47	52		28	2.93	2.99	2.92	94	72	80	-13	14.2	
73	9.03	4	66.03		2.53						2.98		93				14.28	
72	9.05	4.02	66.43	28	2.52	46	51		27		2.97	2.91	92	71	82	-12	14.36	
71	9.08	4.04	66.83		2.51					2.92	2.96		91				14.44	11.5
70	9.12	4.06	67.13	27	2.5	45	50	13	26		2.95	2.9	90	70	84	-11	14.52	
69	9.16	4.08	67.43		2.49						2.94		89				14.6	
68	9.2	4.1	67.73	26	2.48	44	49		25	2.91	2.93	2.89	88		86	-10	14.68	
67	9.24	4.12	68.03		2.47						2.92		87	69			14.76	
66	9.28	4.14	68.33		2.46	43	48		24		2.91	2.9	86		88	-9	14.84	11
65	9.32	4.16	68.63	25	2.45					2.9	2.9		85				14.92	
64	9.36	4.18	68.93		2.44	42	47	12	23		2.89	2.89	84	68	90	-8	15	
63	9.4	4.2	69.23		2.43						2.88		83				15.08	
62	9.44	4.22	69.53	24	2.42	41	46		22	2.88	2.87	2.88	82		92	-7	15.16	10.5
61	9.48	4.24	69.83		2.41						2.86		81	67			15.24	
60	9.54	4.26	70.13		2.4	40	45	11	21		2.85	2.87	80		94	-6	15.32	
59	9.6	4.28	70.43	23	2.39					2.87			79				15.4	
58	9.66	4.3	70.73		2.38	39	44		20	2.86	2.84	2.86	78	65	96	-5	15.48	10
57	9.72	4.32	71.03		2.37					2.85			77				15.56	
56	9.78	4.34	71.33	22	2.36	38	43	10	19	2.84	2.83	2.85	76		98	-4	15.64	
55	9.84	4.36	71.63		2.35					2.83			75	64			15.72	

续表 43

分值	5.8m×6折返跑(s)	全场3/4场加速跑(s)	15m×17折返跑(s)	俯卧撑(次)	立定跳远(m)	1min仰卧起坐(次)	1min背起(次)	30s杠铃高翻(次)	1min负重半蹲(次)	原地摸高(m)	助跑单脚跳摸高(m)	单跳双停双手摸高(m)	双摇跳绳(次)	髋旋转(次)	肩回环(cm)	体前屈(cm)	限制区周边多向移动(s)	跳起空中转体双手头上传球(m)
54	9.9	4.38	71.93		2.34	37	42		18	2.82	2.82	2.84	74		100	-3	15.8	9.5
53	9.96	4.4	72.23	21	2.33					2.81			73	63			15.88	
52	10.02	4.42	72.53		2.32	36	41	9	17	2.8	2.81	2.83	72	62	102	-2	15.96	
51	10.08	4.44	72.83		2.31					2.79			71	61			16.04	
50	10.14	4.46	73.13	20	2.3	35	40		16	2.78	2.8	2.82	70	60	104	-1	16.12	9
49	10.2	4.48	73.43		2.29					2.77			69	59			16.2	
48	10.26	4.5	73.73		2.28	34	39		15	2.76	2.79	2.81	68	58	106	0	16.28	
47	10.32	4.52	74.03	19	2.27			8		2.75			67	57			16.36	
46	10.38	4.54	74.33		2.26	33	38		14	2.74	2.78	2.8	66	56	108	1	16.44	8.5
45	10.44	4.56	74.63		2.25					2.73			65	55			16.52	
44	10.5	4.58	74.93	18	2.24	32	37		13	2.72	2.77	2.79	64	54	110	2	16.6	
43	10.56	4.6	75.23		2.23			7		2.71		2.78	63	53			16.68	
42	10.62	4.62	75.53		2.22	31	36			2.7	2.76	2.77	62	52	112	3	16.76	
41	10.68	4.64	75.83	17	2.21				12	2.69	2.75	2.76	61	51			16.84	8
40	10.74	4.66	76.13		2.2	30	35			2.68	2.74	2.75	60	50	114	4	16.92	
39	10.8	4.68	76.43		2.19		34			2.67	2.73	2.74	59	49			17	
38	10.86	4.7	76.73	16	2.18	29	33	6	11	2.66	2.72	2.73	58	48	116		17.08	
37	10.92	4.72	77.03		2.17		32			2.65	2.71	2.72	57	47		5	17.16	
36	10.98	4.74	77.33		2.16	28	31			2.64	2.7	2.71	56	46	118		17.24	7.5
35	11.04	4.76	77.63	15	2.15		30		10	2.63	2.69	2.7	55	45			17.32	
34	11.1	4.78	77.93		2.14	27	29	5		2.62	2.68	2.69	54	44	120	6	17.4	
33	11.16	4.8	78.23		2.13		28			2.61	2.67	2.68	53	43			17.48	
32	11.22	4.82	78.53	14	2.12	26	27		9	2.6	2.66	2.67	52	42	121		17.56	7

续表43

分值	5.8m×6折返跑(s)	全场3/4场加速跑(s)	15m×17折返跑(s)	俯卧撑(次)	立定跳远(m)	1min仰卧起坐(次)	1min背起(次)	30s杠铃高翻(次)	1min负重半蹲(次)	原地摸高(m)	助跑单脚跳摸高(m)	单跳双停双手摸高(m)	双摇跳绳(次)	髋旋转(次)	肩回环(cm)	体前屈(cm)	限制区周边多向移动(s)	跳起空中转体双手头上传球(m)
31	11.28	4.84	78.83		2.11	25	26			2.59	2.65	2.66	51	41		7	17.64	
30	11.34	4.86	79.13		2.1	24	25			2.58	2.64	2.65	50	40	122		17.72	
29	11.4	4.88	79.43	13	2.09	23	24	4	8	2.57	2.63	2.64	49	39			17.8	
28	11.46	4.9	79.73		2.08	22	23			2.56	2.62	2.63	48	38	123	8	17.88	6.5
27	11.52	4.92	80.03		2.07	21	22			2.55	2.61	2.62	47	37			17.96	
26	11.58	4.94	80.33	12	2.06	20	21		7	2.54	2.6	2.61	46	36	124		18.04	
25	11.64	4.96	80.63		2.05	19	20			2.53	2.59	2.6	45	35		9	18.12	
24	11.7	4.98	80.93		2.04	18	19	3		2.52	2.58	2.59	44	34	125		18.2	6
23	11.76	5	81.23	11	2.03	17	18		6	2.51	2.57	2.58	43	33			18.28	
22	11.82	5.02	81.53		2.02	16	17			2.5	2.56	2.57	42	32	126	10	18.36	
21	11.88	5.04	81.83		2.01	15	16			2.49	2.55	2.56	41	31			18.44	
20	11.94	5.06	82.13	10	2	14	15	2	5	2.48	2.54	2.55	40	30	127	11	18.52	5.5

表44 15~16岁青少年男子篮球运动员身体素质考核成绩评分表

分值	5.8m×6折返跑(s)	全场3/4场加速跑(s)	15m×17折返跑(s)	俯卧撑(次)	立定跳远(m)	1min仰卧起坐(次)	1min背起(次)	杠铃高翻(次)	负重深蹲(次)	原地摸高(m)	助跑单脚跳摸高(m)	单跳双停双手摸高(m)	双摇跳绳(次)	髋旋转(次)	肩回环(cm)	体前屈(cm)	限制区周边多向移动(s)	跳起空中转体双手头上传球(m)
100	7.24	3.12	50.72	60	3.08	64	68	20	55	3.31	3.49	3.33	120	97	76	-26	10.8	21.9
99	7.28	3.15	51.14		3.07					3.3	3.47	3.32	119	96			10.93	21.5
98	7.32	3.18	51.56	58	3.06	63	67	19	54	3.29	3.45	3.31	118	95	78	-25	11.07	21.3
97	7.36	3.21	51.98		3.05					3.28	3.43	3.3	117				11.2	21

续表 44

分值	5.8m ×6折返跑(s)	全场3/4场加速跑(s)	15m×17折返跑(s)	俯卧撑(次)	立定跳远(m)	1min仰卧起坐(次)	1min背起(次)	杠铃高翻(次)	负重深蹲(次)	原地摸高(m)	助跑单脚跳摸高(m)	单跳双停双手摸高(m)	双摇跳绳(次)	髋旋转(次)	肩回环(cm)	体前屈(cm)	限制区周边多向移动(s)	跳起空中转体双手头上传球(m)
96	7.4	3.24	52.4	57	3.04	62	66	18	53	3.27	3.41	3.29	116	94	80	-24	11.34	19.8
95	7.44	3.27	52.82		3.03					3.26	3.39	3.28	115				11.47	19.6
94	7.48	3.31	53.14	56	3.02	61	65		52	3.25	3.37	3.27	114	93	82	-23	11.61	19.4
93	7.52	3.33	53.56		3.01			17		3.24	3.35	3.26	113				11.74	19.2
92	7.56	3.36	53.98	55	3	60	64		51	3.23	3.33	3.25	112	92	84	-22	11.88	19
91	7.6	3.39	54.4		2.99					3.22	3.31	3.24	111				11.99	18.8
90	7.64	3.42	54.82	54	2.98	58	63	16	50	3.21	3.29	3.23	110	91	86	-21	12.1	18.6
89	7.69	3.43	55.24		2.97								109				12.21	18.4
88	7.74	3.44	55.66	53	2.96	57	62		49	3.19	3.28	3.22	108	90	88	-20	12.32	18.2
87	7.79	3.45	56.08		2.95								107				12.43	18.1
86	7.84	3.46	56.5	52	2.94	56	61		48	3.18	3.26	3.21	106	89	90	-19	12.54	18
85	7.89	3.47	56.92		2.93			15					105				12.65	17.8
84	7.94	3.48	57.34	51	2.92	55	60		47	3.17	3.25	3.2	104	88	92	-18	12.76	17.6
83	7.99	3.49	57.65		2.91								103				12.87	17.4
82	8.04	3.50	58.07	50	2.9	54	58		46	3.16	3.24	3.19	102	87	94	-17	12.98	17.2
81	8.09	3.51	58.49		2.89								101	86			13.05	17
80	8.14	3.52	58.91	49	2.88	53	57	14	45	3.15	3.23	3.18	100		96	-16	13.13	16.8
79	8.19	3.53	59.33		2.87		56						99	85			13.21	16.6
78	8.24	3.54	59.75	48	2.86	52	55		44	3.14	3.22	3.17	98	84	98	-15	13.29	16.4
77	8.29	3.55	60.17		2.85		54						97				13.37	16.2
76	8.34	3.56	60.59	47	2.84	51	53		43	3.13	3.19	3.16	96	83	100	-14	13.45	16.1
75	8.39	3.57	61.01		2.83		52	13					95	82			13.53	16
74	8.44	3.58	61.43	46	2.82	50	51		42	3.12	3.18	3.15	94		102	-13	13.61	15.9

续表 44

分值	5.8m ×6 折返跑 (s)	全场 3/4 场加速跑 (s)	15m × 17 折返跑 (s)	俯卧撑 (次)	立定跳远 (m)	1min 仰卧起坐 (次)	1min 背起 (次)	杠铃高翻 (次)	负重深蹲 (次)	原地摸高 (m)	助跑单脚跳摸高 (m)	单跳双停双手摸高 (m)	双摇跳绳 (次)	髋旋转 (次)	肩回环 (cm)	体前屈 (cm)	限制区周边多向移动 (s)	跳起空中转体双手头上传球 (m)
73	8.49	3.59	61.85		2.81		50						93	81			13.69	15.8
72	8.54	3.60	62.27	45	2.8	49	49		41	3.1	3.17	3.14	92		104	-12	13.77	15.7
71	8.59	3.61	62.69		2.79		48						91	80			13.85	15.6
70	8.64	3.62	63.11	44	2.78	48	47	12	40	3.09	3.16	3.13	90	79	105	-11	13.93	15.5
69	8.69	3.63	63.53		2.77		46						89				14.01	15.4
68	8.74	3.64	63.95	43	2.76	47	45			3.08	3.15	3.12	88	78	106	-10	14.09	15.3
67	8.79	3.65	64.37		2.75		44		39				87	77			14.17	15.2
66	8.84	3.66	64.79	42	2.74	46	43			3.07	3.14	3.11	86		107	-9	14.25	15.1
65	8.89	3.67	65.21		2.73		42	11					85	76			14.33	15
64	8.94	3.68	65.63	41	2.72	45	41		38	3.05	3.13	3.09	84		108	-8	14.41	14.9
63	8.99	3.69	66.05		2.71		40						83	75			14.49	14.8
62	9.04	3.70	66.47	40	2.7	44	39				3.12	3.06	82	74	109	-7	14.57	14.7
61	9.09	3.71	66.89		2.69		38		37	3.04			81				14.65	14.6
60	9.14	3.72	67.31	39	2.68	43	37	10			3.11	3.03	80		110	-6	14.73	14.5
59	9.2	3.73	67.73		2.67					3.02			79	73			14.81	14.4
58	9.26	3.74	68.15	38	2.66	42	36				3.1	3	78		111	-5	14.89	14.2
57	9.32	3.75	68.57		2.65				36	3.01			77	72			14.97	14
56	9.38	3.76	68.99	37	2.64	41	35				3.09	2.98	76	71	112	-4	15.05	13.8
55	9.44	3.77	69.41		2.63			9		2.99			75	70			15.13	13.6
54	9.5	3.78	69.83	36	2.62	40	34		35		3.08	2.97	74	69	113	-3	15.21	13.4
53	9.56	3.79	70.25		2.61					2.97			73	68			15.29	13.2
52	9.62	3.80	70.67	35	2.6	39	33					2.96	72	67	114	-2	15.37	13
51	9.68	3.81	71.09		2.59				34	2.95	3.07		71	66			15.45	12.8

续表 44

分值	5.8m ×6 折返跑（s）	全场 3/4 场加速跑（s）	15m × 17 折返跑（s）	俯卧撑（次）	立定跳远（m）	1min 仰卧起坐（次）	1min 背起（次）	杠铃高翻（次）	负重深蹲（次）	原地摸高（m）	助跑单脚跳摸高（m）	单跳双停双手摸高（m）	双摇跳绳（次）	髋旋转（次）	肩回环（cm）	体前屈（cm）	限制区周边多向移动（s）	跳起空中转体双手头上传球（m）
50	9.74	3.82	71.51	34	2.58	38	32	8					70	65	115	-1	15.53	12.6
49	9.8	3.83	71.93		2.57				33	2.93		2.95	69	64			15.61	12.4
48	9.86	3.84	72.35	33	2.56	37	31				3.06		68	63	116	1	15.69	12.2
47	9.92	3.85	72.77		2.55				32	2.92			67	62			15.77	12
46	9.98	3.86	73.19	32	2.54	36	30					2.93	66	61	117		15.85	11.8
45	10.04	3.87	73.61		2.53			7	31		3.05		65	60		2	15.93	11.6
44	10.1	3.88	74.03	31	2.52	35	29			2.9	3.04	2.92	64	59	118		16.01	11.4
43	10.16	3.89	74.39		2.51			6			3.03		63	58			16.09	11.2
42	10.22	3.90	74.81	30	2.5	34	28		30	2.88	3.02	2.91	62	57	119	3	16.17	11
41	10.28	3.91	75.23		2.49				29		3.01		61	56			16.25	10.8
40	10.34	3.92	75.65	29	2.48	33	27	5	28	2.85	3	2.9	60	55	120	4	16.33	10.6
39	10.4	3.93	76.07		2.47				27	2.84	2.99	2.89	59	54	121		16.41	10.4
38	10.46	3.94	76.49	28	2.46	32	26		26	2.83	2.98	2.88	58	53	122	5	16.49	10.2
37	10.52	3.95	76.91		2.45				25	2.82	2.97	2.87	57	52	123		16.57	10
36	10.58	3.96	77.33	27	2.44	31	25		24	2.81	2.96	2.86	56	51	124	6	16.65	9.8
35	10.64	3.97	77.75		2.43				23	2.8	2.95	2.85	55	50	125		16.73	9.6
34	10.7	3.98	78.17	26	2.42	30	24	4	22	2.79	2.94	2.84	54	49	126	7	16.81	9.4
33	10.76	3.99	78.59		2.41	29			21	2.78	2.93	2.83	53	48	127		16.89	9.2
32	10.82	4.00	79.01	25	2.4	28	23		20	2.77	2.92	2.82	52	47	128	8	16.97	9
31	10.88	4.01	79.43		2.39	27			19	2.76	2.91	2.81	51	46	129		17.05	8.8
30	10.94	4.02	79.85	24	2.38	26	22		18	2.75	2.9	2.8	50	45	130	9	17.13	8.6
29	11	4.03	80.27		2.37	25	21	3	17	2.74	2.89	2.79	49	44	131		17.21	8.4
28	11.06	4.04	80.69	23	2.36	24	20		16	2.73	2.88	2.78	48	43	132	10	17.29	8.2

续表 44

分值	5.8m ×6折返跑(s)	全场3/4场加速跑(s)	15m×17折返跑(s)	俯卧撑(次)	立定跳远(m)	1min仰卧起坐(次)	1min背起(次)	杠铃高翻(次)	负重深蹲(次)	原地摸高(m)	助跑单脚跳摸高(m)	单跳双停双手摸高(m)	双摇跳绳(次)	髋旋转(次)	肩回环(cm)	体前屈(cm)	限制区周边多向移动(s)	跳起空中转体双手头上传球(m)
27	11.12	4.05	81.11		2.35	23	19		15	2.72	2.87	2.77	47	42	133		17.37	8
26	11.18	4.06	81.53	22	2.34	22	18		14	2.71	2.86	2.76	46	41	134	11	17.45	7.8
25	11.24	4.07	81.95		2.33	21	17		13	2.7	2.85	2.75	45	40	135		17.53	7.6
24	11.3	4.08	82.37	21	2.32	20	16	2	12	2.69	2.84	2.74	44	39	136	12	17.61	7.4
23	11.36	4.09	82.79		2.31	19	15		11	2.68	2.83	2.73	43	38	137		17.69	7.2
22	11.42	4.10	83.21	20	2.3	18	14		10	2.67	2.82	2.72	42	37	138	13	17.77	7
21	11.48	4.11	83.63		2.29	17	13		9	2.66	2.81	2.71	41	36	139		17.85	6.8
20	11.54	4.12	84.05	19	2.28	16	12	1	8	2.65	2.8	2.7	40	35	140	14	17.93	6.6

表45　15～16岁青少年女子篮球运动员身体素质考核成绩评分表

分值	5.8m ×6折返跑(s)	全场3/4场加速跑(s)	15m×17折返跑(s)	俯卧撑(次)	立定跳远(m)	1min仰卧起坐(次)	1min背起(次)	杠铃高翻(次)	负重深蹲(次)	原地摸高(m)	助跑单脚跳摸高(m)	单跳双停双手摸高(m)	双摇跳绳(次)	髋旋转(次)	肩回环(cm)	体前屈(cm)	限制区周边多向移动(s)	跳起空中转体双手头上传球(m)
100	8.59	3.53	57.03	44	2.76	54	60	18	43	3.01	3.1	3.03	115	87	40	-27	12.43	15
99	8.61	3.55	57.33	43	2.75				42		3.09		114	86			12.54	
98	8.63	3.57	57.63	42	2.74	53	59		41	3	3.08	3.02	113	85	45	-26	12.65	
97	8.65	3.59	57.93	41	2.73				40		3.07		112	84			12.76	14.5
96	8.67	3.61	58.23	40	2.72	52	58		39	2.99	3.06	3.01	111	83	50	-25	12.84	
95	8.69	3.63	58.53	39	2.71			17	38		3.05		110	82			12.92	
94	8.71	3.65	58.83	38	2.7		57		37		3.04	3	109	81	55	-24	13	14
93	8.73	3.67	59.13	37	2.69				36	2.98	3.03		108	80			13.08	

续表 45

分值	5.8m ×6折返跑(s)	全场3/4场加速跑(s)	15m×17折返跑(s)	俯卧撑(次)	立定跳远(m)	1min仰卧起坐(次)	1min背起(次)	杠铃高翻(次)	负重深蹲(次)	原地摸高(m)	助跑单脚跳摸高(m)	单跳双停双手摸高(m)	双摇跳绳(次)	髋旋转(次)	肩回环(cm)	体前屈(cm)	限制区周边多向移动(s)	跳起空中转体双手头上传球(m)
92	8.75	3.69	59.43		2.68	51	56		35		3.02	2.99	107	79	60	-23	13.16	
91	8.77	3.71	59.73	36	2.67				34		3.01		106	78			13.24	13.5
90	8.79	3.73	60.03		2.66		55	16		2.97	3	2.98	105	77	65	-22	13.32	
89	8.81	3.75	60.43	35	2.65				33		2.99		104				13.4	
88	8.83	3.77	60.83		2.64	50	54				2.98	2.97	103	76	66	-21	13.48	13
87	8.85	3.79	61.23	34	2.63				32	2.96	2.97		102				13.56	
86	8.87	3.81	61.63		2.62	49	53				2.96	2.96	101	75	68	-20	13.64	
85	8.89	3.83	62.03	33	2.61			15	31		2.95		100				13.72	12.5
84	8.91	3.85	62.43		2.6	48	52			2.95	2.94	2.95	99	74	70	-19	13.8	
83	8.93	3.87	62.83	32	2.59				30		2.93		98				13.88	
82	8.95	3.89	63.23		2.58	47	51				2.92	2.94	97	73	72	-18	13.96	12
81	8.97	3.91	63.63	31	2.57				29	2.94	2.91		96				14.04	
80	8.99	3.93	64.03		2.56	46	50					2.93	95	72	74	-17	14.12	
79	9.01	3.95	64.43	30	2.55			14	28		2.9		94				14.2	11.5
78	9.03	3.97	64.83		2.54	45	49			2.93		2.92	93	71	76	-16	14.28	
77	9.05	3.99	65.23	29	2.53				27		2.89		92				14.36	
76	9.07	4.01	65.63		2.52	44	48					2.91	91	70	78	-15	14.44	11
75	9.09	4.03	66.03	28	2.51				26	2.92	2.88		90				14.52	
74	9.11	4.05	66.43		2.5	43	47	13				2.9	89		80	-14	14.6	
73	9.13	4.07	66.83	27	2.49				25		2.87		88	69			14.68	10.5
72	9.15	4.09	67.23		2.48	42	46			2.91		2.89	87		82	-13	14.76	
71	9.19	4.11	67.53	26	2.47				24		2.86		86				14.84	
70	9.23	4.13	67.83		2.46	41	45					2.88	85	68	84	-12	14.92	10

续表 45

分值	5.8m ×6 折返跑 (s)	全场 3/4 场加速跑 (s)	15m × 17 折返跑 (s)	俯卧撑 (次)	立定跳远 (m)	1min 仰卧起坐 (次)	1min 背起 (次)	杠铃高翻 (次)	负重深蹲 (次)	原地摸高 (m)	助跑单脚跳摸高 (m)	单跳双停双手摸高 (m)	双摇跳绳 (次)	髋旋转 (次)	肩回环 (cm)	体前屈 (cm)	限制区周边多向移动 (s)	跳起空中转体双手头上传球 (m)
69	9.27	4.15	68.13	25	2.45				23	2.9	2.85		84				15	
68	9.31	4.17	68.43		2.44	40	44	12				2.87	83		86	-11	15.08	
67	9.35	4.19	68.73	24	2.43				22		2.84		82	67			15.16	9.5
66	9.39	4.21	69.03		2.42	39	43			2.88		2.86	81		88	-10	15.24	
65	9.43	4.23	69.33	23	2.41				21		2.83		80				15.32	
64	9.47	4.25	69.63		2.4	38	42	11				2.85	79	65	90	-9	15.4	9
63	9.51	4.27	69.93	22	2.39				20	2.87	2.82		78				15.48	
62	9.55	4.29	70.23		2.38	37	41					2.84	77		92	-8	15.56	
61	9.59	4.31	70.53	21	2.37				19		2.81		76	64			15.64	8.5
60	9.63	4.33	70.83		2.36	36	40	10		2.86		2.83	75		94	-7	15.72	
59	9.7	4.35	71.13	20	2.35				18	2.85	2.8	2.82	74				15.8	
58	9.77	4.37	71.43		2.34	35	39			2.84		2.81	73	63	96	-6	15.88	8
57	9.84	4.39	71.73	19	2.33				17	2.83	2.79	2.8	72				15.96	
56	9.91	4.41	72.03		2.32	34	38	9		2.82		2.79	71		98	-5	16.04	
55	9.98	4.43	72.33	18	2.31				16	2.81	2.78	2.78	70	62			16.12	
54	10.05	4.45	72.63		2.3	33	37			2.8		2.77	69		100	-4	16.2	
53	10.12	4.47	72.93	17	2.29				15	2.79	2.77	2.76	68	61			16.28	7.5
52	10.19	4.49	73.23		2.28	32	36			2.78		2.75	67	60	102	-3	16.36	
51	10.26	4.51	73.53	16	2.27			8	14	2.77	2.76	2.74	66	59			16.44	
50	10.33	4.53	73.83		2.26	31	35			2.76		2.73	65	58	104	-2	16.52	
49	10.4	4.55	74.13		2.25				13	2.75	2.75	2.72	64	57			16.6	
48	10.47	4.57	74.43	15	2.24	30	34			2.74		2.71	63	56	106	-1	16.68	7
47	10.54	4.59	74.73		2.23			7	12	2.73	2.74	2.7	62	55			16.76	

续表 45

分值	5.8m×6折返跑(s)	全场3/4场加速跑(s)	15m×17折返跑(s)	俯卧撑(次)	立定跳远(m)	1min仰卧起坐(次)	1min背起(次)	杠铃高翻(次)	负重深蹲(次)	原地摸高(m)	助跑单脚跳摸高(m)	单跳双停双手摸高(m)	双摇跳绳(次)	髋旋转(次)	肩回环(cm)	体前屈(cm)	限制区周边多向移动(s)	跳起空中转体双手头上传球(m)
46	10.61	4.61	75.03		2.22	29	33			2.72		2.69	61	54	108	0	16.84	
45	10.68	4.63	75.33	14	2.21					2.71	2.73	2.68	60	53			16.92	
44	10.75	4.65	75.63		2.2	28	32		11	2.7		2.67	59	52	110	1	17	
43	10.82	4.67	75.93		2.19					2.69	2.72	2.66	58	51			17.08	6.5
42	10.89	4.69	76.23	13	2.18	27	31	6		2.68		2.65	57	50	112	2	17.16	
41	10.96	4.71	76.53		2.17				10	2.67	2.71	2.64	56	49			17.24	
40	11.03	4.74	76.83		2.16	26	30			2.66	2.7	2.63	55	48	114	3	17.32	
39	11.1	4.75	77.13	12	2.15					2.65	2.69	2.62	54	47			17.4	
38	11.17	4.76	77.43		2.14	25	29	5	9	2.64	2.68	2.61	53	46	116		17.48	6
37	11.24	4.77	77.73		2.13					2.63	2.67	2.6	52	45		4	17.56	
36	11.31	4.78	78.03	11	2.12	24	28			2.62	2.66	2.59	51	44	118		17.64	
35	11.38	4.79	78.33		2.11				8	2.61	2.65	2.58	50	43			17.72	
34	11.45	4.8	78.63		2.1	23	27			2.6	2.64	2.57	49	42	120	5	17.8	
33	11.52	4.81	78.93		2.09			4		2.59	2.63	2.56	48	41			17.88	5.5
32	11.59	4.82	79.23	10	2.08	22	26		7	2.58	2.62	2.55	47	40	121		17.96	
31	11.66	4.83	79.53		2.07					2.57	2.61	2.54	46	39		6	18.04	
30	11.73	4.84	79.83		2.06	21	25			2.56	2.6	2.53	45	38	122		18.12	
29	11.8	4.85	80.13		2.05	20	24		6	2.55	2.59	2.52	44	37			18.2	
28	11.87	4.86	80.43	9	2.04	19	23	3		2.54	2.58	2.51	43	36	123	7	18.28	5
27	11.94	4.87	80.73		2.03	18	22			2.53	2.57	2.5	42	35			18.36	
26	12.01	4.88	81.03		2.02	17	21		5	2.52	2.56	2.49	41	34	124		18.44	
25	12.08	4.89	81.33		2.01	16	20			2.51	2.55	2.48	40	33		8	18.52	
24	12.15	4.9	81.63	8	2	15	19	2		2.5	2.54	2.47	39	32	125		18.6	

续表 45

分值	5.8m×6折返跑(s)	全场3/4场加速跑(s)	15m×17折返跑(s)	俯卧撑(次)	立定跳远(m)	1min仰卧起坐(次)	1min背起(次)	杠铃高翻(次)	负重深蹲(次)	原地摸高(m)	助跑单脚跳摸高(m)	单跳双停双手摸高(m)	双摇跳绳(次)	髋旋转(次)	肩回环(cm)	体前屈(cm)	限制区周边多向移动(s)	跳起空中转体双手头上传球(m)
23	12.22	4.91	81.93		1.99	14	18		4	2.49	2.53	2.46	38	31			18.68	4.5
22	12.29	4.92	82.23		1.98	13	17			2.48	2.52	2.45	37	30	126	9	18.76	
21	12.36	4.93	82.53		1.97	12	16			2.47	2.51	2.44	36	29			18.84	
20	12.43	4.94	82.83	7	1.96	11	15	1	3	2.46	2.5	2.43	35	28	127	10	18.92	4

表 46 13～14 岁青少年男子篮球运动员身体素质考核成绩评分表

分值	5.8m×6折返跑(s)	全场3/4场加速跑(s)	15m×13折返跑(s)	俯卧撑(次)	立定跳远(m)	1min仰卧起坐(次)	1min背起(次)	原地摸高(m)	助跑单脚跳摸高(m)	单跳双停双手摸高(m)	双摇跳绳(次)	髋旋转(次)	肩回环(cm)	体前屈(cm)	限制区周边多向移动(s)	跳起空中转体双手头上传球(m)
100	7.55	3.22	40.01	55	3	65	70	3.2	3.45	3.28	115	95	74	-28	11	19
99	7.58	3.25	40.41		2.99	64	69		3.43	3.27	114	94			11.11	18.8
98	7.61	3.28	40.84	54	2.98	63	68	3.19	3.41	3.26	113	93	74	-26	11.2	18.6
97	7.64	3.31	41.29		2.97	62	67		3.39	3.25	112	92			11.34	18.4
96	7.67	3.34	41.4	53	2.96	61	66	3.18	3.37	3.24	111	91	76	-25	11.47	18.2
95	7.7	3.37	42.18		2.95	60	65		3.35	3.23	110				11.61	18.1
94	7.73	3.4	42.5	52	2.94	59	64	3.17	3.33	3.22	109	90	78	-24	11.74	18
93	7.76	3.43	42.55		2.93	58	63		3.31	3.21	108	89			11.88	17.8
92	7.79	3.46	42.59	51	2.92	57	62	3.16	3.29	3.2	107		80	-23	11.99	17.6
91	7.82	3.49	43.18		2.91	56	61		3.27	3.19	106	88			12.1	17.4
90	7.86	3.53	43.32	50	2.9			3.15	3.25		105		82	-22	12.21	17.2
89	7.9	3.57	43.53		2.89	55	60			3.18	104	87			12.32	17

续表 46

分值	5.8m ×6 折返跑（s）	全场 3/4 场加速跑（s）	15m × 13 折返跑（s）	俯卧撑（次）	立定跳远（m）	1min 仰卧起坐（次）	1min 背起（次）	原地摸高（m）	助跑单脚跳摸高（m）	单跳双停双手摸高（m）	双摇跳绳（次）	髋旋转（次）	肩回环（cm）	体前屈（cm）	限制区周边多向移动（s）	跳起空中转体双手头上传球（m）
88	7.94	3.58	43.74	49	2.88			3.14	3.24		103	86	84	-21	12.43	16.8
87	7.98	3.59	43.95		2.87	54	59			3.17	102				12.54	16.6
86	8.02	3.60	44.16	48	2.86			3.13	3.23		101	85	86	-20	12.65	16.4
85	8.06	3.61	44.37		2.85	53	58			3.16	100	84			12.76	16.2
84	8.1	3.62	44.58	47	2.84			3.12	3.22		99		88		12.87	16.1
83	8.14	3.63	44.79		2.83	52	57			3.15	98	83		-19	12.98	16
82	8.18	3.64	45	46	2.82			3.11	3.21		97		82		13.05	15.9
81	8.22	3.65	45.21		2.81	51	56			3.14	96	82			13.13	15.8
80	8.27	3.66	45.42	45	2.8			3.1	3.19		95		84	-18	13.21	15.7
79	8.32	3.67	45.63		2.79	50	55			3.13	94	81			13.29	15.6
78	8.37	3.68	45.84	44	2.78		54	3.09	3.18		93	80	86		13.37	15.5
77	8.42	3.69	46.05		2.77	49	53			3.12	92			-17	13.45	15.4
76	8.47	3.70	46.26	43	2.76	48		3.08	3.17		91	79	88		13.53	15.3
75	8.52	3.71	46.47		2.75	47	52			3.11	90				13.61	15.2
74	8.57	3.72	46.68	42	2.74			3.07	3.16		89	78	90	-16	13.69	15.1
73	8.62	3.73	46.89		2.73	46	51			3.09	88	77			13.77	15
72	8.67	3.74	47.1	41	2.72	45	50	3.06	3.15		87		92		13.85	14.9
71	8.72	3.75	47.31		2.71	44				3.07	86	76		-15	13.93	14.8
70	8.77	3.76	47.52	40	2.7	43	49	3.05	3.14		85	75	93		14.01	14.7
69	8.83	3.77	47.73		2.69					3.06	84				14.09	14.6
68	8.89	3.78	47.94	39	2.68	42	48	3.04	3.13		83	74	94	-14	14.17	14.5
67	8.95	3.79	48.15		2.67		47			3.04	82				14.25	14.4
66	9.01	3.80	48.36	38	2.66	41		3.03	3.12		81	73	95		14.33	14.2

续表 46

分值	5.8m×6折返跑(s)	全场3/4场加速跑(s)	15m×13折返跑(s)	俯卧撑(次)	立定跳远(m)	1min仰卧起坐(次)	1min背起(次)	原地摸高(m)	助跑单脚跳摸高(m)	单跳双停双手摸高(m)	双摇跳绳(次)	髋旋转(次)	肩回环(cm)	体前屈(cm)	限制区周边多向移动(s)	跳起空中转体双手头上传球(m)
65	9.07	3.81	48.57		2.65		46			3.02	80			-13	14.41	14
64	9.13	3.82	48.78	37	2.64	40	45	3.02	3.11		79	72	96		14.49	13.8
63	9.19	3.83	48.99		2.63		44			3	78	71			14.57	13.6
62	9.25	3.84	49.2	36	2.62	39		3.01	3.09		77		97	-12	14.65	13.4
61	9.31	3.85	49.41		2.61		43			2.98	76	70			14.73	13.2
60	9.37	3.86	49.62	35	2.6	38	42	3	3.08		75	69	98		14.81	13
59	9.44	3.87	49.83		2.59		41			2.96	74			-11	14.89	12.8
58	9.51	3.88	50.04	34	2.58	37	40	2.99	3.07		73	68	99		14.97	12.6
57	9.58	3.89	50.25		2.57					2.94	72	67			15.05	12.4
56	9.65	3.90	50.46	33	2.56	36	39	2.96	3.06		71		100	-10	15.13	12.2
55	9.72	3.91	50.67		2.55					2.92	70	66			15.21	12
54	9.79	3.92	50.88	32	2.54	35	38	2.95	3.05		69	65	101		15.29	11.8
53	9.86	3.93	51.09		2.53		37			2.9	68			-9	15.37	11.6
52	9.93	3.94	51.3	31	2.52	34		2.94	3.04		67	64	102		15.45	11.4
51	10	3.95	51.51		2.51					2.89	66	63		-8	15.53	11.2
50	10.07	3.96	51.72	30	2.5		36	2.93	3.03		65		103		15.61	11
49	10.14	3.97	51.93		2.49	33	35			2.87	64	62			15.69	10.8
48	10.21	3.98	52.14	29	2.48	32	34	2.92	3.02		63	61	104	-7	15.77	10.6
47	10.28	3.99	52.35		2.47						62	60			15.85	10.4
46	10.35	4.00	52.56	28	2.46	31	33	2.91	3.01	2.86	61	59	105	-6	15.93	10.2
45	10.42	4.01	52.77		2.45		32				60				16.01	10
44	10.49	4.02	52.98	27	2.44	30		2.89	3		59	58	106	-5	16.09	9.9
43	10.56	4.03	53.19		2.43			2.88	2.99	2.85	58	57			16.17	9.8

续表 46

分值	5.8m×6折返跑(s)	全场3/4场加速跑(s)	15m×13折返跑(s)	俯卧撑(次)	立定跳远(m)	1min仰卧起坐(次)	1min背起(次)	原地摸高(m)	助跑单脚跳摸高(m)	单跳双停双手摸高(m)	双摇跳绳(次)	髋旋转(次)	肩回环(cm)	体前屈(cm)	限制区周边多向移动(s)	跳起空中转体双手头上传球(m)
42	10.63	4.04	53.4	26	2.42	29	31	2.87			57	56	107	-4	16.25	9.7
41	10.7	4.05	53.61		2.41	28	30	2.86	2.97		56	55			16.33	9.6
40	10.77	4.06	53.82	25	2.4	27	29	2.85	2.96	2.84	55	54	108	-3	16.41	9.5
39	10.84	4.07	54.03		2.39	26	28	2.84	2.95	2.83	54	53			16.49	9.4
38	10.91	4.08	54.24	24	2.38	25	27	2.83	2.94	2.82	53	52	109	-2	16.57	9.3
37	10.98	4.09	54.45		2.37	24	26	2.82	2.93	2.81	52	51			16.65	9.2
36	11.05	4.10	54.66	23	2.36	23	25	2.81	2.92	2.8	51	50	110	-1	16.73	9.1
35	11.12	4.11	54.87		2.35	22	24	2.8	2.91	2.79	50	49			16.81	9
34	11.19	4.12	55.08	22	2.34	21	23	2.79	2.9	2.78	49	48	111	0	16.89	8.9
33	11.26	4.13	55.29		2.33	20	22	2.78	2.89	2.77	48	47			16.97	8.8
32	11.33	4.14	55.5	21	2.32	19	21	2.77	2.88	2.76	47	46	112	1	17.05	8.7
31	11.4	4.15	55.71		2.31	18	20	2.76	2.87	2.75	46	45			17.13	8.6
30	11.47	4.16	55.92	20	2.3	17	19	2.75	2.86	2.74	45	44	113	2	17.21	8.5
29	11.54	4.17	56.13		2.29	16	18	2.74	2.85	2.73	44	43			17.29	8.4
28	11.61	4.18	56.34	19	2.28	15	17	2.73	2.84	2.72	43	42	114	3	17.37	8.3
27	11.68	4.19	56.55		2.27	14	16	2.72	2.83	2.71	42	41			17.45	8.2
26	11.75	4.20	56.76	18	2.26	13	15	2.71	2.82	2.7	41	40	115	4	17.53	8.1
25	11.82	4.21	56.97		2.25	12	14	2.7	2.81	2.69	40	39			17.61	8
24	11.89	4.22	57.18	17	2.24	11	13	2.69	2.8	2.68	39	38	116	5	17.69	7.9
23	11.96	4.23	57.39		2.23	10	12	2.68	2.79	2.67	38	37			17.77	7.8
22	12.03	4.24	57.6	16	2.22	9	11	2.67	2.78	2.66	37	36	117	6	17.85	7.7
21	12.1	4.25	57.81		2.21	8	10	2.66	2.77	2.65	36	35			17.93	7.6
20	12.17	4.26	58.02	15	2.2	7	9	2.65	2.76	2.64	35	34	118	7	18.01	7.5

表 47　13～14 岁青少年女子篮球运动员身体素质考核成绩评分表

分值	5.8m×6 折返跑（s）	全场 3/4 场加速跑（s）	15m×13 折返跑（s）	俯卧撑（次）	立定跳远（m）	1min 仰卧起坐（次）	1min 背起（次）	原地摸高（m）	助跑单脚跳摸高（m）	单跳双停双手摸高（m）	双摇跳绳（次）	髋旋转（次）	肩回环（cm）	体前屈（cm）	限制区周边多向移动（s）	跳起空中转体双手头上传球（m）
100	8.71	3.63	44.16	40	2.6	50	58	2.95	3.1	3	110	85	42	-28	12.84	19.3
99	8.73	3.65	44.37	39	2.59					2.99	109	84			12.92	19.1
98	8.75	3.67	44.58	38	2.58		57	2.94	3.09	2.98	108	83	48	-27	13	18.9
97	8.77	3.69	44.79	37	2.57	49				2.97	107	82			13.08	18.7
96	8.79	3.71	45	36	2.56		56	2.93	3.08	2.96	106	81	53	-26	13.16	18.5
95	8.81	3.73	45.21	35	2.55					2.95	105	80			13.24	18.3
94	8.83	3.75	45.42	34	2.54	48	55	2.92	3.07	2.94	104	79	58	-25	13.32	18.1
93	8.85	3.77	45.63	33	2.53					2.93	103	78			13.4	17.9
92	8.87	3.79	45.84	32	2.52		54	2.91	3.06	2.92	102	77	64	-24	13.48	17.7
91	8.89	3.81	46.05	31	2.51					2.91	101	76			13.56	17.5
90	8.91	3.83	46.26		2.5	47	53	2.9	3.05	2.9	100	75	66	-23	13.64	17.3
89	8.93	3.85	46.47	30	2.49					2.89	99				13.72	17.1
88	8.95	3.87	46.68		2.48	46	52	2.89	3.04	2.88	98	74	68	-22	13.8	16.9
87	8.97	3.89	46.89	29	2.47					2.87	97				13.88	16.7
86	8.99	3.91	47.1		2.46	45	51	2.88	3.03	2.86	96	73	70	-21	13.96	16.5
85	9.01	3.93	47.31	28	2.45					2.85	95				14.04	16.3
84	9.03	3.95	47.52		2.44	44	50	2.87	3.02	2.84	94	72	72	-20	14.12	16.1
83	9.05	3.97	47.73	27	2.43					2.83	93				14.2	15.9
82	9.07	3.99	47.94		2.42	43	49	2.86	3.01	2.82	92	71	74	-19	14.28	15.7
81	9.09	4.01	48.15	26	2.41						91				14.36	15.5
80	9.11	4.03	48.36		2.4	42	48	2.85	3	2.8	90	70	76	-18	14.44	15.3
79	9.13	4.05	48.57	25	2.39						89				14.52	15.1
78	9.15	4.07	48.78		2.38	41	47	2.84	2.99	2.79	88	69	78	-17	14.6	14.9

续表 47

分值	5.8m ×6折返跑(s)	全场3/4场加速跑(s)	15m×13折返跑(s)	俯卧撑(次)	立定跳远(m)	1min仰卧起坐(次)	1min背起(次)	原地摸高(m)	助跑单脚跳摸高(m)	单跳双停双手摸高(m)	双摇跳绳(次)	髋旋转(次)	肩回环(cm)	体前屈(cm)	限制区周边多向移动(s)	跳起空中转体双手头上传球(m)
77	9.19	4.09	48.99	24	2.37						87				14.68	14.7
76	9.23	4.11	49.2		2.36	40	46	2.83	2.98	2.78	86	68	80	-16	14.76	14.5
75	9.27	4.13	49.41	23	2.35						85				14.84	14.3
74	9.31	4.15	49.62		2.34	39	45	2.82	2.97	2.77	84	67	82	-15	14.92	14.1
73	9.35	4.17	49.83	22	2.33						83				15	13.9
72	9.39	4.19	50.04		2.32	38	44	2.81	2.96	2.76	82	66	84	-14	15.08	13.7
71	9.43	4.21	50.25		2.31						81				15.16	13.5
70	9.47	4.23	50.46	21	2.3	37	43	2.8	2.94	2.75	80	65	86	-13	15.24	13.3
69	9.51	4.25	50.67		2.29						79				15.32	13.1
68	9.55	4.27	50.88		2.28	36	42	2.79	2.92	2.74	78	64	88	-12	15.4	12.9
67	9.59	4.29	51.09	20	2.27						77				15.48	12.7
66	9.63	4.31	51.3		2.26	35	41	2.78	2.9	2.73	76	64	90	-11	15.56	12.5
65	9.67	4.33	51.51		2.25						75				15.64	12.3
64	9.71	4.35	51.72	19	2.24	34	40	2.77	2.88	2.72	74	62	92	-10	15.72	12.1
63	9.75	4.37	51.93		2.23						73				15.8	11.9
62	9.79	4.39	52.14		2.22	33	39	2.76	2.86	2.71	72	61	94	-9	15.88	11.7
61	9.83	4.41	52.35	18	2.21						71				15.96	11.5
60	9.87	4.43	52.56		2.2	32	38	2.75	2.84	2.7	70	60	96	-8	16.04	11.3
59	9.94	4.45	52.77		2.19						69				16.12	11.1
58	10.01	4.47	52.98	17	2.18	31	37	2.74	2.82	2.69	68	59	98	-7	16.2	10.9
57	10.08	4.49	53.19		2.17						67				16.28	10.7
56	10.15	4.51	53.4		2.16	30	36	2.73	2.8	2.68	66	58		-6	16.36	10.5
55	10.22	4.53	53.61	16	2.15						65				16.44	10.3

续表 47

分值	5.8m×6折返跑(s)	全场3/4场加速跑(s)	15m×13折返跑(s)	俯卧撑(次)	立定跳远(m)	1min仰卧起坐(次)	1min背起(次)	原地摸高(m)	助跑单脚跳摸高(m)	单跳双停双手摸高(m)	双摇跳绳(次)	髋旋转(次)	肩回环(cm)	体前屈(cm)	限制区周边多向移动(s)	跳起空中转体双手头上传球(m)
54	10.29	4.55	53.82		2.14	29	35	2.72	2.79	2.67	64	57	104	-5	16.52	10.1
53	10.36	4.57	54.03		2.13						63	56			16.6	9.9
52	10.43	4.59	54.24	15	2.12	28	34	2.71	2.78	2.66	62	55		-4	16.68	9.7
51	10.5	4.61	54.45		2.11						61	54			16.76	9.5
50	10.57	4.63	54.66		2.1	27	33	2.7	2.77	2.65	60	53		-3	16.84	9.3
49	10.64	4.65	54.87	14	2.09						59	52			16.92	9.1
48	10.71	4.67	55.08		2.08	26	32	2.69	2.76	2.64	58	51	108	-2	17	8.9
47	10.78	4.69	55.29		2.07						57	50			17.08	8.7
46	10.85	4.71	55.5	13	2.06	25	31	2.68	2.75	2.63	56	49		-1	17.16	8.5
45	10.92	4.73	55.71		2.05						55	48	110		17.24	8.3
44	10.99	4.75	55.92		2.04	24	30	2.67	2.74	2.62	54	47		0	17.32	8.1
43	11.06	4.77	56.13	12	2.03						53	46			17.4	7.9
42	11.13	4.79	56.34		2.02	23	29	2.66	2.73	2.61	52	45		1	17.48	7.7
41	11.2	4.81	56.55		2.01						51	44			17.56	7.5
40	11.27	4.83	56.76		2	22	28	2.65	2.72	2.6	50	43	112	2	17.64	7.3
39	11.34	4.84	56.97	11	1.99					2.59	49	42			17.72	7.2
38	11.41	4.85	57.18		1.98	21	27	2.64	2.71	2.58	48	41			17.8	7.1
37	11.48	4.86	57.39		1.97					2.57	47	40	113	3	17.88	7
36	11.55	4.87	57.6	10	1.96	20	26	2.63	2.7	2.56	46	39			17.96	6.9
35	11.62	4.88	57.81		1.95					2.55	45	38			18.04	6.8
34	11.69	4.89	58.02		1.94	19	25	2.62	2.69	2.54	44	37		4	18.12	6.7
33	11.76	4.9	58.23	9	1.93					2.53	43	36	114		18.2	6.6
32	11.83	4.91	58.44		1.92	18	24	2.61	2.68	2.52	42	35			18.28	6.5

续表 47

分值	5.8m×6折返跑(s)	全场3/4场加速跑(s)	15m×13折返跑(s)	俯卧撑(次)	立定跳远(m)	1min仰卧起坐(次)	1min背起(次)	原地摸高(m)	助跑单脚跳摸高(m)	单跳双停双手摸高(m)	双摇跳绳(次)	髋旋转(次)	肩回环(cm)	体前屈(cm)	限制区周边多向移动(s)	跳起空中转体双手头上传球(m)
31	11.9	4.92	58.65		1.91		23			2.51	41	34		5	18.36	6.4
30	11.97	4.93	58.86	8	1.9	17	22	2.6	2.67	2.5	40	33			18.44	6.3
29	12.04	4.94	59.07		1.89	16	21	2.59		2.49	39	32	115		18.52	6.2
28	12.11	4.95	59.28		1.88	15	20	2.58	2.66	2.48	38	31		6	18.6	6.1
27	12.18	4.96	59.49		1.87	14	19	2.57		2.47	37	30			18.68	6
26	12.25	4.97	59.7	7	1.86	13	18	2.56	2.65	2.46	36	29			18.76	5.9
25	12.32	4.98	59.91		1.85	12	17	2.55		2.45	35	28	116	7	18.84	5.8
24	12.39	4.99	60.12		1.84	11	16	2.54	2.64	2.44	34	27			18.92	5.7
23	12.46	5	60.33	6	1.83	10	15	2.53		2.43	33	26			19	5.6
22	12.53	5.01	60.54		1.82	9	14	2.52	2.63	2.42	32	25		8	19.08	5.5
21	12.6	5.02	60.75		1.81	8	13	2.51		2.41	31	24			19.16	5.4
20	12.67	5.03	60.96	5	1.8	7	12	2.5	2.62	2.4	30	23	117	9	19.24	5.3

表 48　11～12 岁青少年男子篮球运动员身体素质考核成绩评分表

分值	5.8m×6折返跑(s)	全场3/4场加速跑(s)	15m×13折返跑(s)	俯卧撑(次)	立定跳远(m)	1min仰卧起坐(次)	1min背起(次)	原地摸高(m)	助跑单脚跳摸高(m)	单跳双停双手摸高(m)	双摇跳绳(次)	髋旋转(次)	肩回环(cm)	体前屈(cm)	限制区周边多向移动(s)	跳起空中转体双手头上传球(m)
100	7.55	3.22	40.01	55	3	65	70	3.2	3.45	3.28	115	95	74	-28	11	19
99	7.58	3.25	40.41		2.99	64	69		3.43	3.27	114	94			11.11	18.8
98	7.61	3.28	40.84	54	2.98	63	68	3.19	3.41	3.26	113	93	74	-26	11.2	18.6
97	7.64	3.31	41.29		2.97	62	67		3.39	3.25	112	92			11.34	18.4

续表 48

分值	5.8m×6 折返跑(s)	全场 3/4 场加速跑(s)	15m×13 折返跑(s)	俯卧撑(次)	立定跳远(m)	1min 仰卧起坐(次)	1min 背起(次)	原地摸高(m)	助跑单脚跳摸高(m)	单跳双停双手摸高(m)	双摇跳绳(次)	髋旋转(次)	肩回环(cm)	体前屈(cm)	限制区周边多向移动(s)	跳起空中转体双手头上传球(m)
96	7.67	3.34	41.4	53	2.96	61	66	3.18	3.37	3.24	111	91	76	-25	11.47	18.2
95	7.7	3.37	42.18		2.95	60	65		3.35	3.23	110				11.61	18.1
94	7.73	3.4	42.5	52	2.94	59	64	3.17	3.33	3.22	109	90	78	-24	11.74	18
93	7.76	3.43	42.55		2.93	58	63		3.31	3.21	108	89			11.88	17.8
92	7.79	3.46	42.59	51	2.92	57	62	3.16	3.29	3.2	107		80	-23	11.99	17.6
91	7.82	3.49	43.18		2.91	56	61		3.27	3.19	106	88			12.1	17.4
90	7.86	3.53	43.32	50	2.9			3.15	3.25		105		82	-22	12.21	17.2
89	7.9	3.57	43.53		2.89	55	60			3.18	104	87			12.32	17
88	7.94	3.58	43.74	49	2.88			3.14	3.24		103	86	84	-21	12.43	16.8
87	7.98	3.59	43.95		2.87	54	59			3.17	102				12.54	16.6
86	8.02	3.60	44.16	48	2.86			3.13	3.23		101	85	86	-20	12.65	16.4
85	8.06	3.61	44.37		2.85	53	58			3.16	100	84			12.76	16.2
84	8.1	3.62	44.58	47	2.84			3.12	3.22		99		88		12.87	16.1
83	8.14	3.63	44.79		2.83	52	57			3.15	98	83		-19	12.98	16
82	8.18	3.64	45	46	2.82			3.11	3.21		97		82		13.05	15.9
81	8.22	3.65	45.21		2.81	51	56			3.14	96	82			13.13	15.8
80	8.27	3.66	45.42	45	2.8			3.1	3.19		95		84	-18	13.21	15.7
79	8.32	3.67	45.63		2.79	50	55			3.13	94	81			13.29	15.6
78	8.37	3.68	45.84	44	2.78		54	3.09	3.18		93	80	86		13.37	15.5
77	8.42	3.69	46.05		2.77	49	53			3.12	92			-17	13.45	15.4
76	8.47	3.70	46.26	43	2.76	48		3.08	3.17		91	79	88		13.53	15.3
75	8.52	3.71	46.47		2.75	47	52			3.11	90				13.61	15.2
74	8.57	3.72	46.68	42	2.74			3.07	3.16		89	78	90	-16	13.69	15.1

续表48

分值	5.8m×6折返跑(s)	全场3/4场加速跑(s)	15m×13折返跑(s)	俯卧撑(次)	立定跳远(m)	1min仰卧起坐(次)	1min背起(次)	原地摸高(m)	助跑单脚跳摸高(m)	单跳双停双手摸高(m)	双摇跳绳(次)	髋旋转(次)	肩回环(cm)	体前屈(cm)	限制区周边多向移动(s)	跳起空中转体双手头上传球(m)
73	8.62	3.73	46.89		2.73	46	51			3.09	88	77			13.77	15
72	8.67	3.74	47.1	41	2.72	45	50	3.06	3.15		87		92		13.85	14.9
71	8.72	3.75	47.31		2.71	44				3.07	86	76		-15	13.93	14.8
70	8.77	3.76	47.52	40	2.7	43	49	3.05	3.14		85	75	93		14.01	14.7
69	8.83	3.77	47.73		2.69					3.06	84				14.09	14.6
68	8.89	3.78	47.94	39	2.68	42	48	3.04	3.13		83	74	94	-14	14.17	14.5
67	8.95	3.79	48.15		2.67		47			3.04	82				14.25	14.4
66	9.01	3.80	48.36	38	2.66	41		3.03	3.12		81	73	95		14.33	14.2
65	9.07	3.81	48.57		2.65		46			3.02	80			-13	14.41	14
64	9.13	3.82	48.78	37	2.64	40	45	3.02	3.11		79	72	96		14.49	13.8
63	9.19	3.83	48.99		2.63		44			3	78	71			14.57	13.6
62	9.25	3.84	49.2	36	2.62	39		3.01	3.09		77		97	-12	14.65	13.4
61	9.31	3.85	49.41		2.61		43			2.98	76	70			14.73	13.2
60	9.37	3.86	49.62	35	2.6	38	42	3	3.08		75	69	98		14.81	13
59	9.44	3.87	49.83		2.59		41			2.96	74			-11	14.89	12.8
58	9.51	3.88	50.04	34	2.58	37	40	2.99	3.07		73	68	99		14.97	12.6
57	9.58	3.89	50.25		2.57					2.94	72	67			15.05	12.4
56	9.65	3.90	50.46	33	2.56	36	39	2.96	3.06		71		100	-10	15.13	12.2
55	9.72	3.91	50.67		2.55					2.92	70	66			15.21	12
54	9.79	3.92	50.88	32	2.54	35	38	2.95	3.05		69	65	101		15.29	11.8
53	9.86	3.93	51.09		2.53		37			2.9	68			-9	15.37	11.6
52	9.93	3.94	51.3	31	2.52	34		2.94	3.04		67	64	102		15.45	11.4
51	10	3.95	51.51		2.51					2.89	66	63		-8	15.53	11.2

续表 48

分值	5.8m×6折返跑(s)	全场3/4场加速跑(s)	15m×13折返跑(s)	俯卧撑(次)	立定跳远(m)	1min仰卧起坐(次)	1min背起(次)	原地摸高(m)	助跑单脚跳摸高(m)	单跳双停双手摸高(m)	双摇跳绳(次)	髋旋转(次)	肩回环(cm)	体前屈(cm)	限制区周边多向移动(s)	跳起空中转体双手头上传球(m)
50	10.07	3.96	51.72	30	2.5		36	2.93	3.03		65		103		15.61	11
49	10.14	3.97	51.93		2.49	33	35			2.87	64	62			15.69	10.8
48	10.21	3.98	52.14	29	2.48	32	34	2.92	3.02		63	61	104	-7	15.77	10.6
47	10.28	3.99	52.35		2.47						62	60			15.85	10.4
46	10.35	4.00	52.56	28	2.46	31	33	2.91	3.01	2.86	61	59	105	-6	15.93	10.2
45	10.42	4.01	52.77		2.45		32				60				16.01	10
44	10.49	4.02	52.98	27	2.44	30		2.89	3		59	58	106	-5	16.09	9.9
43	10.56	4.03	53.19		2.43			2.88	2.99	2.85	58	57			16.17	9.8
42	10.63	4.04	53.4	26	2.42	29	31	2.87			57	56	107	-4	16.25	9.7
41	10.7	4.05	53.61		2.41	28	30	2.86	2.97		56	55			16.33	9.6
40	10.77	4.06	53.82	25	2.4	27	29	2.85	2.96	2.84	55	54	108	-3	16.41	9.5
39	10.84	4.07	54.03		2.39	26	28	2.84	2.95	2.83	54	53			16.49	9.4
38	10.91	4.08	54.24	24	2.38	25	27	2.83	2.94	2.82	53	52	109	-2	16.57	9.3
37	10.98	4.09	54.45		2.37	24	26	2.82	2.93	2.81	52	51			16.65	9.2
36	11.05	4.10	54.66	23	2.36	23	25	2.81	2.92	2.8	51	50	110	-1	16.73	9.1
35	11.12	4.11	54.87		2.35	22	24	2.8	2.91	2.79	50	49			16.81	9
34	11.19	4.12	55.08	22	2.34	21	23	2.79	2.9	2.78	49	48	111	0	16.89	8.9
33	11.26	4.13	55.29		2.33	20	22	2.78	2.89	2.77	48	47			16.97	8.8
32	11.33	4.14	55.5	21	2.32	19	21	2.77	2.88	2.76	47	46	112	1	17.05	8.7
31	11.4	4.15	55.71		2.31	18	20	2.76	2.87	2.75	46	45			17.13	8.6
30	11.47	4.16	55.92	20	2.3	17	19	2.75	2.86	2.74	45	44	113	2	17.21	8.5
29	11.54	4.17	56.13		2.29	16	18	2.74	2.85	2.73	44	43			17.29	8.4
28	11.61	4.18	56.34	19	2.28	15	17	2.73	2.84	2.72	43	42	114	3	17.37	8.3

续表 48

分值	5.8m×6 折返跑（s）	全场 3/4 场加速跑（s）	15m×13 折返跑（s）	俯卧撑（次）	立定跳远（m）	1min 仰卧起坐（次）	1min 背起（次）	原地摸高（m）	助跑单脚跳摸高（m）	单跳双停双手摸高（m）	双摇跳绳（次）	髋旋转（次）	肩回环（cm）	体前屈（cm）	限制区周边多向移动（s）	跳起空中转体双手头上传球（m）
27	11.68	4.19	56.55		2.27	14	16	2.72	2.83	2.71	42	41			17.45	8.2
26	11.75	4.20	56.76	18	2.26	13	15	2.71	2.82	2.7	41	40	115	4	17.53	8.1
25	11.82	4.21	56.97		2.25	12	14	2.7	2.81	2.69	40	39			17.61	8
24	11.89	4.22	57.18	17	2.24	11	13	2.69	2.8	2.68	39	38	116	5	17.69	7.9
23	11.96	4.23	57.39		2.23	10	12	2.68	2.79	2.67	38	37			17.77	7.8
22	12.03	4.24	57.6	16	2.22	9	11	2.67	2.78	2.66	37	36	117	6	17.85	7.7
21	12.1	4.25	57.81		2.21	8	10	2.66	2.77	2.65	36	35			17.93	7.6
20	12.17	4.26	58.02	15	2.2	7	9	2.65	2.76	2.64	35	34	118	7	18.01	7.5

表 49　11～12 岁青少年女子篮球运动员身体素质考核成绩评分表

分值	5.8m×3 折返跑（s）	全场 3/4 场加速跑（s）	15m×9 折返跑（s）	立定跳远（m）	30s 仰卧起坐（次）	30s 背起（次）	原地摸高（m）	助跑单脚跳摸高（m）	双摇跳绳（次）	30s 髋旋转（次）	肩回环（cm）	体前屈（cm）	限制区周边多向移动（s）	原地跳起空中转体双手头上传球（m）
100	4.58	3.72	30.75	2.51	30	33	2.9	3.03	105	47	56	−29	13.24	15
99	4.61	3.74	30.90	2.5					104				13.32	14.9
98	4.65	3.76	31.05	2.49	29		2.89	3.02	103	46	57	−28	13.4	14.8
97	4.69	3.78	31.20	2.48		32			102				13.48	14.7
96	4.73	3.8	31.35	2.47			2.88	3.01	101	45	58	−27	13.56	14.6
95	4.77	3.82	31.48	2.46					100				13.64	14.5
94	4.81	3.84	31.61	2.45	28	31	2.87	3	99	44	59	−26	13.72	14.4
93	4.85	3.86	31.74	2.44					98				13.8	14.3

续表 49

分值	5.8m ×3 折返跑（s）	全场 3/4 场加速跑（s）	15m × 9 折返跑（s）	立定跳远（m）	30s 仰卧起坐（次）	30s 背起（次）	原地摸高（m）	助跑单脚跳摸高（m）	双摇跳绳（次）	30s 髋旋转（次）	肩回环（cm）	体前屈（cm）	限制区周边多向移动（s）	原地跳起空中转体双手头上传球（m）
92	4.89	3.88	31.87	2.43			3.86	2.99	97	43	60	–25	13.88	14.2
91	4.93	3.9	32.00	2.42		30			96				13.96	14.1
90	4.97	3.92	32.13	2.41	27		2.85	2.98	95	42	62	–24	14.04	14
89	5.01	3.94	32.26	2.4					94				14.12	13.9
88	5.05	3.96	32.39	2.39		29	2.84	2.97	93	41	64	–23	14.2	13.8
87	5.09	3.98	32.52	2.38					92				14.28	13.7
86	5.13	4	32.65	2.37	26		2.83	2.96	91	40	66	–22	14.36	13.6
85	5.17	4.02	32.78	2.36		28			90				14.44	13.5
84	5.21	4.04	32.91	2.35			2.82	2.95	89	39	68	–21	14.52	13.4
83	5.25	4.06	33.04	2.34					88				14.6	13.3
82	5.29	4.08	33.17	2.33	25	27	2.81	2.94	87	38	70	–20	14.68	13.2
81	5.33	4.1	33.30	2.32					86				14.76	13.1
80	5.37	4.12	33.43	2.31			2.8	2.93	85	37	72	–19	14.84	13
79	5.41	4.14	33.56	2.3		26			84				14.92	12.9
78	5.46	4.16	33.69	2.29	24		2.79	2.92	83	36	74	–18	15	12.8
77	5.51	4.18	33.82	2.28					82				15.08	12.7
76	5.56	4.2	33.95	2.27		25	2.78	2.91	81	35	76	–17	15.16	12.6
75	5.61	4.22	34.08	2.26					80				15.24	12.5
74	5.66	4.24	34.21	2.25	23		2.77	2.9	79	34	78	–16	15.32	12.4
73	5.71	4.26	34.34	2.24		24			78				15.4	12.3
72	5.76	4.28	34.47	2.23			2.76	2.89	77	33	80	–15	15.48	12.2
71	5.81	4.3	34.60	2.22					76				15.56	12.1
70	5.86	4.32	34.73	2.21	22	23	2.75	2.92	75	32	82	–14	15.64	12

续表 49

分值	5.8m×3折返跑(s)	全场3/4场加速跑(s)	15m×9折返跑(s)	立定跳远(m)	30s仰卧起坐(次)	30s背起(次)	原地摸高(m)	助跑单脚跳摸高(m)	双摇跳绳(次)	30s髋旋转(次)	肩回环(cm)	体前屈(cm)	限制区周边多向移动(s)	原地跳起空中转体双手头上传球(m)
69	5.91	4.34	34.86	2.2					74				15.72	11.9
68	5.96	4.36	34.99	2.19		22	2.74	2.9	73	31	84	-13	15.8	11.8
67	6.01	4.38	35.12	2.18			2.73		72				15.88	11.7
66	6.06	4.4	35.25	2.17	21		2.72	2.88	71	30	86	-12	15.96	11.6
65	6.11	4.42	35.38	2.16		21	2.71		70				16.04	11.5
64	6.16	4.44	35.51	2.15			2.7	2.86	69	29	88	-11	16.12	11.4
63	6.21	4.46	35.64	2.14			2.69		68				16.2	11.3
62	6.26	4.48	35.77	2.13	20	20	2.68	2.84	67	28	90	-10	16.28	11.2
61	6.31	4.5	35.90	2.12			2.67		66				16.36	11.1
60	6.36	4.52	36.03	2.11			2.66	2.82	65	27	92	-9	16.44	11
59	6.41	4.54	36.16	2.1	19	19	2.65		64				16.52	10.9
58	6.46	4.56	36.29	2.09			2.64	2.8	63	26	94	-8	16.6	10.8
57	6.51	4.58	36.42	2.08			2.63		62				16.68	10.7
56	6.56	4.6	36.55	2.07	17	18	2.62	2.78	61	25	96	-7	16.76	10.6
55	6.61	4.62	36.68	2.06			2.61		60				16.84	10.5
54	6.66	4.64	36.81	2.05			2.6	2.76	59	24	98	-6	16.92	10.4
53	6.71	4.66	36.94	2.04	16	17	2.59		58				17	10.3
52	6.76	4.68	37.07	2.03			2.58	2.74	57	23	100	-5	17.08	10.2
51	6.81	4.7	37.20	2.02			2.57		56				17.16	10.1
50	6.86	4.72	37.33	2.01	15	16	2.56	2.72	55	22	102	-4	17.24	10
49	6.91	4.74	37.46	2			2.55		54				17.32	9.9
48	6.96	4.76	37.59	1.99			2.54	2.7	53	21	104	-3	17.4	9.8
47	7.01	4.78	37.72	1.98	14	15	2.53		52				17.48	9.7

续表 49

分值	5.8m ×3 折返跑（s）	全场 3/4 场加速跑（s）	15m × 9 折返跑（s）	立定跳远（m）	30s 仰卧起坐（次）	30s 背起（次）	原地摸高（m）	助跑单脚跳摸高（m）	双摇跳绳（次）	30s 髋旋转（次）	肩回环（cm）	体前屈（cm）	限制区周边多向移动（s）	原地跳起空中转体双手头上传球（m）
46	7.06	4.8	37.85	1.97			2.52	2.68	51	20	106	−2	17.56	9.6
45	7.11	4.82	37.99	1.96			2.51		50				17.64	9.5
44	7.16	4.84	38.12	1.95	13	14	2.5	2.66	49	19	108	−1	17.72	9.4
43	7.21	4.86	38.25	1.94			2.49		48				17.8	9.3
42	7.26	4.88	38.38	1.93			2.48	2.64	47	18	110	0	17.88	9.2
41	7.31	4.9	38.51	1.92	12	13	2.47		46				17.96	9.1
40	7.36	4.92	38.64	1.91			2.46	2.62	45	17	112	1	18.04	9
39	7.41	4.93	38.77	1.9			2.45		44				18.12	8.9
38	7.46	4.94	38.90	1.89	11	12	2.44	2.61	43	16		2	18.2	8.8
37	7.51	4.95	39.03	1.88			2.43		42				18.28	8.7
36	7.56	4.96	39.16	1.87			2.42	2.6	41	15	113	3	18.36	8.6
35	7.61	4.97	39.29	1.86	10	11	2.41		40				18.44	8.5
34	7.66	4.98	39.42	1.85			2.4	2.59	39	14			18.52	8.4
33	7.71	4.99	39.55	1.84			2.39		38			4	18.6	8.3
32	7.76	5	39.68	1.83	9	10	2.38	2.58	37	13			18.68	8.2
31	7.81	5.01	39.81	1.82			2.37		36		114		18.76	8.1
30	7.86	5.02	39.94	1.81			2.36	2.57	35	12		5	18.84	8
29	7.91	5.03	40.07	1.8	8	9	2.35		34				18.92	7.9
28	7.96	5.04	40.20	1.79			2.34	2.56	33	11			19	7.8
27	8.01	5.05	40.33	1.78			2.33		32		115	6	19.08	7.7
26	8.06	5.06	40.46	1.77	7	8	2.32	2.55	31	10			19.16	7.6
25	8.11	5.07	40.59	1.76			2.31		30				19.24	7.5
24	8.16	5.08	40.72	1.75			2.3	2.54	29	9		7	19.32	7.4

续表49

分值	5.8m×3折返跑(s)	全场3/4场加速跑(s)	15m×9折返跑(s)	立定跳远(m)	30s仰卧起坐(次)	30s背起(次)	原地摸高(m)	助跑单脚跳摸高(m)	双摇跳绳(次)	30s髋旋转(次)	肩回环(cm)	体前屈(cm)	限制区周边多向移动(s)	原地跳起空中转体双手头上传球(m)
23	8.21	5.09	40.86	1.74	6	7	2.29		28		116		19.4	7.3
22	8.26	5.1	40.99	1.73			2.28	2.53	27	8		8	19.48	7.2
21	8.31	5.11	41.12	1.72			2.27		26				19.56	7.1
20	8.36	5.12	41.25	1.71	5	6	2.26	2.52	25	7	117	9	19.64	7

表50 9~10岁青少年男子篮球运动员身体素质考核成绩评分表

分值	5.8m×3折返跑(s)	全场3/4场加速跑(s)	15m×7折返跑(s)	立定跳远(m)	30s仰卧起坐(次)	30s背起(次)	原地摸高(m)	1min单足交替(次)	髋旋转(次)	肩回环(cm)	体前屈(cm)	限制区周边多向移动(s)	原地跳起空中转体双手头上传球(m)
100	4.42	3.42	23.85	2.3	28	33	2.75	200	45	55	-30	12.09	17.5
99	4.45	3.45	24					199		56		12.2	17.1
98	4.48	3.48	24.15	2.29				198	44	57	-29	12.31	16.7
97	4.51	3.51	24.3			32	2.74	197		58		12.42	16.3
96	4.54	3.54	24.45	2.28	27			196	43	59	-28	12.53	15.9
95	4.57	3.57	24.6					195		60		12.64	15.5
94	4.6	3.6	24.75	2.27		31	2.73	194	42	61	-26	12.75	15.1
93	4.63	3.63	24.9					193		62		12.86	14.7
92	4.66	3.66	25.05	2.26	26			192	41	63	-25	12.97	14.3
91	4.69	3.69	25.2			30	2.72	191		64		13.08	13.9
90	4.72	3.72	25.33	2.25				190	40	65	-24	13.21	13.5
89	4.77	3.74	25.46					188		66		13.27	
88	4.82	3.76	25.59	2.24	25	29	2.71	186	39	67	-23	13.33	13.3

续表50

分值	5.8m ×3折返跑（s）	全场3/4场加速跑（s）	15m×7折返跑（s）	立定跳远（m）	30s仰卧起坐（次）	30s背起（次）	原地摸高（m）	1min单足交替（次）	髋旋转（次）	肩回环（cm）	体前屈（cm）	限制区周边多向移动（s）	原地跳起空中转体双手头上传球（m）
87	4.87	3.78	25.72					184		68		13.39	
86	4.92	3.8	25.85	2.23				182	38	69	-22	13.48	13.1
85	4.97	3.82	25.98			28	2.7	180		70		13.57	
84	5.02	3.84	26.11	2.22	24			178	37	71	-21	13.66	12.9
83	5.07	3.86	26.24					176		72		13.75	
82	5.12	3.88	26.37	2.21		27	2.69	174	36	73	-20	13.84	
81	5.17	3.9	26.5					172		74		13.93	12.6
80	5.22	3.92	26.63	2.2	23			170	35	75		14.02	
79	5.27	3.94	26.76	2.19		26	2.68	168			-19	14.11	12.4
78	5.32	3.96	26.89	2.18				166	34	76		14.2	
77	5.37	3.98	27.02	2.17				164				14.29	12.2
76	5.42	4	27.15	2.16	22	25	2.67	162	33	77	-18	14.38	
75	5.47	4.02	27.28	2.15				160				14.53	12
74	5.52	4.04	27.41	2.14				158	32	78		14.68	
73	5.57	4.06	27.54	2.13		24	2.66	156			-17	14.83	11.8
72	5.62	4.08	27.67	2.12	21			154	31	79		14.98	
71	5.67	4.1	27.8	2.11				152				15.13	11.6
70	5.72	4.12	27.93	2.1		23	2.65	150	30	80	-16	15.28	
69	5.77	4.14	28.06	2.09				148				15.43	11.4
68	5.82	4.16	28.19	2.08	20	22	2.64	146	29	81		15.58	
67	5.87	4.18	28.32	2.07				144			-15	15.73	11.2
66	5.92	4.2	28.45	2.06			2.63	142	28	82		15.88	
65	5.97	4.22	28.58	2.05	19	21		140				16.03	11
64	6.02	4.24	28.71	2.04			2.62	138	27	83	-14	16.18	

续表 50

分值	5.8m ×3 折返跑（s）	全场 3/4 场加速跑（s）	15m × 7 折返跑（s）	立定跳远（m）	30s 仰卧起坐（次）	30s 背起（次）	原地摸高（m）	1min 单足交替（次）	髋旋转（次）	肩回环（cm）	体前屈（cm）	限制区周边多向移动（s）	原地跳起空中转体双手头上传球（m）
63	6.07	4.26	28.84	2.03				136				16.33	10.8
62	6.12	4.28	28.97	2.02	17	20	2.61	134	26	84		16.48	
61	6.17	4.3	29.1	2.01				132			-13	16.63	10.6
60	6.22	4.32	29.23	2			2.6	130	25	85		16.78	
59	6.27	4.34	29.36	1.99	16	19	2.59	128				16.93	10.4
58	6.32	4.36	29.49	1.98			2.58	126	24	86	-12	17.08	
57	6.37	4.38	29.62	1.97			2.57	124				17.23	10.2
56	6.42	4.4	29.75	1.96	15	18	2.56	122	23	87		17.38	
55	6.47	4.42	29.88	1.95			2.55	120			-11	17.53	10
54	6.52	4.44	30.01	1.94			2.54	118	22	88		17.68	
53	6.57	4.46	30.14	1.93	14	17	2.53	116				17.83	9.8
52	6.62	4.48	30.27	1.92			2.52	114	21	89	-10	17.98	
51	6.67	4.5	30.4	1.91			2.51	112				18.13	9.6
50	6.72	4.52	30.53	1.9	13	16	2.5	110	20	90		18.28	
49	6.77	4.54	30.66	1.89			2.49	108			-9	18.43	
48	6.82	4.56	30.79	1.88			2.48	106	19	91		18.58	9.4
47	6.87	4.58	30.92	1.87	12	15	2.47	104			-8	18.73	
46	6.92	4.6	31.05	1.86			2.46	102	18	92		18.88	
45	6.97	4.62	31.18	1.85			2.45	100				19.03	9.2
44	7.02	4.64	31.31	1.84	11	14	2.44	98	17	94	-7	19.18	
43	7.07	4.66	31.44	1.83			2.43	96				19.33	
42	7.12	4.68	31.57	1.82			2.42	94	16	96	-6	19.48	9
41	7.17	4.7	31.7	1.81	10	13	2.41	92				19.63	
40	7.22	4.72	31.83	1.8			2.4	90	15	98	-5	19.78	8.8

续表 50

分值	5.8m ×3 折返跑（s）	全场 3/4 场加速跑（s）	15m × 7 折返跑（s）	立定跳远（m）	30s 仰卧起坐（次）	30s 背起（次）	原地摸高（m）	1min 单足交替（次）	髋旋转（次）	肩回环（cm）	体前屈（cm）	限制区周边多向移动（s）	原地跳起空中转体双手头上传球（m）
39	7.27	4.74	31.96	1.79			2.39	87			–4	19.93	8.7
38	7.32	4.76	32.09	1.78	9	12	2.38	84	14	99		20.08	8.6
37	7.37	4.78	32.22	1.77			2.37	81			–3	20.23	8.5
36	7.42	4.8	32.35	1.76			2.36	78	13	100		20.38	8.4
35	7.47	4.82	32.48	1.75	8	11	2.35	75			–2	20.53	8.3
34	7.52	4.84	32.61	1.74			2.34	72	12	101	–1	20.68	8.2
33	7.57	4.86	32.74	1.73			2.33	69				20.83	8.1
32	7.62	4.88	32.87	1.72	7	10	2.32	66	11	102	0	20.98	8
31	7.67	4.9	33	1.71			2.31	63			1	21.13	7.9
30	7.72	4.92	33.13	1.7			2.3	60	10	103		21.28	7.8
29	7.77	4.94	33.26	1.69	6	9	2.29	57			2	21.43	7.7
28	7.82	4.96	33.39	1.68			2.28	54	9	104	3	21.58	7.6
27	7.87	4.98	33.52	1.67			2.27	51				21.73	7.5
26	7.92	5	33.65	1.66	5	8	2.26	48	8	105	4	21.88	7.4
25	7.97	5.02	33.78	1.65			2.25	45			5	22.03	7.3
24	8.02	5.04	33.91	1.64			2.24	42	7	106		22.18	7.2
23	8.07	5.06	34.04	1.63	4	7	2.23	39			6	22.33	7.1
22	8.12	5.08	34.17	1.62			2.22	36	6	107	7	22.48	7
21	8.17	5.1	34.3	1.61			2.21	33				22.63	6.9
20	8.22	5.12	34.43	1.6	3	6	2.2	30	5	108	8	22.78	6.8

表51　9～10岁青少年女子篮球运动员身体素质考核成绩评分表

分值	5.8m×3折返跑（s）	全场3/4场加速跑（s）	15m×7折返跑（s）	立定跳远（m）	30s仰卧起坐（次）	30s背起（次）	原地摸高（m）	1min单足交替（次）	髋旋转（次）	肩回环（cm）	体前屈（cm）	限制区周边多向移动（s）	原地跳起空中转体双手头上传球（m）
100	4.63	3.81	24.9	2.25	28	31	2.75	200	44	55	-30	13.64	13
99	4.66	3.83	25.05	2.24				199		56		13.72	12.9
98	4.69	3.85	25.2	2.23				198	43	57	-29	13.8	12.8
97	4.72	3.87	25.33	2.22		30	2.74	197		58		13.88	12.7
96	4.77	3.89	25.46	2.21	27			196	42	59	-28	13.96	12.6
95	4.82	3.91	25.59	2.2				195		60		14.04	12.5
94	4.87	3.93	25.72	2.19		29	2.73	194	41	61	-26	14.12	12.4
93	4.92	3.95	25.85	2.18				193		62		14.2	12.3
92	4.97	3.97	25.98	2.17	26			192	40	63	-25	14.28	12.2
91	5.02	3.99	26.11	2.16		28	2.72	191		64		14.36	12.1
90	5.07	4.01	26.24	2.15				190	39	65	-24	14.44	12
89	5.12	4.03	26.37	2.14				188		66		14.52	11.9
88	5.17	4.05	26.5	2.13	25	27	2.71	186	38	67	-23	14.6	11.8
87	5.22	4.07	26.63	2.12				184		68		14.68	11.7
86	5.27	4.09	26.76	2.11				182	37	69	-22	14.76	11.6
85	5.32	4.11	26.89	2.1		26	2.7	180		70		14.84	11.5
84	5.37	4.13	27.02	2.09	24			178	36	71	-21	14.92	11.4
83	5.42	4.15	27.15	2.08				176		72		15	11.3
82	5.47	4.17	27.28	2.07		25	2.69	174	35	73	-20	15.08	11.2
81	5.52	4.19	27.41	2.06				172		74		15.16	11.1
80	5.57	4.21	27.54	2.05	23			170	34	75		15.24	11
79	5.62	4.23	27.67	2.04		24	2.68	168			-19	15.32	10.9
78	5.67	4.25	27.8	2.03				166	33	76		15.4	10.8
77	5.72	4.27	27.93	2.02				164				15.48	10.7

续表 51

分值	5.8m ×3 折返跑（s）	全场 3/4 场加速跑（s）	15m × 7 折返跑（s）	立定跳远（m）	30s 仰卧起坐（次）	30s 背起（次）	原地摸高（m）	1min 单足交替（次）	髋旋转（次）	肩回环（cm）	体前屈（cm）	限制区周边多向移动（s）	原地跳起空中转体双手头上传球（m）
76	5.77	4.29	28.06	2.01	22	23	2.67	162	32	77	−18	15.56	10.6
75	5.82	4.31	28.19	2				160				15.64	10.5
74	5.87	4.33	28.32	1.99		22		158	31	78		15.72	10.4
73	5.92	4.35	28.45	1.98			2.66	156			−17	15.8	10.3
72	5.97	4.37	28.58	1.97	21			154	30	79		15.88	10.2
71	6.02	4.39	28.71	1.96		21		152				15.96	10.1
70	6.07	4.41	28.84	1.95			2.65	150	29	80	−16	16.04	10
69	6.12	4.43	28.97	1.94				148				16.12	9.9
68	6.17	4.45	29.1	1.93	20	20	2.64	146	28	81		16.2	9.8
67	6.22	4.47	29.23	1.92				144			−15	16.28	9.7
66	6.27	4.49	29.36	1.91			2.63	142	27	82		16.36	9.6
65	6.32	4.51	29.49	1.9	19	19		140				16.44	9.5
64	6.37	4.53	29.62	1.89			2.62	138	26	83	−14	16.52	9.4
63	6.42	4.55	29.75	1.88				136				16.6	9.3
62	6.47	4.57	29.88	1.87	17	18	2.61	134	25	84		16.68	9.2
61	6.52	4.59	30.01	1.86				132			−13	16.76	9.1
60	6.57	4.61	30.14	1.85			2.6	130	24	85		16.84	9
59	6.62	4.63	30.27	1.84	16	17	2.59	128				16.92	8.9
58	6.67	4.65	30.4	1.83			2.58	126	23	86	−12	17	8.8
57	6.72	4.67	30.53	1.82			2.57	124				17.08	8.7
56	6.77	4.69	30.66	1.81	15	16	2.56	122	22	87		17.16	8.6
55	6.82	4.71	30.79	1.8			2.55	120			−11	17.24	8.5
54	6.87	4.73	30.92	1.79			2.54	118	21	88		17.32	8.4
53	6.92	4.75	31.05	1.78	14	15	2.53	116				17.4	8.3

续表 51

分值	5.8m×3折返跑（s）	全场3/4场加速跑（s）	15m×7折返跑（s）	立定跳远（m）	30s仰卧起坐（次）	30s背起（次）	原地摸高（m）	1min单足交替（次）	髋旋转（次）	肩回环（cm）	体前屈（cm）	限制区周边多向移动（s）	原地跳起空中转体双手头上传球（m）
52	6.97	4.77	31.18	1.77			2.52	114	20	89	-10	17.48	8.2
51	7.02	4.79	31.31	1.76			2.51	112				17.56	8.1
50	7.07	4.81	31.44	1.75	13	14	2.5	110	19	90		17.64	8
49	7.12	4.83	31.57	1.74			2.49	108			-9	17.72	7.9
48	7.17	4.85	31.7	1.73			2.48	106	18	91		17.8	7.8
47	7.22	4.87	31.83	1.72	12	13	2.47	104			-8	17.88	7.7
46	7.27	4.89	31.96	1.71			2.46	102		92		17.96	7.6
45	7.32	4.91	32.09	1.7			2.45	100	17			18.04	7.5
44	7.37	4.93	32.22	1.69	11	12	2.44	98		94	-7	18.12	7.4
43	7.42	4.95	32.35	1.68			2.43	96				18.2	7.3
42	7.47	4.97	32.48	1.67			2.42	94	16	96	-6	18.28	7.2
41	7.52	4.99	32.61	1.66	10	11	2.41	92				18.36	7.1
40	7.57	5.01	32.74	1.65			2.4	90	15	98	-5	18.44	7
39	7.62	5.02	32.87	1.64			2.39	87			-4	18.52	6.9
38	7.67	5.03	33	1.63	9	10	2.38	84	14	99		18.6	6.8
37	7.72	5.04	33.13	1.62			2.37	81			-3	18.68	6.7
36	7.77	5.05	33.26	1.61			2.36	78	13	100		18.76	6.6
35	7.82	5.06	33.39	1.6	8	9	2.35	75			-2	18.84	6.5
34	7.87	5.07	33.52	1.59			2.34	72	12	101	-1	18.92	6.4
33	7.92	5.08	33.65	1.58			2.33	69				19	6.3
32	7.97	5.09	33.78	1.57	7	8	2.32	66	11	102	0	19.08	6.2
31	8.02	5.1	33.91	1.56			2.31	63			1	19.16	6.1
30	8.07	5.11	34.04	1.55			2.3	60	10	103		19.24	6
29	8.12	5.12	34.17	1.54	6	7	2.29	57			2	19.32	5.9

续表 51

分值	5.8m×3 折返跑（s）	全场 3/4 场加速跑（s）	15m×7 折返跑（s）	立定跳远（m）	30s 仰卧起坐（次）	30s 背起（次）	原地摸高（m）	1min 单足交替（次）	髋旋转（次）	肩回环（cm）	体前屈（cm）	限制区周边多向移动（s）	原地跳起空中转体双手头上传球（m）
28	8.17	5.13	34.3	1.53			2.28	54	9	104	3	19.4	5.8
27	8.22	5.14	34.43	1.52			2.27	51				19.48	5.7
26	8.27	5.15	34.56	1.51	5	6	2.26	48	8	105	4	19.56	5.6
25	8.32	5.16	34.69	1.5			2.25	45			5	19.64	5.5
24	8.37	5.17	34.82	1.49			2.24	42	7	106		19.72	5.4
23	8.42	5.18	34.95	1.48	4	5	2.23	39			6	19.8	5.3
22	8.47	5.19	35.08	1.47			2.22	36	6	107	7	19.88	5.2
21	8.52	5.2	35.21	1.46			2.21	33				19.96	5.1
20	8.57	5.21	35.34	1.45	3	4	2.2	30	5	108	8	20.04	5

（二）专项技术测试评分标准

专项技术测试评分标准见表 52～表 61。

表 52　17～18 岁青少年男子篮球运动员技术考核成绩评分表

分值	0°、45°、90° 7 步后退投篮（分）	1min30s 外线自投自抢投篮（次）	1min30s 内线自投自抢投篮（次）	全场多点综合传接球（s）	全场综合运球上篮（s）	全场左右手运球见线折返（s）	六边形移动（s）	梯形滑步（s）	全场攻防技术模拟（s）
100	84	14	18	13.57	27.11	28.28	15.31	13.31	36.29
99	82			13.74	27.42	28.49	15.42	13.5	36.69
98	79			13.91	27.73	28.7	15.53	13.69	37.09
97	75			14.08	28.04	28.91	15.64	13.88	37.49

续表 52

分值	0°、45°、90° 7 步后退投篮（分）	1min30s 外线自投自抢投篮（次）	1min30s 内线自投自抢投篮（次）	全场多点综合传接球（s）	全场综合运球上篮（s）	全场左右手运球见线折返（s）	六边形移动（s）	梯形滑步（s）	全场攻防技术模拟（s）
96	72			14. 25	28. 35	29. 12	15. 75	14. 07	37. 89
95	70	13	17	14. 42	28. 66	29. 33	15. 86	14. 26	38. 29
94	69			14. 59	28. 97	29. 54	15. 97	14. 45	38. 69
93	68			14. 76	29. 28	29. 75	16. 08	14. 64	39. 09
92	65			14. 93	29. 59	29. 96	16. 19	14. 83	39. 49
91	64			15. 1	29. 9	30. 17	16. 3	15. 02	39. 85
90	63	12	16	15. 27	30. 21	30. 38	16. 41	15. 21	40. 21
89	62			15. 44	30. 52	30. 59	16. 52	15. 4	40. 57
88	61			15. 61	30. 83	30. 8	16. 63	15. 59	40. 93
87	60			15. 78	31. 14	31. 01	16. 74	15. 78	41. 29
86	59			15. 95	31. 45	31. 22	16. 85	15. 97	41. 65
85	58	11	15	16. 12	31. 76	31. 43	16. 96	16. 16	42. 01
84	57			16. 29	32. 07	31. 64	17. 07	16. 35	42. 37
83	56			16. 46	32. 38	31. 85	17. 18	16. 54	42. 73
82	55			16. 63	32. 69	32. 06	17. 29	16. 73	43. 09
81	54			16. 8	33	32. 27	17. 4	16. 92	43. 45
80	53	10	14	16. 97	33. 31	32. 48	17. 51	17. 11	43. 81
79	52			17. 14	33. 62	32. 69	17. 62	17. 3	44. 17
78	51			17. 31	33. 93	32. 9	17. 73	17. 49	44. 53
77	50			17. 48	34. 24	33. 11	17. 84	17. 68	44. 89

续表 52

分值	0°、45°、90° 7 步后退投篮（分）	1min30s 外线自投自抢投篮（次）	1min30s 内线自投自抢投篮（次）	全场多点综合传接球（s）	全场综合运球上篮（s）	全场左右手运球见线折返（s）	六边形移动（s）	梯形滑步（s）	全场攻防技术模拟（s）
76	49			17.65	34.55	33.32	17.95	17.87	45.25
75	48	9	13	17.82	34.86	33.53	18.06	18.06	45.61
74	47			17.99	35.17	33.74	18.17	18.25	45.97
73	46			18.16	35.48	33.95	18.28	18.44	46.33
72				18.33	35.79	34.16	18.39	18.63	46.69
71	45			18.5	36.1	34.37	18.5	18.82	47.05
70	44	8	12	18.67	36.41	34.58	18.61	19.01	47.41
69				18.84	36.72	34.79	18.72	19.2	47.77
68	43			19.01	37.03	35	18.83	19.39	48.13
67	42			19.18	37.34	35.21	18.94	19.58	48.49
66				19.35	37.65	35.42	19.05	19.77	48.85
65	41	7	11	19.52	37.96	35.63	19.16	19.96	49.21
64	40			19.69	38.27	35.84	19.27	20.15	49.57
63				19.86	38.58	36.05	19.38	20.34	49.93
62	39			20.03	38.89	36.26	19.49	20.53	50.29
61	38		10	20.2	39.2	36.47	19.6	20.72	50.65
60	37			20.37	39.51	36.68	19.71	20.91	51.01
59	36			20.54	39.82	36.89	19.82	21.1	51.37
58	35	6		20.71	40.13	37.1	19.93	21.29	51.73
57	34		9	20.88	40.44	37.31	20.04	21.48	52.09

续表 52

分值	0°、45°、90° 7 步后退投篮（分）	1min30s 外线自投自抢投篮（次）	1min30s 内线自投自抢投篮（次）	全场多点综合传接球（s）	全场综合运球上篮（s）	全场左右手运球见线折返（s）	六边形移动（s）	梯形滑步（s）	全场攻防技术模拟（s）
56	33			21. 05	40. 75	37. 52	20. 15	21. 67	52. 45
55	32			21. 22	41. 06	37. 73	20. 26	21. 86	52. 81
54			8	21. 39	41. 37	37. 94	20. 37	22. 05	53. 17
53	31			21. 56	41. 68	38. 15	20. 48	22. 24	53. 53
52	30			21. 73	41. 99	38. 36	20. 59	22. 43	53. 89
51	29	5		21. 9	42. 3	38. 57	20. 7	22. 62	54. 25
50	28		7	22. 07	42. 61	38. 78	20. 81	22. 81	54. 61
49				22. 24	42. 92	38. 99	20. 92	23	54. 97
48				22. 41	43. 23	39. 2	21. 03	23. 19	55. 33
47				22. 58	43. 54	39. 41	21. 14	23. 38	55. 69
46	27			22. 75	43. 85	39. 62	21. 25	23. 57	56. 05
45	26	4	6	22. 92	44. 16	39. 83	21. 36	23. 76	56. 41
44	25			23. 09	44. 47	40. 04	21. 47	23. 95	56. 77
43				23. 26	44. 78	40. 25	21. 58	24. 14	57. 13
42	24			23. 43	45. 09	40. 46	21. 69	24. 33	57. 49
41	23			23. 6	45. 4	40. 67	21. 8	24. 52	57. 85
40	22		5	23. 77	45. 71	40. 88	21. 91	24. 71	58. 21
39	21			23. 94	46. 02	41. 09	22. 02	24. 9	58. 57
38	20			24. 11	46. 33	41. 3	22. 13	25. 09	58. 93
37	19			24. 28	46. 64	41. 51	22. 24	25. 28	59. 29

续表 52

分值	0°、45°、90° 7 步后退投篮（分）	1min30s 外线自投自抢投篮（次）	1min30s 内线自投自抢投篮（次）	全场多点综合传接球（s）	全场综合运球上篮（s）	全场左右手运球见线折返（s）	六边形移动（s）	梯形滑步（s）	全场攻防技术模拟（s）
36	18			24.45	46.95	41.72	22.35	25.47	59.65
35	17	3		24.62	47.26	41.93	22.46	25.66	60.01
34	16			24.79	47.57	42.14	22.57	25.85	60.37
33	15		4	24.96	47.88	42.35	22.68	26.04	60.73
32	14			25.13	48.19	42.56	22.79	26.23	61.09
31	13			25.3	48.5	42.77	22.9	26.42	61.45
30	12			25.47	48.81	42.98	23.01	26.61	61.81
29	11			25.64	49.12	43.19	23.12	26.8	62.17
28	10			25.81	49.43	43.4	23.23	26.99	62.53
27	9	2	3	25.98	49.74	43.61	23.34	27.18	62.89
26	8			26.15	50.05	43.82	23.45	27.37	63.25
25	7			26.32	50.36	44.03	23.56	27.56	63.61
24	6			26.49	50.67	44.24	23.67	27.75	63.97
23	5			26.66	50.98	44.45	23.78	27.94	64.33
22	4			26.83	51.29	44.66	23.89	28.13	64.69
21	3			27	51.6	44.87	24	28.32	65.05
20	2	1	2	27.17	51.91	45.08	24.11	28.51	65.41

表53　17～18岁青少年女子篮球运动员技术考核成绩评分表

分值	0°、45°、90°7步后退投篮（分）	1min30s外线自投自抢投篮（次）	1min30s内线自投自抢投篮（次）	全场多点综合传接球（s）	全场综合运球上篮（s）	全场左右手运球见线折返（s）	六边形移动（s）	梯形滑步（s）	全场攻防技术模拟（s）
100	82	12	16	14.11	28.86	27.43	18.56	17.51	43.41
99	79			14.24	29.21	27.63	18.67	17.56	43.71
98	75			14.37	29.56	27.83	18.78	17.63	44.01
97	72	11	15	14.5	29.91	28.03	18.89	17.69	44.31
96	70			14.63	30.26	28.23	19	17.75	44.61
95	69		14	14.76	30.61	28.43	19.11	17.81	44.91
94	68			14.89	30.96	28.63	19.22	17.87	45.21
93	65			15.02	31.31	28.83	19.33	17.93	45.51
92	64			15.15	31.66	29.03	19.44	17.99	45.81
91	63			15.28	32.01	29.23	19.55	18.05	46.11
90	62	10	13	15.41	32.36	29.43	19.66	18.11	46.41
89	61			15.54	32.71	29.63	19.77	18.17	46.71
88	60			15.67	33.06	29.83	19.88	18.23	47.01
87	59			15.8	33.41	30.03	19.99	18.29	47.31
86	58			15.93	33.76	30.23	20.1	18.35	47.61
85	57		12	16.06	34.11	30.43	20.21	18.41	47.91
84	56			16.19	34.46	30.63	20.32	18.47	48.21
83	55			16.32	34.81	30.83	20.43	18.53	48.51
82	54			16.45	35.16	31.03	20.54	18.59	48.81
81	53			16.58	35.51	31.23	20.65	18.65	49.11

续表 53

分值	0°、45°、90° 7 步后退投篮（分）	1min30s 外线自投自抢投篮（次）	1min30s 内线自投自抢投篮（次）	全场多点综合传接球（s）	全场综合运球上篮（s）	全场左右手运球见线折返（s）	六边形移动（s）	梯形滑步（s）	全场攻防技术模拟（s）
80	52	9	11	16. 71	35. 86	31. 43	20. 76	18. 71	49. 41
79	51			16. 84	36. 21	31. 63	20. 87	18. 77	49. 71
78	50			16. 97	36. 56	31. 83	20. 98	18. 83	50. 01
77	49			17. 1	36. 91	32. 03	21. 09	18. 89	50. 31
76	48			17. 23	37. 26	32. 23	21. 2	18. 95	50. 61
75	47		10	17. 36	37. 61	32. 43	21. 31	19. 01	50. 91
74	46			17. 49	37. 96	32. 63	21. 42	19. 07	51. 21
73				17. 62	38. 31	32. 83	21. 53	19. 13	51. 51
72	45			17. 75	38. 66	33. 03	21. 64	19. 19	51. 81
71	44			17. 88	39. 01	33. 23	21. 75	19. 25	52. 11
70		8	9	18. 01	39. 36	33. 43	21. 86	19. 31	52. 41
69	43			18. 14	39. 71	33. 63	21. 97	19. 37	52. 71
68	42			18. 27	40. 06	33. 83	22. 08	19. 43	53. 01
67				18. 4	40. 41	34. 03	22. 19	19. 49	53. 31
66	41			18. 53	40. 76	34. 23	22. 3	19. 55	53. 61
65	40			18. 66	41. 11	34. 43	22. 41	19. 61	53. 91
64				18. 79	41. 46	34. 63	22. 52	19. 67	54. 21
63	39			18. 92	41. 81	34. 83	22. 63	19. 73	54. 51
62	38			19. 05	42. 16	35. 03	22. 74	19. 79	54. 81
61	37			19. 18	42. 51	35. 23	22. 85	19. 85	55. 11

续表 53

分值	0°、45°、90° 7 步后退投篮（分）	1min30s 外线自投自抢投篮（次）	1min30s 内线自投自抢投篮（次）	全场多点综合传接球（s）	全场综合运球上篮（s）	全场左右手运球见线折返（s）	六边形移动（s）	梯形滑步（s）	全场攻防技术模拟（s）
60	36	7	8	19. 31	42. 86	35. 43	22. 96	19. 91	55. 41
59	35			19. 44	43. 21	35. 63	23. 07	19. 97	55. 71
58	34			19. 57	43. 56	35. 83	23. 18	20. 03	56. 01
57	33			19. 7	43. 91	36. 03	23. 29	20. 09	56. 31
56	32			19. 83	44. 26	36. 23	23. 4	20. 15	56. 61
55				19. 96	44. 61	36. 43	23. 51	20. 21	56. 91
54	31			20. 09	44. 96	36. 63	23. 62	20. 27	57. 21
53	30			20. 22	45. 31	36. 83	23. 73	20. 33	57. 51
52	29			20. 35	45. 66	37. 03	23. 84	20. 39	57. 81
51	28			20. 48	46. 01	37. 23	23. 95	20. 45	58. 11
50		6	7	20. 61	46. 36	37. 43	24. 06	20. 51	58. 41
49	27			20. 74	46. 71	37. 63	24. 17	20. 57	58. 71
48				20. 87	47. 06	37. 83	24. 28	20. 63	59. 01
47	26			21	47. 41	38. 03	24. 39	20. 69	59. 31
46	25			21. 13	47. 76	38. 23	24. 5	20. 75	59. 61
45		5	6	21. 26	48. 11	38. 43	24. 61	20. 81	59. 91
44	24			21. 39	48. 46	38. 63	24. 72	20. 87	60. 21
43	23			21. 52	48. 81	38. 83	24. 83	20. 93	60. 51
42				21. 65	49. 16	39. 03	24. 94	20. 99	60. 81
41	22			21. 78	49. 51	39. 23	25. 05	21. 05	61. 11

续表 53

分值	0°、45°、90° 7 步后退投篮（分）	1min30s 外线自投自抢投篮（次）	1min30s 内线自投自抢投篮（次）	全场多点综合传接球（s）	全场综合运球上篮（s）	全场左右手运球见线折返（s）	六边形移动（s）	梯形滑步（s）	全场攻防技术模拟（s）
40	21	4	5	21.91	49.86	39.43	25.16	21.11	61.41
39	20			22.04	50.21	39.63	25.27	21.17	61.71
38	19			22.17	50.56	39.83	25.38	21.23	62.01
37	18			22.3	50.91	40.03	25.49	21.29	62.31
36	17			22.43	51.26	40.23	25.6	21.35	62.61
35	16		4	22.56	51.61	40.43	25.71	21.41	62.91
34	15			22.69	51.96	40.63	25.82	21.47	63.21
33	14	3		22.82	52.31	40.83	25.93	21.53	63.51
32	13			22.95	52.66	41.03	26.04	21.59	63.81
31	12			23.08	53.01	41.23	26.15	21.65	64.11
30	11		3	23.21	53.36	41.43	26.26	21.71	64.41
29	10			23.34	53.71	41.63	26.37	21.77	64.71
28	9			23.47	54.06	41.83	26.48	21.83	65.01
27	8			23.6	54.41	42.03	26.59	21.89	65.31
26	7	2	2	23.73	54.76	42.23	26.7	21.95	65.61
25	6			23.86	55.11	42.43	26.81	22.01	65.91
24	5			23.99	55.46	42.63	26.92	22.07	66.21
23	4			24.12	55.81	42.83	27.03	22.13	66.51
22	3			24.25	56.16	43.03	27.14	22.19	66.81
21	2			24.38	56.51	43.23	27.25	22.25	67.11
20	1	1	1	24.51	56.86	43.43	27.36	22.31	67.41

表54　15～16岁青少年男子篮球运动员技术考核成绩评分表

分值	0°、45°、90° 7步后退投篮（分）	1min30s外线自投自抢投篮（次）	1min30s内线自投自抢投篮（分）	全场多点综合传接球（s）	全场综合运球上篮（s）	全场左右手运球见线折返（s）	六边形移动（s）	梯形滑步（s）	全场攻防技术模拟（s）
100	81	13	17	14.42	28.66	29.54	15.79	14.07	38.29
99	78		16	14.59	28.97	29.75	15.99	14.26	38.69
98	76			14.76	29.28	29.96	16.19	14.45	39.09
97	75		15	14.93	29.59	30.17	16.39	14.64	39.49
96	72			15.1	29.9	30.38	16.59	14.83	39.85
95	70	12	14	15.27	30.21	30.59	16.79	15.02	40.21
94	67			15.44	30.52	30.8	16.99	15.21	40.57
93	64			15.61	30.83	31.01	17.19	15.4	40.93
92	61			15.78	31.14	31.22	17.39	15.59	41.29
91	60			15.95	31.45	31.43	17.59	15.78	41.65
90	59	11	13	16.12	31.76	31.64	17.79	15.97	42.01
89	58			16.29	32.07	31.85	17.99	16.16	42.37
88				16.46	32.38	32.06	18.19	16.35	42.73
87	57			16.63	32.69	32.27	18.39	16.54	43.09
86	56			16.8	33	32.48	18.59	16.73	43.45
85	55	10	12	16.97	33.31	32.69	18.79	16.92	43.81
84	54			17.14	33.62	32.9	18.99	17.11	44.17
83	53			17.31	33.93	33.11	19.19	17.3	44.53
82	52			17.48	34.24	33.32	19.39	17.49	44.89
81	51			17.65	34.55	33.53	19.59	17.68	45.25

续表 54

分值	0°、45°、90° 7 步后退投篮（分）	1min30s 外线自投自抢投篮（次）	1min30s 内线自投自抢投篮（分）	全场多点综合传接球（s）	全场综合运球上篮（s）	全场左右手运球见线折返（s）	六边形移动（s）	梯形滑步（s）	全场攻防技术模拟（s）
80		9	11	17.82	34.86	33.74	19.79	17.87	45.61
79	50			17.99	35.17	33.95	19.99	18.06	45.97
78	49			18.16	35.48	34.16	20.19	18.25	46.33
77	48			18.33	35.79	34.37	20.39	18.44	46.69
76	47			18.5	36.1	34.58	20.59	18.63	47.05
75	46	8	10	18.67	36.41	34.79	20.79	18.82	47.41
74	45			18.84	36.72	35	20.99	19.01	47.77
73	44			19.01	37.03	35.21	21.19	19.2	48.13
72	43			19.18	37.34	35.42	21.39	19.39	48.49
71				19.35	37.65	35.63	21.59	19.58	48.85
70	42	7	9	19.52	37.96	35.84	21.79	19.77	49.21
69	41			19.69	38.27	36.05	21.99	19.96	49.57
68	40			19.86	38.58	36.26	22.19	20.15	49.93
67	39			20.03	38.89	36.47	22.39	20.34	50.29
66				20.2	39.2	36.68	22.59	20.53	50.65
65	38	6		20.37	39.51	36.89	22.79	20.72	51.01
64	37			20.54	39.82	37.1	22.99	20.91	51.37
63	36		8	20.71	40.13	37.31	23.19	21.1	51.73
62				20.88	40.44	37.52	23.39	21.29	52.09
61	35			21.05	40.75	37.73	23.59	21.48	52.45

续表 54

分值	0°、45°、90° 7 步后退投篮（分）	1min30s 外线自投自抢投篮（次）	1min30s 内线自投自抢投篮（分）	全场多点综合传接球（s）	全场综合运球上篮（s）	全场左右手运球见线折返（s）	六边形移动（s）	梯形滑步（s）	全场攻防技术模拟（s）
60	34			21. 22	41. 06	37. 94	23. 79	21. 67	52. 81
59	33			21. 39	41. 37	38. 15	23. 99	21. 86	53. 17
58				21. 56	41. 68	38. 36	24. 19	22. 05	53. 53
57	32	5	7	21. 73	41. 99	38. 57	24. 39	22. 24	53. 89
56	31			21. 9	42. 3	38. 78	24. 59	22. 43	54. 25
55				22. 07	42. 61	38. 99	24. 79	22. 62	54. 61
54				22. 24	42. 92	39. 2	24. 99	22. 81	54. 97
53	30			22. 41	43. 23	39. 41	25. 19	23	55. 33
52	29			22. 58	43. 54	39. 62	25. 39	23. 19	55. 69
51		4		22. 75	43. 85	39. 83	25. 59	23. 38	56. 05
50			6	22. 92	44. 16	40. 04	25. 79	23. 57	56. 41
49	28			23. 09	44. 47	40. 25	25. 99	23. 76	56. 77
48	27			23. 26	44. 78	40. 46	26. 19	23. 95	57. 13
47	26			23. 43	45. 09	40. 67	26. 39	24. 14	57. 49
46	25			23. 6	45. 4	40. 88	26. 59	24. 33	57. 85
45			5	23. 77	45. 71	41. 09	26. 79	24. 52	58. 21
44				23. 94	46. 02	41. 3	26. 99	24. 71	58. 57
43	24			24. 11	46. 33	41. 51	27. 19	24. 9	58. 93
42	23			24. 28	46. 64	41. 72	27. 39	25. 09	59. 29
41	22			24. 45	46. 95	41. 93	27. 59	25. 28	59. 65

续表 54

分值	0°、45°、90° 7 步后退投篮（分）	1min30s 外线自投自抢投篮（次）	1min30s 内线自投自抢投篮（分）	全场多点综合传接球（s）	全场综合运球上篮（s）	全场左右手运球见线折返（s）	六边形移动（s）	梯形滑步（s）	全场攻防技术模拟（s）
40	21	3	4	24.62	47.26	42.14	27.79	25.47	60.01
39	20			24.79	47.57	42.35	27.99	25.66	60.37
38	19			24.96	47.88	42.56	28.19	25.85	60.73
37	18			25.13	48.19	42.77	28.39	26.04	61.09
36	17			25.3	48.5	42.98	28.59	26.23	61.45
35	16			25.47	48.81	43.19	28.79	26.42	61.81
34	15			25.64	49.12	43.4	28.99	26.61	62.17
33	14			25.81	49.43	43.61	29.19	26.8	62.53
32	13			25.98	49.74	43.82	29.39	26.99	62.89
31	12	2	3	26.15	50.05	44.03	29.59	27.18	63.25
30	11			26.32	50.36	44.24	29.79	27.37	63.61
29	10			26.49	50.67	44.45	29.99	27.56	63.97
28	9			26.66	50.98	44.66	30.19	27.75	64.33
27	8			26.83	51.29	44.87	30.39	27.94	64.69
26	7			27	51.6	45.08	30.59	28.13	65.05
25	6			27.17	51.91	45.29	30.79	28.32	65.41
24	5			27.34	52.22	45.5	30.99	28.51	65.77
23	4			27.51	52.53	45.71	31.19	28.7	66.13
22	3			27.68	52.84	45.92	31.39	28.89	66.49
21	2			27.85	53.15	46.13	31.59	29.08	66.85
20	1	1	2	28.02	53.46	46.34	31.79	29.27	67.21

表55 15~16岁青少年女子篮球运动员技术考核成绩评分表

分值	0°、45°、90° 7步后退投篮（分）	1min30s外线自投自抢投篮（次）	1min30s内线自投自抢投篮（分）	全场多点综合传接球（s）	全场综合运球上篮（s）	全场左右手运球见线折返（s）	六边形移动（s）	梯形滑步（s）	全场攻防技术模拟（s）
100	80	11	15	14.78	30.27	28.87	19.87	17.81	45.51
99	76			14.91	30.62	29.04	19.99	17.87	45.82
98	74			15.04	30.97	29.21	20.11	17.93	46.13
97	72	10	14	15.17	31.32	29.37	20.23	17.99	46.44
96	70			15.3	31.67	29.54	20.35	18.05	46.75
95	68		13	15.43	32.02	29.71	20.47	18.11	47.06
94	64			15.56	32.37	29.88	20.59	18.17	47.37
93	63			15.69	32.72	30.04	20.71	18.23	47.68
92	62			15.82	33.07	30.21	20.83	18.29	47.99
91	61			15.95	33.42	30.38	20.95	18.35	48.3
90	60	9	12	16.08	33.77	30.55	21.07	18.41	48.61
89	59			16.21	34.12	30.71	21.19	18.47	48.92
88	58			16.34	34.47	30.88	21.31	18.53	49.23
87	57			16.47	34.82	31.05	21.43	18.59	49.54
86	56			16.6	35.17	31.22	21.55	18.65	49.85
85	55		11	16.73	35.52	31.39	21.67	18.71	50.16
84	54			16.86	35.87	31.55	21.79	18.77	50.47
83	53			16.99	36.22	31.72	21.91	18.83	50.78
82	52			17.12	36.57	31.89	22.03	18.89	51.09
81	51			17.25	36.92	32.06	22.15	18.95	51.4

续表 55

分值	0°、45°、90° 7 步后退投篮（分）	1min30s 外线自投自抢投篮（次）	1min30s 内线自投自抢投篮（分）	全场多点综合传接球（s）	全场综合运球上篮（s）	全场左右手运球见线折返（s）	六边形移动（s）	梯形滑步（s）	全场攻防技术模拟（s）
80	50	8	10	17. 38	37. 27	32. 22	22. 27	19. 01	51. 71
79	49			17. 51	37. 62	32. 39	22. 39	19. 07	52. 02
78	48			17. 64	37. 97	32. 56	22. 51	19. 13	52. 33
77	47			17. 77	38. 32	32. 73	22. 63	19. 19	52. 64
76	46			17. 9	38. 67	32. 89	22. 75	19. 25	52. 95
75			9	18. 03	39. 02	33. 06	22. 87	19. 31	53. 26
74	45			18. 16	39. 37	33. 23	22. 99	19. 37	53. 57
73	44			18. 29	39. 72	33. 4	23. 11	19. 43	53. 88
72				18. 42	40. 07	33. 57	23. 23	19. 49	54. 19
71	43			18. 55	40. 42	33. 73	23. 35	19. 55	54. 5
70	42	7	8	18. 68	40. 77	33. 9	23. 47	19. 61	54. 81
69				18. 81	41. 12	34. 07	23. 59	19. 67	55. 12
68	41			18. 94	41. 47	34. 24	23. 71	19. 73	55. 43
67	40			19. 07	41. 82	34. 4	23. 83	19. 79	55. 74
66				19. 2	42. 17	34. 57	23. 95	19. 85	56. 05
65	39			19. 33	42. 52	34. 74	24. 07	19. 91	56. 36
64	38			19. 46	42. 87	34. 91	24. 19	19. 97	56. 67
63				19. 59	43. 22	35. 07	24. 31	20. 03	56. 98
62	37			19. 72	43. 57	35. 24	24. 43	20. 09	57. 29
61	36			19. 85	43. 92	35. 41	24. 55	20. 15	57. 6

续表 55

分值	0°、45°、90° 7 步后退投篮（分）	1min30s 外线自投自抢投篮（次）	1min30s 内线自投自抢投篮（分）	全场多点综合传接球（s）	全场综合运球上篮（s）	全场左右手运球见线折返（s）	六边形移动（s）	梯形滑步（s）	全场攻防技术模拟（s）
60	35	6	7	19.98	44.27	35.58	24.67	20.21	57.91
59	34			20.11	44.62	36.97	24.79	20.27	58.22
58	33			20.24	44.97	37.26	24.91	20.33	58.53
57	32			20.37	45.32	37.54	25.03	20.39	58.84
56	31			20.5	45.67	37.83	25.15	20.45	59.15
55	30			20.63	46.02	38.12	25.27	20.51	59.46
54	29			20.76	46.37	38.41	25.39	20.57	59.77
53	28			20.89	46.72	38.7	25.51	20.63	60.08
52	27			21.02	47.07	38.99	25.63	20.69	60.39
51	26			21.15	47.42	39.28	25.75	20.75	60.7
50	25	5	6	21.28	47.77	39.57	25.87	20.81	61.01
49				21.41	48.12	39.86	25.99	20.87	61.32
48	24			21.54	48.47	40.14	26.11	20.93	61.63
47	23			21.67	48.82	40.43	26.23	20.99	61.94
46				21.8	49.17	40.72	26.35	21.05	62.25
45	22	4	5	21.93	49.52	41.01	26.47	21.11	62.56
44	21			22.06	49.87	41.3	26.59	21.17	62.87
43				22.19	50.22	41.59	26.71	21.23	63.18
42				22.32	50.57	41.83	26.83	21.29	63.49
41				22.45	50.92	42.14	26.95	21.35	63.8

续表 55

分值	0°、45°、90° 7 步后退投篮（分）	1min30s 外线自投自抢投篮（次）	1min30s 内线自投自抢投篮（分）	全场多点综合传接球（s）	全场综合运球上篮（s）	全场左右手运球见线折返（s）	六边形移动（s）	梯形滑步（s）	全场攻防技术模拟（s）
40	20	3	4	22.58	51.27	42.44	27.07	21.41	64.11
39				22.71	51.62	42.74	27.19	21.47	64.42
38	19			22.84	51.97	43.04	27.31	21.53	64.73
37	18			22.97	52.32	43.34	27.43	21.59	65.04
36	17		3	23.1	52.67	43.64	27.55	21.65	65.35
35	16			23.23	53.02	43.94	27.67	21.71	65.66
34	15	2		23.36	53.37	44.24	27.79	21.77	65.97
33	14			23.49	53.72	44.54	27.91	21.83	66.28
32	13			23.62	54.07	44.84	28.03	21.89	66.59
31	12			23.75	54.42	45.14	28.15	21.95	66.9
30	11		2	23.88	54.77	45.44	28.27	22.01	67.21
29	10			24.01	55.12	45.74	28.39	22.07	67.52
28	9			24.14	55.47	46.04	28.51	22.13	67.83
27	8			24.27	55.82	46.34	28.63	22.19	68.14
26	7			24.4	56.17	46.64	28.75	22.25	68.45
25	6			24.53	56.52	46.94	28.87	22.31	68.76
24	5			24.66	56.87	47.24	28.99	22.37	69.07
23	4			24.79	57.22	47.54	29.11	22.43	69.38
22	3			24.92	57.57	47.84	29.23	22.49	69.69
21	2			25.05	57.92	48.14	29.35	22.55	70
20	1	1	1	25.18	58.27	48.44	29.47	22.61	70.31

表 56　13～14 岁青少年男子篮球运动员技术考核成绩评分表

分值	0°、45°、90° 5 步后退投篮（分）	1min 自投自抢投篮（次）	全场多点综合传接球（s）	全场综合运球上篮（s）	全场左右手运球见线折返（s）	六边形移动（s）	梯形滑步（s）	全场攻防技术模拟（s）
100	45	13	14.81	30.21	30.59	17.39	15.02	40.21
99	44		15.08	30.52	30.8	17.51	15.21	40.57
98	43	12	15.35	30.83	31.01	17.63	15.4	40.93
97			15.62	31.14	31.22	17.75	15.59	41.29
96	42		15.89	31.45	31.43	17.87	15.78	41.65
95	41	11	16.16	31.76	31.64	17.99	15.97	42.01
94	40		16.43	32.07	31.85	18.11	16.16	42.37
93			16.7	32.38	32.06	18.23	16.35	42.73
92	39		16.97	32.69	32.27	18.35	16.54	43.09
91			17.24	33	32.48	18.47	16.73	43.45
90	38	10	17.51	33.31	32.69	18.59	16.92	43.81
89			17.78	33.62	32.9	18.71	17.11	44.17
88	37		18.05	33.93	33.11	18.83	17.3	44.53
87			18.32	34.24	33.32	18.95	17.49	44.89
86	36		18.59	34.55	33.53	19.07	17.68	45.25
85		9	18.86	34.86	33.74	19.19	17.87	45.61
84	35		19.13	35.17	33.95	19.31	18.06	45.97
83			19.4	35.48	34.16	19.43	18.25	46.33
82	34		19.67	35.79	34.37	19.55	18.44	46.69
81			19.94	36.1	34.58	19.67	18.63	47.05
80	33	8	20.21	36.41	34.79	19.79	18.82	47.41

续表 56

分值	0°、45°、90° 5 步后退投篮（分）	1min 自投自抢投篮（次）	全场多点综合传接球（s）	全场综合运球上篮（s）	全场左右手运球见线折返（s）	六边形移动（s）	梯形滑步（s）	全场攻防技术模拟（s）
79			20.48	36.72	35	19.91	19.01	47.77
78	32		20.75	37.03	35.21	20.03	19.2	48.13
77			21.02	37.34	35.42	20.15	19.39	48.49
76	31		21.29	37.65	35.63	20.27	19.58	48.85
75			21.56	37.96	35.84	20.39	19.77	49.21
74	30		21.83	38.27	36.05	20.51	19.96	49.57
73		7	22.1	38.58	36.26	20.63	20.15	49.93
72	29		22.37	38.89	36.47	20.75	20.34	50.29
71			22.64	39.2	36.68	20.87	20.53	50.65
70	28		22.91	39.51	36.89	20.99	20.72	51.01
69			23.18	39.82	37.1	21.11	20.91	51.37
68	27		23.45	40.13	37.31	21.23	21.1	51.73
67			23.72	40.44	37.52	21.35	21.29	52.09
66	26		23.99	40.75	37.73	21.47	21.48	52.45
65			24.26	41.06	37.94	21.59	21.67	52.81
64	25		24.53	41.37	38.15	21.71	21.86	53.17
63		6	24.8	41.68	38.36	21.83	22.05	53.53
62	24		25.07	41.99	38.57	21.95	22.24	53.89
61			25.34	42.3	38.78	22.07	22.43	54.25
60	23		25.61	42.61	38.99	22.19	22.62	54.61
59			25.88	42.92	39.2	22.31	22.81	54.97

续表 56

分值	0°、45°、90° 5 步后退投篮（分）	1min 自投自抢投篮（次）	全场多点综合传接球（s）	全场综合运球上篮（s）	全场左右手运球见线折返（s）	六边形移动（s）	梯形滑步（s）	全场攻防技术模拟（s）
58	22		26.15	43.23	39.41	22.43	23	55.33
57			26.42	43.54	39.62	22.55	23.19	55.69
56	21		26.69	43.85	39.83	22.67	23.38	56.05
55		5	26.96	44.16	40.04	22.79	23.57	56.41
54	20		27.23	44.47	40.25	22.91	23.76	56.77
53			27.5	44.78	40.46	23.03	23.95	57.13
52	19		27.77	45.09	40.67	23.15	24.14	57.49
51			28.04	45.4	40.88	23.27	24.33	57.85
50	18		28.31	45.71	41.09	23.39	24.52	58.21
49			28.58	46.02	41.3	23.51	24.71	58.57
48	17		28.85	46.33	41.51	23.63	24.9	58.93
47			29.12	46.64	41.72	23.75	25.09	59.29
46	16		29.39	46.95	41.93	23.87	25.28	59.65
45		4	29.66	47.26	42.14	23.99	25.47	60.01
44	15		29.93	47.57	42.35	24.11	25.66	60.37
43	14		30.2	47.88	42.56	24.23	25.85	60.73
42	13		30.47	48.19	42.77	24.35	26.04	61.09
41	12		30.74	48.5	42.98	24.47	26.23	61.45
40	11	3	31.01	48.81	43.19	24.59	26.42	61.81
39			31.28	49.12	43.4	24.71	26.61	62.17
38	10		31.55	49.43	43.61	24.83	26.8	62.53

续表 56

分值	0°、45°、90° 5 步后退投篮（分）	1min 自投自抢投篮（次）	全场多点综合传接球（s）	全场综合运球上篮（s）	全场左右手运球见线折返（s）	六边形移动（s）	梯形滑步（s）	全场攻防技术模拟（s）
37			31.82	49.74	43.82	24.95	26.99	62.89
36	9		32.09	50.05	44.03	25.07	27.18	63.25
35			32.36	50.36	44.24	25.19	27.37	63.61
34	8		32.63	50.67	44.45	25.31	27.56	63.97
33			32.9	50.98	44.66	25.43	27.75	64.33
32	7	2	33.17	51.29	44.87	25.55	27.94	64.69
31			33.44	51.6	45.08	25.67	28.13	65.05
30	6		33.71	51.91	45.29	25.79	28.32	65.41
29			33.98	52.22	45.5	25.91	28.51	65.77
28	5		34.25	52.53	45.71	26.03	28.7	66.13
27			34.52	52.84	45.92	26.15	28.89	66.49
26			34.79	53.15	46.13	26.27	29.08	66.85
25	4		35.06	53.46	46.34	26.39	29.27	67.21
24			35.33	53.77	46.55	26.51	29.46	67.57
23	3		35.6	54.08	46.76	26.63	29.65	67.93
22			35.87	54.39	46.97	26.75	29.84	68.29
21	2		36.14	54.7	47.18	26.87	30.03	68.65
20	1	1	36.41	55.01	47.39	26.99	30.22	69.01

表57　13~14岁青少年女子篮球运动员技术考核成绩评分表

分值	0°、45°、90° 5步后退投篮（分）	1min自投自抢投篮（次）	全场多点综合传接球（s）	全场综合运球上篮（s）	全场左右手运球见线折返（s）	六边形移动（s）	梯形滑步（s）	全场攻防技术模拟（s）
100	45	12	15.47	31.68	30.03	18.37	18.03	46.78
99	42		15.62	32.04	30.32	18.55	18.09	47.09
98	41		15.77	32.4	30.61	18.73	18.15	47.4
97	40		15.92	32.76	30.9	18.91	18.21	47.71
96	39		16.07	33.12	31.19	19.09	18.27	48.02
95	38		16.22	33.48	31.48	19.27	18.33	48.33
94	37	11	16.37	33.84	31.77	19.45	18.39	48.64
93	36		16.52	34.2	32.06	19.63	18.45	48.95
92	35		16.67	34.56	32.35	19.81	18.51	49.26
91	34	10	16.82	34.92	32.64	19.99	18.57	49.57
90	33		16.97	35.28	32.93	20.17	18.63	49.88
89	32		17.12	35.64	33.22	20.35	18.69	50.19
88			17.27	36	33.51	20.53	18.75	50.5
87	31		17.42	36.36	33.8	20.71	18.81	50.81
86	30		17.57	36.72	34.09	20.89	18.87	51.12
85		9	17.72	37.08	34.38	21.07	18.93	51.43
84			17.87	37.44	34.67	21.25	18.99	51.74
83			18.02	37.8	34.96	21.43	19.05	52.05
82	29		18.17	38.16	35.25	21.61	19.11	52.36
81	28		18.32	38.52	35.54	21.79	19.17	52.67
80		8	18.47	38.88	35.83	21.97	19.23	52.98

续表 57

分值	0°、45°、90° 5 步后退投篮（分）	1min 自投自抢投篮（次）	全场多点综合传接球（s）	全场综合运球上篮（s）	全场左右手运球见线折返（s）	六边形移动（s）	梯形滑步（s）	全场攻防技术模拟（s）
79			18.62	39.24	36.12	22.15	19.29	53.29
78	26		18.77	39.6	36.41	22.33	19.35	53.6
77	25		18.92	39.96	36.7	22.51	19.41	53.91
76			19.07	40.32	36.99	22.69	19.47	54.22
75			19.22	40.68	37.28	22.87	19.53	54.53
74	24	7	19.37	41.04	37.57	23.05	19.59	54.84
73	23		19.52	41.4	37.86	23.23	19.65	55.15
72			19.67	41.76	38.15	23.41	19.71	55.46
71	22		19.82	42.12	38.44	23.59	19.77	55.77
70	21		19.97	42.48	38.73	23.77	19.83	56.08
69			20.12	42.84	39.02	23.95	19.89	56.39
68		6	20.27	43.2	39.31	24.13	19.95	56.7
67	20		20.42	43.56	39.6	24.31	20.01	57.01
66	19		20.57	43.92	39.89	24.49	20.07	57.32
65			20.72	44.28	40.18	24.67	20.13	57.63
64			20.87	44.64	40.47	24.85	20.19	57.94
63			21.02	45	40.76	25.03	20.25	58.25
62	18	5	21.17	45.36	41.05	25.21	20.31	58.56
61	17		21.32	45.72	41.34	25.39	20.37	58.87
60			21.47	46.08	41.63	25.57	20.43	59.18
59			21.62	46.44	41.92	25.75	20.49	59.49

续表 57

分值	0°、45°、90° 5 步后退投篮（分）	1min 自投自抢投篮（次）	全场多点综合传接球（s）	全场综合运球上篮（s）	全场左右手运球见线折返（s）	六边形移动（s）	梯形滑步（s）	全场攻防技术模拟（s）
58	16		21.77	46.8	42.21	25.93	20.55	59.8
57	15		21.92	47.16	42.5	26.11	20.61	60.11
56			22.07	47.52	42.79	26.29	20.67	60.42
55			22.22	47.88	43.08	26.47	20.73	60.73
54	14		22.37	48.24	43.37	26.65	20.79	61.04
53	13		22.52	48.6	43.66	26.83	20.85	61.35
52			22.67	48.96	43.95	27.01	20.91	61.66
51			22.82	49.32	44.24	27.19	20.97	61.97
50	12		22.97	49.68	44.53	27.37	21.03	62.28
49	11	4	23.12	50.04	44.82	27.55	21.09	62.59
48			23.27	50.4	45.11	27.73	21.15	62.9
47	10		23.42	50.76	45.4	27.91	21.21	63.21
46			23.57	51.12	45.69	28.09	21.27	63.52
45			23.72	51.48	45.98	28.27	21.33	63.83
44			23.87	51.84	46.27	28.45	21.39	64.14
43	9		24.02	52.2	46.56	28.63	21.45	64.45
42			24.17	52.56	46.85	28.81	21.51	64.76
41			24.32	52.92	47.14	28.99	21.57	65.07
40	8	3	24.47	53.28	47.43	29.17	21.63	65.38
39			24.62	53.64	47.72	29.35	21.69	65.69
38	7		24.77	54	48.01	29.53	21.75	66

续表 57

分值	0°、45°、90° 5 步后退投篮（分）	1min 自投自抢投篮（次）	全场多点综合传接球（s）	全场综合运球上篮（s）	全场左右手运球见线折返（s）	六边形移动（s）	梯形滑步（s）	全场攻防技术模拟（s）
37			24. 92	54. 36	48. 3	29. 71	21. 81	66. 31
36			25. 07	54. 72	48. 59	29. 89	21. 87	66. 62
35	6		25. 22	55. 08	48. 88	30. 07	21. 93	66. 93
34			25. 37	55. 44	49. 17	30. 25	21. 99	67. 24
33			25. 52	55. 8	49. 46	30. 43	22. 05	67. 55
32	5		25. 67	56. 16	49. 75	30. 61	22. 11	67. 86
31		2	25. 82	56. 52	50. 04	30. 79	22. 17	68. 17
30			25. 97	56. 88	50. 33	30. 97	22. 23	68. 48
29	4		26. 12	57. 24	50. 62	31. 15	22. 29	68. 79
28			26. 27	57. 6	50. 91	31. 33	22. 35	69. 1
27			26. 42	57. 96	51. 2	31. 51	22. 41	69. 41
26	3		26. 57	58. 32	51. 49	31. 69	22. 47	69. 72
25			26. 72	58. 68	51. 78	31. 87	22. 53	70. 03
24			26. 87	59. 04	52. 07	32. 05	22. 59	70. 34
23	2		27. 02	59. 4	52. 36	32. 23	22. 65	70. 65
22			27. 17	59. 76	52. 65	32. 41	22. 71	70. 96
21			27. 32	60. 12	52. 94	32. 59	22. 77	71. 27
20	1	1	27. 47	60. 48	53. 23	32. 77	22. 83	71. 58

表58　11～12岁青少年男子篮球运动员技术考核成绩评分表

分值	左右手运球行进间高手、低手、双手投篮（s）	0°、45°、90° 5步后退投篮（分）	半场移动传接球（次）	全场左右手运球见线折返（s）	梯形滑步（s）
100	27.21	45	40	27.83	15.97
99	27.76	44	39	28.24	16.16
98	28.31	43		28.65	16.35
97	28.86	42		29.06	16.54
96	29.41	41	38	29.47	16.73
95	29.96	40		29.88	16.92
94	30.51	39		30.29	17.11
93	31.06	38	37	30.7	17.3
92	31.61	37	36	31.11	17.49
91	32.16		35	31.52	17.68
90	32.71	36		31.93	17.87
89	33.26		34	32.34	18.06
88	33.81	35	33	32.75	18.25
87	34.36			33.16	18.44
86	34.91	34	32	33.57	18.63
85	35.46			33.98	18.82
84	36.01	33	31	34.39	19.01
83	36.56			34.8	19.2
82	37.11	32	30	35.21	19.39
81	37.66			35.62	19.58
80	38.21	31	29	36.03	19.77

续表 58

分值	左右手运球行进间高手、低手、双手投篮（s）	0°、45°、90° 5步后退投篮（分）	半场移动传接球（次）	全场左右手运球见线折返（s）	梯形滑步（s）
79	38.76			36.44	19.96
78	39.31	30	28	36.85	20.15
77	39.86		27	37.26	20.34
76	40.41	29		37.67	20.53
75	40.96		26	38.08	20.72
74	41.51	28		38.49	20.91
73	42.06		25	38.9	21.1
72	42.61	27		39.31	21.29
71	43.16		24	39.72	21.48
70	43.71	26		40.13	21.67
69	44.26		23	40.54	21.86
68	44.81	25		40.95	22.05
67	45.36		22	41.36	22.24
66	45.91	24		41.77	22.43
65	46.46		21	42.18	22.62
64	47.01	23	20	42.59	22.81
63	47.56		19	43	23
62	48.11	22		43.41	23.19
61	48.66			43.82	23.38
60	49.21	21		44.23	23.57
59	49.76			44.64	23.76

续表 58

分值	左右手运球行进间高手、低手、双手投篮（s）	0°、45°、90° 5 步后退投篮（分）	半场移动传接球（次）	全场左右手运球见线折返（s）	梯形滑步（s）
58	50. 31	20		45. 05	23. 95
57	50. 86			45. 46	24. 14
56	51. 41	19	18	45. 87	24. 33
55	51. 96			46. 28	24. 52
54	52. 51	18		46. 69	24. 71
53	53. 06			47. 1	24. 9
52	53. 61	17		47. 51	25. 09
51	54. 16			47. 92	25. 28
50	54. 71	16	17	48. 33	25. 47
49	55. 26			48. 74	25. 66
48	55. 81	15		49. 15	25. 85
47	56. 36	14		49. 56	26. 04
46	56. 91		16	49. 97	26. 23
45	57. 46			50. 38	26. 42
44	58. 01	13		50. 79	26. 61
43	58. 56	12		51. 2	26. 8
42	59. 11		15	51. 61	26. 99
41	59. 66	11		52. 02	27. 18
40	60. 21	10	14	52. 43	27. 37
39	60. 76			52. 84	27. 56
38	61. 31	9		53. 25	27. 75

续表 58

分值	左右手运球行进间高手、低手、双手投篮（s）	0°、45°、90° 5 步后退投篮（分）	半场移动传接球（次）	全场左右手运球见线折返（s）	梯形滑步（s）
37	61.86		13	53.66	27.94
36	62.41	8		54.07	28.13
35	62.96			54.48	28.32
34	63.51	7	12	54.89	28.51
33	64.06			55.3	28.7
32	64.61	6		55.71	28.89
31	65.16		11	56.12	29.08
30	65.71			56.53	29.27
29	66.26	5	10	56.94	29.46
28	66.81			57.35	29.65
27	67.36	4	9	57.76	29.84
26	67.91			58.17	30.03
25	68.46	3	8	58.58	30.22
24	69.01			58.99	30.41
23	69.56	2	7	59.4	30.6
22	70.11			59.81	30.79
21	70.66		6	60.22	30.98
20	71.21	1	5	60.63	31.17

表59　11~12岁青少年女子篮球运动员技术考核成绩评分表

分值	左右手运球行进间高手、低手、双手投篮（s）	0°、45°、90° 5步后退投篮（分）	半场移动传接球（次）	全场左右手运球见线折返（s）	梯形滑步（s）
100	32.56	44	41	31.66	18.82
99	33.13	43	40	32.04	18.91
98	33.7	42		32.42	19
97	34.27	41		32.8	19.09
96	34.84	40	39	33.18	19.18
95	35.41	39		33.56	19.27
94	35.98	38		33.94	19.36
93	36.55	37	38	34.32	19.45
92	37.12	36	37	34.7	19.54
91	37.69		36	35.08	19.63
90	38.26	35		35.46	19.72
89	38.83		35	35.84	19.81
88	39.4	34	34	36.22	19.9
87	39.97			36.6	19.99
86	40.54	33	33	36.98	20.08
85	41.11			37.36	20.17
84	41.68	32	32	37.74	20.26
83	42.25			38.12	20.35
82	42.82	31	31	38.5	20.44
81	43.39		30	38.88	20.53
80	43.96	30	29	39.26	20.62

续表 59

分值	左右手运球行进间高手、低手、双手投篮（s）	0°、45°、90° 5 步后退投篮（分）	半场移动传接球（次）	全场左右手运球见线折返（s）	梯形滑步（s）
79	44.53			39.64	20.71
78	45.1	29	28	40.02	20.8
77	45.67		27	40.4	20.89
76	46.24	28		40.78	20.98
75	46.81		26	41.16	21.07
74	47.38	27		41.54	21.16
73	47.95		25	41.92	21.25
72	48.52	26		42.3	21.34
71	49.09		24	42.68	21.43
70	49.66	25		43.06	21.52
69	50.23		23	43.44	21.61
68	50.8	24		43.82	21.7
67	51.37		22	44.2	21.79
66	51.94	23		44.58	21.88
65	52.51		21	44.96	21.97
64	53.08	22	20	45.34	22.06
63	53.65		19	45.72	22.15
62	54.22	21		46.1	22.24
61	54.79			46.48	22.33
60	55.36	20		46.86	22.42
59	55.93			47.24	22.51

续表 59

分值	左右手运球行进间高手、低手、双手投篮（s）	0°、45°、90° 5 步后退投篮（分）	半场移动传接球（次）	全场左右手运球见线折返（s）	梯形滑步（s）
58	56. 5	19		47. 62	22. 6
57	57. 07			48	22. 69
56	57. 64	18	18	48. 38	22. 78
55	58. 21			48. 76	22. 87
54	58. 78	17		49. 14	22. 96
53	59. 35			49. 52	23. 05
52	59. 92	16		49. 9	23. 14
51	60. 49			50. 28	23. 23
50	61. 06	15	17	50. 66	23. 32
49	61. 63	14		51. 04	23. 41
48	62. 2			51. 42	23. 5
47	62. 77			51. 8	23. 59
46	63. 34	13	16	52. 18	23. 68
45	63. 91	12		52. 56	23. 77
44	64. 48			52. 94	23. 86
43	65. 05	11		53. 32	23. 95
42	65. 62	10	15	53. 7	24. 04
41	66. 19			54. 08	24. 13
40	66. 76	9	14	54. 46	24. 22
39	67. 33	8		54. 84	24. 31
38	67. 9			55. 22	24. 4

续表 59

分值	左右手运球行进间高手、低手、双手投篮（s）	0°、45°、90° 5 步后退投篮（分）	半场移动传接球（次）	全场左右手运球见线折返（s）	梯形滑步（s）
37	68. 47	7		55. 6	24. 49
36	69. 04		13	55. 98	24. 58
35	69. 61	6		56. 36	24. 67
34	70. 18			56. 74	24. 76
33	70. 75			57. 12	24. 85
32	71. 32	5	12	57. 5	24. 94
31	71. 89			57. 88	25. 03
30	72. 46			58. 26	25. 12
29	73. 03	4	11	58. 64	25. 21
28	73. 6			59. 02	25. 3
27	74. 17		10	59. 4	25. 39
26	74. 74	3		59. 78	25. 48
25	75. 31			60. 16	25. 57
24	75. 88		9	60. 54	25. 66
23	76. 45	2		60. 92	25. 75
22	77. 02		8	61. 3	25. 84
21	77. 59			61. 68	25. 93
20	78. 16	1	7	62. 06	26. 02

表60 9~10岁青少年男子篮球运动员技术考核成绩评分表

分值	左右手行进间高手、低手、双手投篮（s）	半场移动传接球（次）	半场左右手运球见线折返（s）	梯形滑步（s）
100	28.86	37	31.07	16.73
99	29.41	36	31.46	16.95
98	29.96		31.85	17.17
97	30.51		32.24	17.39
96	31.06	35	32.63	17.61
95	31.61	34	33.02	17.83
94	32.16		33.41	18.05
93	32.71	33	33.8	18.27
92	33.26	32	34.19	18.49
91	33.81		34.58	18.71
90	34.36		34.97	18.93
89	34.91	31	35.36	19.15
88	35.46	30	35.75	19.37
87	36.01		36.14	19.59
86	36.56		36.53	19.81
85	37.11	29	36.92	20.03
84	37.66	28	37.31	20.25
83	38.21		37.7	20.47
82	38.76	27	38.09	20.69
81	39.31	26	38.48	20.91
80	39.86		38.87	21.13
79	40.41		39.26	21.35

续表 60

分值	左右手行进间高手、低手、双手投篮（s）	半场移动传接球（次）	半场左右手运球见线折返（s）	梯形滑步（s）
78	40.96	25	39.65	21.57
77	41.51	24	40.04	21.79
76	42.06		40.43	22.01
75	42.61		40.82	22.23
74	43.16	23	41.21	22.45
73	43.71	22	41.6	22.67
72	44.26		41.99	22.89
71	44.81	21	42.38	23.11
70	45.36	20	42.77	23.33
69	45.91		43.16	23.55
68	46.46		43.55	23.77
67	47.01	19	43.94	23.99
66	47.56	18	44.33	24.21
65	48.11		44.72	24.43
64	48.66		45.11	24.65
63	49.21		45.5	24.87
62	49.76	17	45.89	25.09
61	50.31	16	46.28	25.31
60	50.86		46.67	25.53
59	51.41		47.06	25.75
58	51.96	15	47.45	25.97
57	52.51		47.84	26.19

续表 60

分值	左右手行进间高手、低手、双手投篮（s）	半场移动传接球（次）	半场左右手运球见线折返（s）	梯形滑步（s）
56	53.06		48.23	26.41
55	53.61		48.62	26.63
54	54.16		49.01	26.85
53	54.71		49.4	27.07
52	55.26	14	49.79	27.29
51	55.81		50.18	27.51
50	56.36		50.57	27.73
49	56.91		50.96	27.95
48	57.46		51.35	28.17
47	58.01		51.74	28.39
46	58.56		52.13	28.61
45	59.11	13	52.52	28.83
44	59.66		52.91	29.05
43	60.21		53.3	29.27
42	60.76		53.69	29.49
41	61.31		54.08	29.71
40	61.86	12	54.26	29.93
39	62.41		54.44	30.15
38	62.96		54.62	30.37
37	63.51	11	54.8	30.59
36	64.06		54.98	30.81
35	64.61	10	55.16	31.03

续表 60

分值	左右手行进间高手、低手、双手投篮（s）	半场移动传接球（次）	半场左右手运球见线折返（s）	梯形滑步（s）
34	65. 16		55. 34	31. 25
33	65. 71	9	55. 52	31. 47
32	66. 26		55. 7	31. 69
31	66. 81	8	55. 88	31. 91
30	67. 36		56. 06	32. 13
29	67. 91	7	56. 24	32. 35
28	68. 46		56. 42	32. 57
27	69. 01	6	56. 6	32. 79
26	69. 56		56. 78	33. 01
25	70. 11		56. 96	33. 23
24	70. 66	5	57. 14	33. 45
23	71. 21		57. 32	33. 67
22	71. 76		57. 5	33. 89
21	72. 31		57. 68	34. 11
20	72. 86	4	57. 86	34. 33

表 61　9～10 岁青少年女子篮球运动员技术考核成绩评分表

分值	左右手行进间高手、低手、双手投篮（s）	半场移动传接球（次）	半场左右手运球见线折返（s）	梯形滑步（s）
100	35. 81	38	34. 27	19. 01
99	36. 35	37	34. 7	19. 11
98	36. 89		35. 13	19. 21

续表 61

分值	左右手行进间高手、低手、双手投篮（s）	半场移动传接球（次）	半场左右手运球见线折返（s）	梯形滑步（s）
97	37.43	36	35.56	19.31
96	37.97		35.99	19.41
95	38.51		36.42	19.51
94	39.05	35	36.85	19.61
93	39.59		37.28	19.71
92	40.13	34	37.71	19.81
91	40.67		38.14	19.91
90	41.21	33	38.57	20.01
89	41.75		39	20.11
88	42.29	32	39.43	20.21
87	42.83	31	39.86	20.31
86	43.37	30	40.29	20.41
85	43.91		40.72	20.51
84	44.45		41.15	20.61
83	44.99	29	41.58	20.71
82	45.53	28	42.01	20.81
81	46.07		42.44	20.91
80	46.61		42.87	21.01
79	47.15	27	43.3	21.11
78	47.69	26	43.73	21.21
77	48.23	25	44.16	21.31
76	48.77	24	44.59	21.41

续表 61

分值	左右手行进间高手、低手、双手投篮（s）	半场移动传接球（次）	半场左右手运球见线折返（s）	梯形滑步（s）
75	49.31		45.02	21.51
74	49.85		45.45	21.61
73	50.39		45.88	21.71
72	50.93	23	46.31	21.81
71	51.47	22	46.74	21.91
70	52.01	21	47.17	22.01
69	52.55	20	47.6	22.11
68	53.09	19	48.03	22.21
67	53.63		48.46	22.31
66	54.17		48.89	22.41
65	54.71		49.32	22.51
64	55.25		49.75	22.61
63	55.79	18	50.18	22.71
62	56.33	17	50.61	22.81
61	56.87		51.04	22.91
60	57.41		51.47	23.01
59	57.95	16	51.9	23.11
58	58.49		52.33	23.21
57	59.03		52.76	23.31
56	59.57		53.19	23.41
55	60.11		53.62	23.51
54	60.65		54.05	23.61

续表61

分值	左右手行进间高手、低手、双手投篮（s）	半场移动传接球（次）	半场左右手运球见线折返（s）	梯形滑步（s）
53	61.19		54.48	23.71
52	61.73	15	54.91	23.81
51	62.27		55.34	23.91
50	62.81		55.77	24.01
49	63.35	14	56.2	24.11
48	63.89		56.63	24.21
47	64.43		57.06	24.31
46	64.97		57.49	24.41
45	65.51		57.92	24.51
44	66.05	13	58.35	24.61
43	66.59		58.78	24.71
42	67.13		59.21	24.81
41	67.67		59.64	24.91
40	68.21	12	60.07	25.01
39	68.75		60.5	25.11
38	69.29		60.93	25.21
37	69.83	11	61.36	25.31
36	70.37		61.79	25.41
35	70.91		62.22	25.51
34	71.45	10	62.65	25.61
33	71.99		63.08	25.71
32	72.53		63.51	25.81

续表 61

分值	左右手行进间高手、低手、双手投篮（s）	半场移动传接球（次）	半场左右手运球见线折返（s）	梯形滑步（s）
31	73.07	9	63.94	25.91
30	73.61		64.37	26.01
29	74.15		64.8	26.11
28	74.69	8	65.23	26.21
27	75.23		65.66	26.31
26	75.77		66.09	26.41
25	76.31	7	66.52	26.51
24	76.85		66.95	26.61
23	77.39		67.38	26.71
22	77.93	6	67.81	26.81
21	78.47		68.24	26.91
20	79.01	5	68.67	27.01

九、竞赛管理

为了检查教学训练大纲的贯彻执行情况，全面衡量青少年运动员的身体素质、基本技术，检查教学训练成果，大纲规定，在全国青少年篮球比赛中，将以比赛名次、身体素质与基本技术达标测验、基本技术评定成绩与选材育才的效果来综合计算运动队和运动员的成绩。因此，在赛区工作中，竞赛的组织工作除了搞好比赛外，更应抓好各项考核内容的测验以及其他相关的工作，以保证赛区工作任务的圆满完成。

（一）职责分工与要求

（1）赛区工作由裁判长全面负责，副裁判长（包括技评裁判长）协助裁判长工作。裁判长是由中国篮协指派的赛区裁判工作的负责人。负责赛区裁判员的管理、业务学习、临场工作安排、测试组织工作、赛区裁判工作总结等各项工作。

裁判长要和赛区组委会有关部门密切配合，协调关系，负责检查竞赛的各项组织工作。加强赛事管理，监督赛风、赛纪、赛场秩序和维护公平竞赛，确保裁判员公正执法。

裁判长与赛区有关部门要认真负责地开好赛前联席会，组织好测验抽签和编排工作，抓好裁判员赛前实习与测验演示、裁判员准备会和总结会，抓好记录台工作，按大纲的要求解决测验中出现的问题，按规则规定解决比赛临场裁判工作中出现的问题，保证比赛的顺利进行。

（2）技评裁判长负责：①有关技评项目的测验与评分；②指导与协助竞赛部门计算各项比赛成绩以及编印成绩册。

（3）临场裁判和记录台工作人员负责完成素质测验和临场裁判及记录台工作任务。

（二）青少年篮球竞赛考核办法

1. 全国少年比赛竞赛规程

由国家体育总局篮球运动管理中心制定并下发。

（1）比赛日期与地点。

（2）报名日期：于赛前 30 天一式两份分别寄至篮管中心及承办单位的竞赛部门。

（3）报名表内容：单位，运动员名单、出生年月日、性别、身高（误差不得超 1cm）、体重（kg）。

（4）报名要求：参赛运动员须具有体检合格证明、学籍证明，持二代身份证原件和户口本原件，注册后方可参赛，各种表格均要由体育主管部门盖章；赛前 30 天各参赛部门要最后确定参赛运动员名单并上报篮管中心，如果因伤病不能参加比赛，必须在报到前 6 天将更换的运动员名单上报篮管中心与承办比赛的竞赛部门，逾期不报而影响秩序册的印刷时间的队伍，责任自负。在规定报名截止时间内未报名的球队不得参赛。

（5）奖励办法：按照国家体育总局有关奖励规定执行。

2. 年龄组规定

U13 组、U15 组、U17 组。

3. 骨龄规定

运动员报到时必须交验中国篮球协会统一制作的《全国青少年篮球运动员竞赛证》并参加骨龄检查。骨龄将以《中国青少年儿童手腕骨成熟度及评价方法》（简称中华 05）标准判定，不合格者（骨龄超过实际年龄 1.5 岁以上）将取消参赛资格，赛区成绩册统一记载取消比赛资格的运动员名单。凡在篮管中心注册时通过检查，或曾在全国青少年比赛中检查合格者，均不再测试。参赛运动员的资格审查工作，截止到比赛正式开始（即素质与技术测验开始），比赛正式开始后，不再受理资格审查工作。

（三）赛区裁判工作内容概要

（1）检查场地器材准备情况，包括考核测验所需要的器材设备及各种记录表格。

（2）联席会抽签，确定各队测验序号。

（3）按混合编组进行测验编排（即每队同一号码的队员为一组）。

（4）身体素质与基本技术测验工作。

（5）技术评定工作（与测验同步进行）。

（6）临场裁判工作。

（7）计算总成绩。

（8）赛区工作总结。

（四）基本技术评定细则

（1）赛前技评裁判长要组织技评裁判员认真学习大纲的有关内容，熟悉技评项目的动作结构、评分标准、易犯错误及扣分分值。

（2）对前几名运动员的技评评分，技评裁判可以磋商，以便更好地统一尺度，之后应各自独立打分。

（3）技术评定采用五级评分方法，要求技评裁判首先必须熟悉技术评定的评级标准，准确区分受测运动员的得分等级，测试之后再计算成绩。

（4）技评裁判在等级评定过程中，既可以采用环节扣分，也可以采用细节扣分。环节扣分必须与等级评分相一致，细节扣分应该在等级评分之内。

（5）由于基本技术评定是与达标测验同步进行，并根据不同的权重计算成绩。因此，工作中要及时沟通，保证测验和技评的顺利完成。

（五）防守战术犯规

（1）在前两节比赛，某队由攻转守时，不能撤回后场进行半场盯人或联防防守，而必须采用全场紧逼防守（包括全场人盯人及全场区域紧逼防守）

（2）在全场紧逼防守中，要采取以球为中心的“球—人—区—篮”统筹兼顾集体防守方法，对持球队员防守要近、要紧，始终保持一臂左右的防守距离，并有追堵、封抢和夹击的实际动作；对无球队员可拉大防守距离以少防多，随时准备补防、夹击和断球；对进攻采用一个后卫在后场控球或突破、其他4人迅速快下到前场的策略，守方不得采用一个跟一个的“贴膏药”式的防守，而应采用区域紧逼防守，用两个人紧逼或夹击持球的进攻队员、三个人控制无球进攻队员，这样，不仅遵循了特殊防守战术的要求，还会取得良好的战术效果。

（3）全场紧逼未成功的半场防守仍必须采用扩大人盯人防守，对持球队员必须保持一臂远的防守距离；防无球队员应根据对手的移动，以及离球的远近，不断调整自己的防守位置，随时保持“球—我—对手”的防位，无论防内线或防外线都不得缩在篮下防守，否则判战术犯规。

（4）凡在第一、第二节违反上述规定，裁判员会立即鸣哨，做出警告，再有违反，将被判罚技术犯规。

（六）场地与器材的准备

（1）承担比赛应具备相应数量（至少两块）的符合标准的篮球场地（28m×15m）。

（2）应具备符合篮球规则要求的比赛计时（计时钟、秒表）、记录（所需各种表格、纸张、垫板若干、红蓝双色笔等）、记分等器材。

（3）球场附近有能使用的田径场。

（4）应备有身体素质和基本技术测试所需要的全部器材。

说明：

①凡是以时间计算成绩的项目，单人测验，应备6块计时表。

②凡是以限定时间完成次数的项目，单人测验，以一块总表计时，另一块表备用。

③凡是计数的项目，应准备有翻分牌便于计数。

④运动员和教练员应远离技评裁判和记录裁判，测验中间评分和记录的裁判员不接受运动员的询问。

⑤临场裁判员在测验时轮流执裁，以组为单位轮换，态度要认真，尺度要均衡，移动要到位，观察宣判要迅速。

⑥测验中出现问题，临场裁判在不能解决的情况下，应请裁判长或副裁判长研究处理，立即解决。

⑦测验要在两天之内完成，要精心编排测验轮换顺序，在项目搭配上要考虑运动员身体各部位的负担。

⑧各队均以12人计算总成绩。

⑨比赛的承办单位应在比赛结束后一周内，将秩序册、成绩册等材料（均要求用A4纸）一式3份报给主办单位。

十、选　材

科学合理的选材可以持续不断地发现有天赋、有潜质的青少年篮球运动员，进行全面系统的培养，使他们的天赋得到充分发现和发挥，达到高层次的竞技水平以取得优异成绩。选材是现代篮球运动训练的重要环节，能够收到事半功倍的效益。

（一）选材指标

根据衡量篮球运动员身心全面发展的常规分类，确定选材指标分为身体形态、生理机能、身体素质、专项技术、心理等五大类。本着少而精的原则，按不同年龄段确定 10 ~ 14 项指标。

（1）身体形态类：身高、指距 - 身高、克托莱指数（青年组）。

（2）生理机能类：视野、心功指数。

（3）身体素质类：全场 3/4 场加速跑，原地纵跳摸高或助跑单手摸高，15m × 9 次、15m × 13 次、15m × 17 次折返跑。

（4）专项技术：全场综合传接球，全场综合运球上篮，左右手行进间高、低、双手投篮（9 ~ 12 岁），1min 自投自抢投篮（15 ~ 18 岁为 1min30s 自投自抢投篮），5 步后退投篮（15 ~ 18 岁为 7 步后退投篮）。

（5）心理类：神经类型、六边形移动（11 ~ 18 岁）。

（二）权重的确定

根据青少年生长发育规律，结合篮球运动的特点及篮球运动员成长的规律，按不同指标在各个年龄段选材中的作用大小，确定不同的权重（表62）。

表62　选材指标权重分配表

类型	儿童组	少年组	青年组	
			内线	外线
形态类	25	25	20	30
机能类	15	12.5	10	10
素质类	15	15	20	15
技术类	10	20	25	20
心理类	15	12.5	10	10
教练员评定	20	15	15	15

教练员评定内容：

（1）形态潜能与身体状态。

（2）掌握与运用技战术能力。

（3）训练与比赛作用及意志品质。

测试卡片一：

单位：　　编号：　　测试日期：　　测试地点：

姓名：　　性别：　　出生日期：　　骨龄：

类别	指标	实测值	得分
身体形态	身高		
	指距		
	克托莱指数		
生理机能	视野（度）		
	心功指数		

续表

类别	指标	实测值	得分
运动素质	全场 3/4 加速跑		
	原地纵跳摸高或助跑单手摸高		
	15m×5（9、13、17）次折返跑		
专项技术	全场综合传接球		
	全场综合运球上篮		
	左右手行进间高、低、双手投篮		
	1min 或 1min30s 自投自抢投篮		
	5 步或 7 步后退投篮		
心理	神经类型		
	六边形移动		
教练员评定	1. 形态潜能与身体状态		
	2. 掌握与运用技战术能力		
	3. 训练与比赛作用及意志品质		

测试卡片二：

类别	指标	实测值	得分	总得分	
				等级	
心功指数	安静脉搏（次/15g）			备注：	
	即刻脉搏（次/15g）				
	恢复脉搏（次/15g）				
类别	指标				
视野	右眼				
	左眼				

（三）不同年龄组男女运动员的选材标准（表63～表74）

表63　篮球运动员选材9～10岁（男）骨龄组评分表

指标	等级				
	一	二	三	四	五
1. 身高/cm	146～ (4.0)	150～ (8.0)	154～ (12.0)	157～ (16.0)	160～ (20.0)
2. 指距－身高/cm	－2.0～ (1.0)	－1.0～ (2.0)	0.0～ (3.0)	1.0～ (4.0)	2.0～ (5.0)
3. 视野右/度	4.7～ (0.5)	4.8～ (1.0)	5.0～ (1.5)	5.1～ (2.0)	5.2～ (2.5)
视野左/度	4.7～ (0.5)	4.8～ (1.0)	5.0～ (1.5)	5.1～ (2.0)	5.2～ (2.5)
4. 心功指数	13～ (2.0)	11.0～ (4.0)	9.6～ (6.0)	8.2～ (8.0)	7.0～ (10.0)
5. 全场3/4场加速跑/s	4.72～ (1.0)	4.42～ (2.0)	4.22～ (3.0)	4.02～ (4.0)	3.80～ (5.0)
6. 15m×5次折返跑/s	31.83～ (1.0)	29.88～ (2.0)	28.58～ (3.0)	27.28～ (4.0)	25.85～ (5.0)
7. 原地双脚跳摸高/m	2.50～ (1.0)	2.65～ (2.0)	2.75～ (3.0)	2.85～ (4.0)	2.96～ (5.0)
8. 左右手行进间高、低、双手投篮/s	61.86～ (2.0)	53.61～ (4.0)	48.11～ (6.0)	42.61～ (8.0)	36.56～ (10.0)
9. 神经类型	差（2.0）	及格(4.0)	中（6.0）	良（8.0）	优（10.0）

续表63

指标		等级				
		一	二	三	四	五
10. 梯形滑步/s		29.93～(1.0)	26.63～(2.0)	24.43～(3.0)	22.23～(4.0)	19.81～(5.0)
11. 教练评定	形态潜能	差（1.6）	及格(3.2)	中（4.8）	良（6.4）	优（8.0）
	技术能力	差（1.0）	及格(2.0)	中（3.0）	良（4.0）	优（5.0）
	意志品质	差（1.4）	及格(2.8)	中（4.2）	良（5.6）	优（7.0）

注：等级栏中“（ ）”内数字表示分值。

表64 篮球运动员选材11～12岁（男）骨龄组评分表

指标	等级				
	一	二	三	四	五
1. 身高/cm	161～(8.0)	166～(8.0)	171～(12.0)	175～(16.0)	178～(20.0)
2. 指距－身高/cm	－2.0～(1.0)	－1.0～(2.0)	0.0～(3.0)	1.0～(4.0)	2.0～(5.0)
3. 视野右/度	4.7～(0.5)	4.8～(1.0)	5.0～(1.5)	5.1～(2.0)	5.2～(2.5)
视野左/度	4.7～(0.5)	4.8～(1.0)	5.0～(1.5)	5.1～(2.0)	5.2～(2.5)
4. 心功指数	12.0～(2.0)	10.0～(4.0)	8.6～(6.0)	7.2～(8.0)	6.0～(10.0)
5. 全场3/4场加速跑/s	4.48～(1.0)	4.28～(2.0)	4.08～(3.0)	3.88～(4.0)	3.66～(5.0)

续表 64

指标		等级				
		一	二	三	四	五
6. 15m × 9 次折返跑/s		37. 85 ~ (1. 0)	35. 90 ~ (2. 0)	34. 60 ~ (3. 0)	33. 3 ~ (4. 0)	31. 87 ~ (5. 0)
7. 原地双脚跳摸高/m		2. 55 ~ (1. 0)	2. 70 ~ (2. 0)	2. 80 ~ (3. 0)	2. 90 ~ (4. 0)	3. 01 ~ (5. 0)
8. 5 步后退投篮		10 ~ (1. 0)	19 ~ (2. 0)	24 ~ (3. 0)	29 ~ (4. 0)	34 ~ (5. 0)
9. 半场移动传接球		14 ~ (1. 0)	18 ~ (2. 0)	21 ~ (3. 0)	26 ~ (4. 0)	32 ~ (5. 0)
10. 神经类型		差（2. 0）	及格(4. 0)	中（6. 0）	良（8. 0）	优（10. 0）
11. 梯形滑步/s		27. 37 ~ (1. 0)	24. 52 ~ (2. 0)	22. 62 ~ (3. 0)	20. 72 ~ (4. 0)	18. 63 ~ (5. 0)
12. 教练评定	形态潜能	差（1. 6）	及格(3. 2)	中（4. 8）	良（6. 4）	优（8. 0）
	技术能力	差（1. 0）	及格(2. 0)	中（3. 0）	良（4. 0）	优（5. 0）
	意志品质	差（1. 4）	及格(2. 8)	中（4. 2）	良（5. 6）	优（7. 0）

表 65　篮球运动员选材 13 ~ 14 岁（男）骨龄组评分表

指标	等级				
	一	二	三	四	五
1. 身高/cm	171 ~ (4. 0)	175 ~ (8. 0)	179 ~ (12. 0)	183 ~ (16. 0)	187 ~ (20. 0)
2. 指距 − 身高/cm	− 1. 0 ~ (1. 0)	0. 0 ~ (2. 0)	1. 0 ~ (3. 0)	2. 0 ~ (4. 0)	3. 0 ~ (5. 0)

续表 65

指标	等级				
	一	二	三	四	五
3. 视野右/度	50 ~ (0.5)	58 ~ (1.0)	64 ~ (1.5)	70 ~ (2.0)	76 ~ (2.5)
视野左/度	53 ~ (0.5)	61 ~ (1.0)	67 ~ (1.5)	73 ~ (2.0)	79 ~ (2.5)
4. 心功指数	11.8 ~ (1.5)	9.8 ~ (3.0)	8.2 ~ (4.5)	6.6 ~ (6.0)	5.2 ~ (7.5)
5. 全场 3/4 场加速跑/s	4.06 ~ (1.0)	3.91 ~ (2.0)	3.81 ~ (3.0)	3.71 ~ (4.0)	3.60 ~ (5.0)
6. 15m × 13 次折返跑/s	53.82 ~ (1.0)	50.67 ~ (2.0)	48.57 ~ (3.0)	46.47 ~ (4.0)	44.16 ~ (5.0)
7. 助跑单手摸高/m	2.95 ~ (1.0)	3.06 ~ (2.0)	3.12 ~ (3.0)	3.17 ~ (4.0)	3.23 ~ (5.0)
8. 7 步后退投篮	11 ~ (1.0)	21 ~ (2.0)	26 ~ (3.0)	31 ~ (4.0)	36 ~ (5.0)
9. 1min 自投自抢投篮	3 ~ (1.0)	5 ~ (2.0)	7 ~ (3.0)	8 ~ (4.0)	10 ~ (5.0)
10. 全场综合传接球/s	31.01 ~ (1.0)	26.96 ~ (2.0)	24.26 ~ (3.0)	21.56 ~ (4.0)	18.59 ~ (5.0)
11. 全场综合运球上篮/s	48.81 ~ (1.0)	44.16 ~ (2.0)	41.06 ~ (3.0)	37.96 ~ (4.0)	34.55 ~ (5.0)
12. 神经类型	差（1.5）	及格（3.0）	中（4.5）	良（6.0）	优（7.5）

续表 65

指标		等级				
		一	二	三	四	五
13. 六边形移动/s		24.59 ~ (1.0)	22.79 ~ (2.0)	21.59 ~ (3.0)	20.39 ~ (4.0)	19.07 ~ (5.0)
14. 教练评定	形态潜能	差（1.0）	及格(2.0)	中（3.0）	良（4.0）	优（5.0）
	技术能力	差（1.0）	及格(2.0)	中（3.0）	良（4.0）	优（5.0）
	意志品质	差（1.0）	及格(2.0)	中（3.0）	良（4.0）	优（5.0）

表 66　篮球运动员选材 15 ~16 岁（男）骨龄组评分表

指标	等级				
	一	二	三	四	五
1. 身高/cm	179 ~ (4.0)	183 ~ (8.0)	187 ~ (12.0)	191 ~ (16.0)	195 ~ (20.0)
2. 指距 - 身高/cm	0.0 ~ (1.0)	1.0 ~ (2.0)	2.0 ~ (3.0)	3.0 ~ (4.0)	4.0 ~ (5.0)
3. 视野右/度	53 ~ (0.5)	61 ~ (1.0)	67 ~ (1.5)	73 ~ (2.0)	79 ~ (2.5)
视野左/度	54 ~ (0.5)	63 ~ (1.0)	69 ~ (1.5)	75 ~ (2.0)	81 ~ (2.5)
4. 心功指数	11.0 ~ (1.5)	8.8 ~ (3.0)	6.8 ~ (4.5)	5.4 ~ (6.0)	4.2 ~ (7.5)
5. 全场 3/4 场加速跑/s	3.92 ~ (1.0)	3.77 ~ (2.0)	3.67 ~ (3.0)	3.57 ~ (4.0)	3.46 ~ (5.0)

续表 66

指标		等级				
		一	二	三	四	五
6. 15m × 17 次折返跑/s		75. 65 ~ (1. 0)	69. 41 ~ (2. 0)	65. 21 ~ (3. 0)	61. 01 ~ (4. 0)	56. 5 ~ (5. 0)
7. 助跑单手摸高/m		2. 9 ~ (1. 0)	3. 09 ~ (2. 0)	3. 14 ~ (3. 0)	3. 19 ~ (4. 0)	3. 26 ~ (5. 0)
8. 7 步后退投篮		21 ~ (1. 0)	31 ~ (2. 0)	42 ~ (3. 0)	46 ~ (4. 0)	56 ~ (5. 0)
9. 1min30s 自投自抢投篮（外线）		2 ~ (1. 0)	5 ~ (2. 0)	7 ~ (3. 0)	8 ~ (4. 0)	11 ~ (5. 0)
（内线）		4 ~ (1. 0)	7 ~ (2. 0)	9 ~ (3. 0)	10 ~ (4. 0)	13 ~ (5. 0)
10. 全场综合传接球/s		24. 62 ~ (1. 0)	22. 07 ~ (2. 0)	19. 52 ~ (3. 0)	18. 67 ~ (4. 0)	16. 12 ~ (5. 0)
11. 全场综合运球上篮/s		47. 26 ~ (1. 0)	42. 61 ~ (2. 0)	37. 96 ~ (3. 0)	36. 41 ~ (4. 0)	31. 76 ~ (5. 0)
12. 神经类型		差（1. 5）	及格（3. 0）	中（4. 5）	良（6. 0）	优（7. 5）
13. 六边形移动/s		27. 79 ~ (1. 0)	24. 79 ~ (2. 0)	21. 79 ~ (3. 0)	20. 79 ~ (4. 0)	17. 79 ~ (5. 0)
14. 教练评定	形态潜能	差（0. 8）	及格（1. 6）	中（2. 4）	良（3. 2）	优（4. 0）
	技术能力	差（1. 0）	及格（2. 0）	中（3. 0）	良（4. 0）	优（5. 0）
	意志品质	差（1. 2）	及格（2. 4）	中（3. 6）	良（4. 8）	优（6. 0）

表67　篮球运动员选材17～18岁（男内线）骨龄组评分表

指标	等级				
	一	二	三	四	五
1. 身高/cm	191～ (4.0)	194～ (8.0)	197～ (12.0)	200～ (16.0)	202～ (20.0)
2. 指距－身高/cm	2.0～ (1.0)	3.0～ (2.0)	4.0～ (3.0)	5.0～ (4.0)	6.0～ (5.0)
3. 克托莱指数	415～ (0.5)	420～ (2.0)	425～ (3.0)	430～ (4.0)	435～ (5.0)
4. 视野右/度	53～ (0.4)	61～ (0.8)	67～ (1.2)	73～ (1.6)	79～ (2.0)
视野左/度	54～ (0.4)	63～ (0.8)	69～ (1.2)	75～ (1.6)	81～ (2.0)
5. 心功指数	10.4～ (1.2)	8.2～ (2.4)	6.2～ (3.6)	4.6～ (4.8)	3.8～ (6.0)
6. 全场3/4场加速跑/s	3.73～ (1.0)	3.63～ (2.0)	3.53～ (3.0)	3.42～ (4.0)	3.09～ (5.0)
7. 15m×17次折返跑/s	67.63～ (1.0)	63.53～ (2.0)	59.33～ (3.0)	54.82～ (4.0)	50.3～ (5.0)
8. 助跑单手摸高/m	3.11～ (1.0)	3.16～ (2.0)	3.23～ (3.0)	3.31～ (4.0)	3.49～ (5.0)
9. 7步后退投篮	32～ (0.8)	41～ (1.6)	49～ (2.4)	59～ (3.2)	75～ (4.0)
10. 1min30s自投自抢投篮	9～ (0.8)	11～ (1.6)	13～ (2.4)	16～ (3.2)	18～ (4.0)

续表 67

指标		等级				
		一	二	三	四	五
11. 全场综合传接球/s		21.22 ~ (1.2)	19.52 ~ (2.4)	17.82 ~ (3.6)	15.95 ~ (4.8)	14.08 ~ (6.0)
12. 全场综合运球上篮/s		41.06 ~ (1.2)	37.96 ~ (2.4)	34.86 ~ (3.6)	31.45 ~ (4.8)	28.04 ~ (6.0)
13. 神经类型		差（1.5）	及格(3.0)	中（4.5）	良（6.0）	优（7.5）
14. 六边形移动/s		20.26 ~ (0.5)	19.16 ~ (1.0)	18.06 ~ (1.5)	16.85 ~ (2.0)	15.64 ~ (2.5)
15. 教练评定	形态潜能	差（0.6）	及格(1.2)	中（1.8）	良（2.4）	优（3.0）
	技术能力	差（1.2）	及格(2.4)	中（3.6）	良（4.8）	优（6.0）
	意志品质	差（1.2）	及格(2.4)	中（3.6）	良（4.8）	优（6.0）

表 68　篮球运动员选材 17 ~ 18 岁（男外线）骨龄组评分表

指标	等级				
	一	二	三	四	五
1. 身高/cm	186 ~ (3.0)	190 ~ (6.0)	193 ~ (9.0)	196 ~ (12.0)	199 ~ (15.0)
2. 指距 - 身高/cm	2.0 ~ (0.5)	3.0 ~ (1.0)	4.0 ~ (1.5)	5.0 ~ (2.0)	6.0 ~ (2.5)
3. 克托莱指数	410 ~ (0.5)	415 ~ (1.0)	420 ~ (1.5)	425 ~ (2.0)	430 ~ (2.5)

续表 68

指标	等级				
	一	二	三	四	五
4. 视野右/度	53 ~ (0.4)	61 ~ (0.8)	67 ~ (1.2)	73 ~ (1.6)	79 ~ (2.0)
视野左/度	54 ~ (0.4)	63 ~ (0.8)	69 ~ (1.2)	75 ~ (1.6)	81 ~ (2.0)
5. 心功指数	10.4 ~ (1.2)	8.2 ~ (2.4)	6.2 ~ (3.6)	4.6 ~ (4.8)	3.8 ~ (6.0)
6. 全场 3/4 场加速跑/s	3.73 ~ (1.5)	3.63 ~ (3.0)	3.53 ~ (4.5)	3.42 ~ (6.0)	3.09 ~ (7.5)
7. 15m × 17 次折返跑/s	67.63 ~ (1.0)	63.53 ~ (2.0)	59.33 ~ (3.0)	54.82 ~ (4.0)	50.3 ~ (5.0)
8. 助跑单手摸高/m	3.11 ~ (1.5)	3.16 ~ (3.0)	3.23 ~ (4.5)	3.31 ~ (6.0)	3.49 ~ (5.0)
9. 7 步后退投篮	32 ~ (1.0)	41 ~ (2.0)	49 ~ (3.0)	59 ~ (4.0)	75 ~ (5.0)
10. 1min30s 自投自抢投篮	6 ~ (1.0)	7 ~ (2.0)	9 ~ (3.0)	12 ~ (4.0)	14 ~ (5.0)
11. 全场综合传接球/s	21.22 ~ (1.5)	19.52 ~ (3.0)	17.82 ~ (4.5)	15.95 ~ (6.0)	14.08 ~ (7.5)
12. 全场综合运球上篮/s	41.06 ~ (1.5)	37.96 ~ (3.0)	34.86 ~ (4.5)	31.45 ~ (6.0)	28.04 ~ (7.5)
13. 神经类型	差（1.5）	及格（3.0）	中（4.5）	良（6.0）	优（7.5）

续表 68

指标		等级				
		一	二	三	四	五
14. 六边形移动/s		20.26 ~ (0.5)	19.16 ~ (1.0)	18.06 ~ (1.5)	16.85 ~ (2.0)	15.64 ~ (2.5)
15. 教练评定	形态潜能	差（0.6）	及格(1.2)	中（1.8）	良（2.4）	优（3.0）
	技术能力	差（1.2）	及格(2.4)	中（3.6）	良（4.8）	优（6.0）
	意志品质	差（1.2）	及格(2.4)	中（3.6）	良（4.8）	优（6.0）

表 69　篮球运动员选材 9 ~ 10 岁（女）骨龄组评分表

指标	等级				
	一	二	三	四	五
1. 身高/cm	146 ~ (4.0)	150 ~ (8.0)	153 ~ (12.0)	156 ~ (16.0)	178 ~ (20.0)
2. 指距 - 身高/cm	-2.0 ~ (1.0)	-1.0 ~ (2.0)	0.0 ~ (3.0)	1.0 ~ (4.0)	2.0 ~ (5.0)
3. 视野右/度	4.7 ~ (0.5)	4.8 ~ (1.0)	5.0 ~ (1.5)	5.1 ~ (2.0)	5.2 ~ (2.5)
视野左/度	4.7 ~ (0.5)	4.8 ~ (1.0)	5.0 ~ (1.5)	5.1 ~ (2.0)	5.2 ~ (2.5)
4. 心功指数	14.4 ~ (2.0)	11.8 ~ (4.0)	9.8 ~ (6.0)	8.2 ~ (8.0)	7.4 ~ (10.0)
5. 全场 3/4 场加速跑/s	5.01 ~ (1.0)	4.71 ~ (2.0)	4.51 ~ (3.0)	4.31 ~ (4.0)	4.09 ~ (5.0)

续表 69

指标		等级				
		一	二	三	四	五
6. 15m × 5 次折返跑/s		32.74 ~ (1.0)	30.79 ~ (2.0)	29.49 ~ (3.0)	28.19 ~ (4.0)	26.76 ~ (5.0)
7. 原地双脚跳摸高/m		2.44 ~ (1.0)	2.59 ~ (2.0)	2.66 ~ (3.0)	2.71 ~ (4.0)	2.81 ~ (5.0)
8. 左右手行进间高、低、双手投篮/s		35.81 ~ (2.0)	60.11 ~ (4.0)	54.71 ~ (6.0)	49.31 ~ (8.0)	43.37 ~ (10.0)
9. 神经类型		差（2.0）	及格(4.0)	中（6.0）	良（8.0）	优（10.0）
10. 梯形滑步/s		35.85 ~ (1.0)	31.80 ~ (2.0)	29.10 ~ (3.0)	26.40 ~ (4.0)	23.43 ~ (5.0)
11. 教练评定	形态潜能	差（1.6）	及格(3.2)	中（4.8）	良（6.4）	优（8.0）
	技术能力	差（1.0）	及格(2.0)	中（3.0）	良（4.0）	优（5.0）
	意志品质	差（1.4）	及格(2.8)	中（4.2）	良（5.6）	优（7.0）

表 70　篮球运动员选材 11～12 岁（女）骨龄组评分表

指标	等级				
	一	二	三	四	五
1. 身高/cm	163 ~ (8.0)	165 ~ (8.0)	167 ~ (12.0)	169 ~ (16.0)	171 ~ (20.0)
2. 指距 - 身高/cm	-2.0 ~ (1.0)	-1.0 ~ (2.0)	0.0 ~ (3.0)	1.0 ~ (4.0)	2.0 ~ (5.0)
3. 视野右/度	4.7 ~ (0.5)	4.8 ~ (1.0)	5.0 ~ (1.5)	5.1 ~ (2.0)	5.2 ~ (2.5)

续表 70

指标		等级				
		一	二	三	四	五
视野左/度		4.7 ~ (0.5)	4.8 ~ (1.0)	5.0 ~ (1.5)	5.1 ~ (2.0)	5.2 ~ (2.5)
4. 心功指数		13.8 ~ (2.0)	11.0 ~ (4.0)	9.0 ~ (6.0)	7.6 ~ (8.0)	6.8 ~ (10.0)
5. 全场 3/4 场加速跑/s		4.92 ~ (1.0)	4.62 ~ (2.0)	4.42 ~ (3.0)	4.22 ~ (4.0)	4.00 ~ (5.0)
6. 15m × 9 次折返跑/s		38.64 ~ (1.0)	36.68 ~ (2.0)	35.38 ~ (3.0)	34.08 ~ (4.0)	32.65 ~ (5.0)
7. 原地双脚跳摸高/m		2.48 ~ (1.0)	2.63 ~ (2.0)	2.71 ~ (3.0)	2.81 ~ (4.0)	2.89 ~ (5.0)
8. 5 步后退投篮		9 ~ (1.0)	18 ~ (2.0)	23 ~ (3.0)	28 ~ (4.0)	33 ~ (5.0)
9. 半场移动传接球/s		14 ~ (1.0)	18 ~ (2.0)	21 ~ (3.0)	21 ~ (4.0)	33 ~ (5.0)
10. 神经类型		差（2.0）	及格(4.0)	中（6.0）	良（8.0）	优（10.0）
11. 梯形滑步/s		32.42 ~ (1.0)	28.52 ~ (2.0)	25.92 ~ (3.0)	25.92 ~ (4.0)	20.46 ~ (5.0)
12. 教练评定	形态潜能	差（1.6）	及格(3.2)	中（4.8）	良（6.4）	优（8.0）
	技术能力	差（1.0）	及格(2.0)	中（3.0）	良（4.0）	优（5.0）
	意志品质	差（1.4）	及格(2.8)	中（4.2）	良（5.6）	优（7.0）

表 71　篮球运动员选材 13～14 岁（女）骨龄组评分表

指标	等级				
	一	二	三	四	五
1. 身高/cm	170～ (4.0)	173～ (8.0)	175～ (12.0)	177～ (16.0)	178～ (20.0)
2. 指距－身高/cm	－1.0～ (1.0)	0.0～ (2.0)	1.0～ (3.0)	2.0～ (4.0)	3.0～ (5.0)
3. 视野右/度	50～ (0.5)	58～ (1.0)	64～ (1.5)	70～ (2.0)	76～ (2.5)
视野左/度	53～ (0.5)	61～ (1.0)	67～ (1.5)	73～ (2.0)	79～ (2.5)
4. 心功指数	12.4～ (1.5)	10.0～ (3.0)	8.2～ (4.5)	7.0～ (6.0)	6.0～ (7.5)
5. 全场 3/4 场加速跑/s	4.83～ (1.0)	4.53～ (2.0)	4.33～ (3.0)	4.13～ (4.0)	3.91～ (5.0)
6. 15m × 13 次折返跑/s	56.76～ (1.0)	53.61～ (2.0)	51.51～ (3.0)	49.41～ (4.0)	47.1～ (5.0)
7. 助跑单手摸高/m	2.72～ (1.0)	2.80～ (2.0)	2.89～ (3.0)	2.98～ (4.0)	3.03～ (5.0)
8. 7 步后退投篮	8～ (1.0)	15～ (2.0)	19～ (3.0)	25～ (4.0)	30～ (5.0)
9. 1min30s 自投自抢投篮	3～ (1.0)	4～ (2.0)	6～ (3.0)	8～ (4.0)	10～ (5.0)
10. 全场综合传接球/s	24.47～ (1.0)	22.22～ (2.0)	20.72～ (3.0)	19.22～ (4.0)	17.57～ (5.0)

续表 71

指标		等级				
		一	二	三	四	五
11. 全场综合运球上篮/s		53.28 ~ (1.0)	47.88 ~ (2.0)	44.28 ~ (3.0)	40.68 ~ (4.0)	36.72 ~ (5.0)
12. 神经类型		差（1.5)	及格(3.0)	中（4.5)	良（6.0)	优（7.5)
13. 限制区滑步/s		29.17 ~ (1.0)	26.47 ~ (2.0)	24.67 ~ (3.0)	22.87 ~ (4.0)	20.89 ~ (5.0)
14. 教练评定	形态潜能	差（1.0)	及格(2.0)	中（3.0)	良（4.0)	优（5.0)
	技术能力	差（1.0)	及格(2.0)	中（3.0)	良（4.0)	优（5.0)
	意志品质	差（1.0)	及格(2.0)	中（3.0)	良（4.0)	优（5.0)

表 72　篮球运动员选材 15 ~16 岁（女）骨龄组评分表

指标	等级				
	一	二	三	四	五
1. 身高/cm	174 ~ (4.0)	177 ~ (8.0)	179 ~ (12.0)	181 ~ (16.0)	183 ~ (20.0)
2. 指距 - 身高/cm	0.0 ~ (1.0)	1.0 ~ (2.0)	2.0 ~ (3.0)	3.0 ~ (4.0)	4.0 ~ (5.0)
3. 视野右/度	53 ~ (0.5)	61 ~ (1.0)	67 ~ (1.5)	73 ~ (2.0)	79 ~ (2.5)
视野左/度	54 ~ (0.5)	63 ~ (1.0)	69 ~ (1.5)	75 ~ (2.0)	81 ~ (2.5)
4. 心功指数	11.6 ~ (1.5)	9.2 ~ (3.0)	7.4 ~ (4.5)	6.2 ~ (6.0)	5.0 ~ (7.5)

续表 72

指标		等级				
		一	二	三	四	五
5. 全场 3/4 场加速跑/s		4.73 ~ (1.0)	4.43 ~ (2.0)	4..23 ~ (3.0)	4.03 ~ (4.0)	3.81 ~ (5.0)
6. 15m × 17 次折返跑/s		76.83 ~ (1.0)	72.33 ~ (2.0)	69.33 ~ (3.0)	66.03 ~ (4.0)	61.63 ~ (5.0)
7. 助跑单手摸高/m		2.69 ~ (1.0)	2.86 ~ (2.0)	2.96 ~ (3.0)	3.01 ~ (4.0)	3.06 ~ (5.0)
8. 7 步后退投篮		19 ~ (1.0)	30 ~ (2.0)	39 ~ (3.0)	46 ~ (4.0)	56 ~ (5.0)
9. 1min30s 自投自抢投篮（外线）		3 ~ (1.0)	6 ~ (2.0)	8 ~ (3.0)	8 ~ (4.0)	9 ~ (5.0)
（内线）		4 ~ (1.0)	7 ~ (2.0)	7 ~ (3.0)	9 ~ (4.0)	12 ~ (5.0)
10. 全场综合传接球/s		22.58 ~ (1.0)	19.98 ~ (2.0)	19.33 ~ (3.0)	18.03 ~ (4.0)	16.08 ~ (5.0)
11. 全场综合运球上篮/s		51.27 ~ (1.0)	44.27 ~ (2.0)	42.52 ~ (3.0)	39.02 ~ (4.0)	35.17 ~ (5.0)
12. 神经类型		差（1.5）	及格(3.0)	中（4.5）	良（6.0）	优（7.5）
13. 六边形移动/s		35.17 ~ (1.0)	29.17 ~ (2.0)	27.67 ~ (3.0)	24.67 ~ (4.0)	21.37 ~ (5.0)
14. 教练评定	形态潜能	差（0.8）	及格(1.6)	中（2.4）	良（3.2）	优（4.0）
	技术能力	差（1.0）	及格(2.0)	中（3.0）	良（4.0）	优（5.0）
	意志品质	差（1.2）	及格(2.4)	中（3.6）	良（4.8）	优（6.0）

表 73　篮球运动员选材 17 ~18 岁（女内线）骨龄组评分表

指标	等级				
	一	二	三	四	五
1. 身高/cm	180 ~ (4.0)	182 ~ (8.0)	184 ~ (12.0)	186 ~ (16.0)	188 ~ (20.0)
2. 指距 - 身高/cm	1.0 ~ (1.0)	2.0 ~ (2.0)	3.0 ~ (3.0)	4.0 ~ (4.0)	5.0 ~ (5.0)
3. 克托莱指数	385 ~ (0.5)	390 ~ (2.0)	395 ~ (3.0)	400 ~ (4.0)	405 ~ (5.0)
4. 视野右/度	53 ~ (0.4)	61 ~ (0.8)	67 ~ (1.2)	73 ~ (1.6)	79 ~ (2.0)
视野左/度	54 ~ (0.4)	63 ~ (0.8)	69 ~ (1.2)	75 ~ (1.6)	81 ~ (2.0)
5. 心功指数	10.2 ~ (1.2)	8.2 ~ (2.4)	6.6 ~ (3.6)	5.2 ~ (4.8)	4.4 ~ (6.0)
6. 全场 3/4 场加速跑/s	4.36 ~ (1.0)	4.16 ~ (2.0)	3.96 ~ (3.0)	3.74 ~ (4.0)	3.52 ~ (5.0)
7. 15m × 17 次折返跑/s	71.63 ~ (1.0)	68.63 ~ (2.0)	65.23 ~ (3.0)	60.83 ~ (4.0)	57.13 ~ (5.0)
8. 助跑单手摸高/m	2.89 ~ (1.0)	2.98 ~ (2.0)	3.03 ~ (3.0)	3.08 ~ (4.0)	3.14 ~ (5.0)
9. 7 步后退投篮	32 ~ (0.8)	40 ~ (1.6)	47 ~ (2.4)	58 ~ (3.2)	72 ~ (4.0)
10. 1min30s 自投自抢投篮	8 ~ (0.8)	9 ~ (1.6)	10 ~ (2.4)	13 ~ (3.2)	15 ~ (4.0)

续表 73

指标		等级				
		一	二	三	四	五
11. 全场综合传接球/s		19.96 ~ (1.2)	18.66 ~ (2.4)	17.36 ~ (3.6)	15.93 ~ (4.8)	14.50 ~ (6.0)
12. 全场综合运球上篮/s		44.61 ~ (1.2)	41.11 ~ (2.4)	37.61 ~ (3.6)	33.76 ~ (4.8)	29.91 ~ (6.0)
13. 神经类型		差（1.5）	及格(3.0)	中（4.5）	良（6.0）	优（7.5）
14. 六边形移动/s		22.05 ~ (0.5)	20.65 ~ (1.0)	19.25 ~ (1.5)	17.71 ~ (2.0)	16.17 ~ (2.5)
15. 教练评定	形态潜能	差（0.6）	及格(1.2)	中（1.8）	良（2.4）	优（3.0）
	技术能力	差（1.2）	及格(2.4)	中（3.6）	良（4.8）	优（6.0）
	意志品质	差（1.2）	及格(2.4)	中（3.6）	良（4.8）	优（6.0）

表 74　篮球运动员选材 17 ~18 岁（女外线）骨龄组评分表

指标	等级				
	一	二	三	四	五
1. 身高/cm	178 ~ (3.0)	180 ~ (6.0)	182 ~ (9.0)	184 ~ (12.0)	186 ~ (15.0)
2. 指距 - 身高/cm	1.0 ~ (0.5)	2.0 ~ (1.0)	3.0 ~ (1.5)	4.0 ~ (2.0)	5.0 ~ (2.5)
3. 克托莱指数	380 ~ (0.5)	385 ~ (1.0)	390 ~ (1.5)	395 ~ (2.0)	400 ~ (2.5)
4. 视野右/度	53 ~ (0.4)	61 ~ (0.8)	67 ~ (1.2)	73 ~ (1.6)	79 ~ (2.0)

续表 74

指标	等级				
	一	二	三	四	五
视野左/度	54 ~ (0.4)	63 ~ (0.8)	69 ~ (1.2)	75 ~ (1.6)	81 ~ (2.0)
5. 心功指数	10.2 ~ (1.2)	8.2 ~ (2.4)	6.6 ~ (3.6)	5.2 ~ (4.8)	4.4 ~ (6.0)
6. 全场 3/4 场加速跑/s	4.36 ~ (1.5)	4.16 ~ (3.0)	3.96 ~ (4.5)	3.74 ~ (6.0)	3.52 ~ (7.5)
7. 15m × 17 次折返跑/s	71.63 ~ (1.0)	68.63 ~ (2.0)	65.23 ~ (3.0)	60.83 ~ (4.0)	57.13 ~ (5.0)
8. 助跑单手摸高/m	2.89 ~ (1.5)	2.98 ~ (3.0)	3.03 ~ (4.5)	3.08 ~ (6.0)	3.14 ~ (7.5)
9. 7 步后退投篮	32 ~ (1.0)	40 ~ (2.0)	47 ~ (3.0)	58 ~ (4.0)	72 ~ (5.0)
10. 1min30s 自投自抢投篮	7 ~ (1.0)	8 ~ (2.0)	9 ~ (3.0)	10 ~ (4.0)	11 ~ (5.0)
11. 全场综合传接球/s	19.96 ~ (1.5)	18.66 ~ (3.0)	17.36 ~ (4.5)	15.93 ~ (6.0)	14.50 ~ (7.5)
12. 全场综合运球上篮/s	44.61 ~ (1.5)	41.11 ~ (3.0)	37.61 ~ (4.5)	33.76 ~ (6.0)	29.91 ~ (7.5)
13. 神经类型	差（1.5）	及格（3.0）	中（4.5）	良（6.0）	优（7.5）
14. 六边形移动/s	22.05 ~ (0.5)	20.65 ~ (1.0)	19.25 ~ (1.5)	17.71 ~ (2.0)	16.17 ~ (2.5)

续表 74

指标		等级				
		一	二	三	四	五
15. 教练评定	形态潜能	差（0.6）	及格(1.2)	中（1.8）	良（2.4）	优（3.0）
	技术能力	差（1.2）	及格(2.4)	中（3.6）	良（4.8）	优（6.0）
	意志品质	差（1.2）	及格(82.4)	中（3.6）	良（4.8）	优（6.0）

附 件

附件1：全国青少年篮球竞赛成绩管理系统用户手册（服务端）

目 录

一、系统简介

全国青少年篮球竞赛成绩管理系统是用于考核青少年身体和技术素质，以及青少年篮球竞赛成绩的管理系统。

服务端系统用于存储全国青少年身体、技术及篮球比赛成绩数据，并提供相应查询。此外，服务端还提供对客户端的注册和清零等接口验证，提供客户端用于青少年考核测试的标准。

（一）系统功能

系统功能简介

（1）系统功能分为数据维护、统计分析、系统设置 3 个部分。

（2）数据维护：

维护年龄组别

维护测试项目

维护评分标准

维护评分比重

（3）统计分析：

查询运动员测试成绩

查询运动员测试数据

查询团队测试成绩

查询团队比赛成绩

查询团队总成绩

查询运动员信息

（4）系统设置：

注册码管理

清零码管理

测试数据导入

修改密码

（二）系统对网络要求

系统为 B/S 应用程序，必须连接网络。

测试 URL：http：//218.240.21.137：8100/。

（三）系统对服务器要求

（1）适用操作系统为：WINDOWS 2000/2003/NT/2008。

（2）适用数据库为：MSSQLServer 2005。

（3）操作系统需支持：.net 2.0/.net 3.5 及以上版本。

二、系统操作说明

（一）登 录

登录时系统将自动判断当前用户的有效状态，如果非“正常”状态，则禁止登录。

用户访问服务器地址 url，未登录将直接显示登录页面。

用户输入账号密码，点击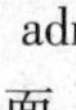（或者按回车键）。

（默认账号：admin 密码：admin）

系统验证成功，进入主界面。

（二）主界面

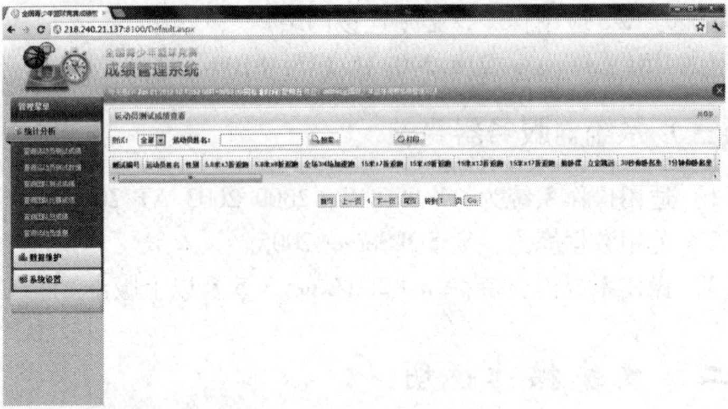

主界面左上角为 logo。

主界面左侧为管理菜单。

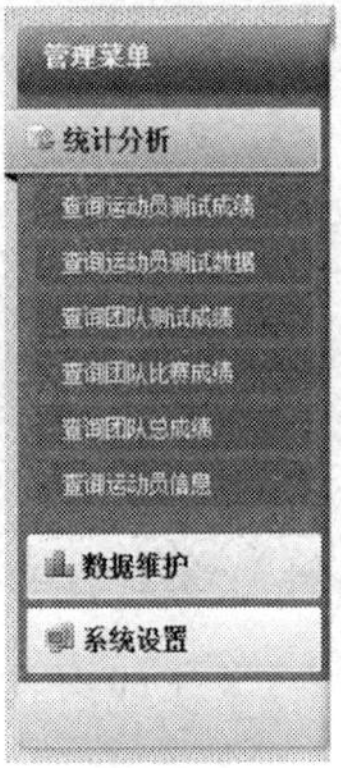

主界面中间为功能主内容显示区域。

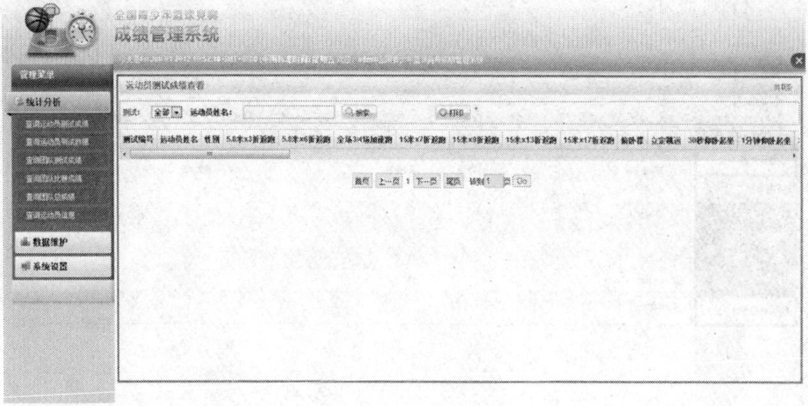

(三) 退 出

用户可直接关闭浏览器，即可退出。

用户也可以点击右上侧退出系统。

(四) 系统功能

1. 数据维护

(1) 维护年龄组别

(年龄组别是指运动员的各年龄段)

用户点击左侧管理菜单：数据维护 > 维护年龄组别。

右侧显示：

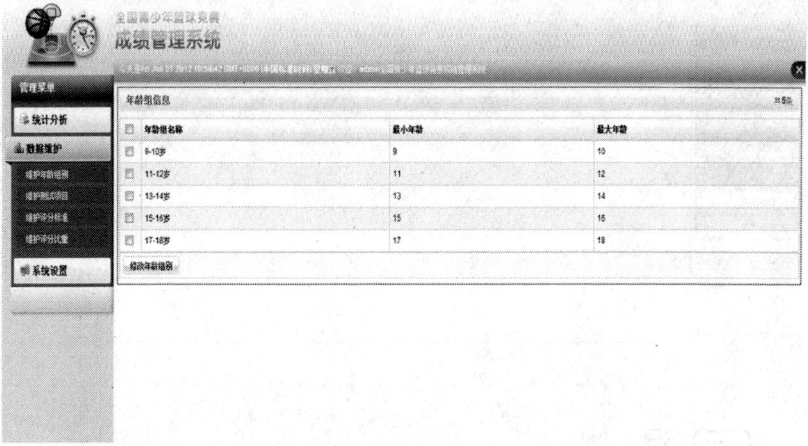

用户选中其中一项，点击下方按钮：修改年龄组别。

系统将显示：

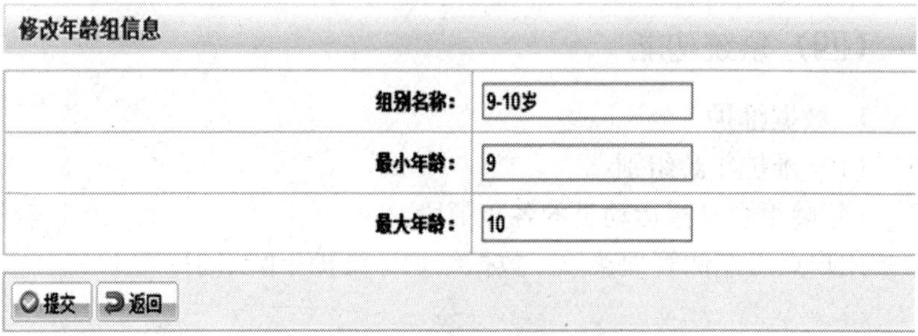

用户可修改组别名称、最小年龄、最大年龄等，点击下方按钮：提交。

系统将信息更新为新填写信息并显示。

如用户点击下方按钮：返回，则不修改信息回到显示页面。

(2) 维护测试项目

(测试项目是指运动员的各项测试名称)

用户点击左侧管理菜单：数据维护 > 维护测试项目。

右侧显示：

测试项信息　　共41条

项编号	测试项名称	分类	简介说明
1	5.8米x3折返跑	身体素质	无
2	5.8米x6折返跑	身体素质	无
3	全场3/4场加速跑	身体素质	无
4	15米x7折返跑	身体素质	无
5	15米x9折返跑	身体素质	无
6	15米x13折返跑	身体素质	无
7	15米x17折返跑	身体素质	无
8	俯卧撑	身体素质	无
9	立定跳远	身体素质	无
10	30秒仰卧起坐	身体素质	无
11	1分钟仰卧起坐	身体素质	无
12	30秒背起	身体素质	无
13	1分钟背起	身体素质	无
14	杠铃高翻	身体素质	无

用户选中其中一项，点击下方按钮：修改测试项信息。

系统将显示：

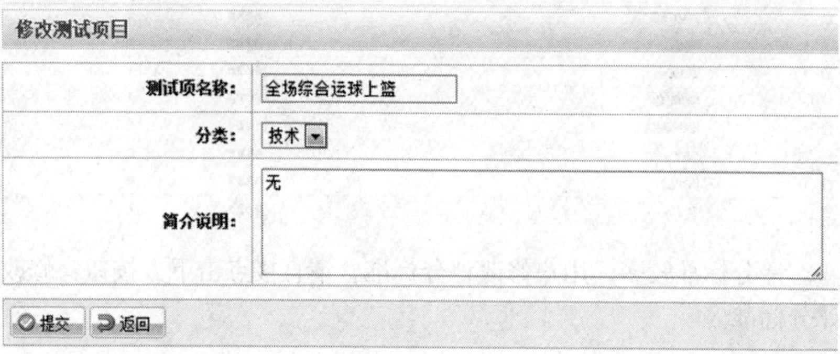

用户可更改测试项名称和测试项分类，点击下方按钮：提交。

系统将更新测试项目信息，并返回信息显示页面。

如用户点击下方按钮：返回，则不更改信息直接返回信息显示页面。

(3）维护评分标准

(评分标准是指运动员的各项测试评分标准)

用户点击左侧管理菜单：数据维护 > 维护评分标准。

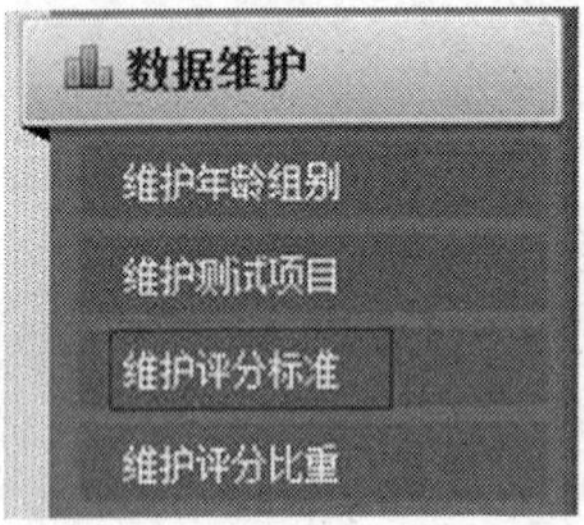

右侧显示：

测试项信息　共41条

	项编号	测试项名称	分类	简介说明
	1	5.8米x3折返跑	身体素质	无
	2	5.8米x6折返跑	身体素质	无
	3	全场3/4场加速跑	身体素质	无
	4	15米x7折返跑	身体素质	无
	5	15米x9折返跑	身体素质	无
	6	15米x13折返跑	身体素质	无
	7	15米x17折返跑	身体素质	无
	8	俯卧撑	身体素质	无
	9	立定跳远	身体素质	无
	10	30秒仰卧起坐	身体素质	无
	11	1分钟仰卧起坐	身体素质	无
	12	30秒背起	身体素质	无
	13	1分钟背起	身体素质	无
	14	杠铃高翻	身体素质	无

评分标准较多，用户修改评分标准，请直接点击下方按钮：修改评分标准。

系统将显示：

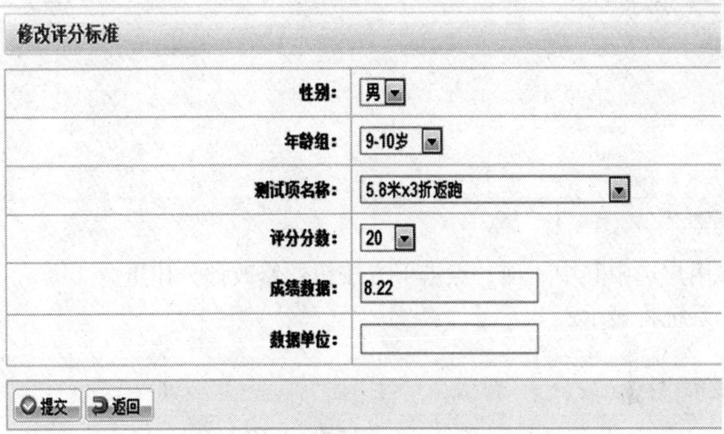

用户依次选择要修改的标准对应的性别、年龄组、测试项名、评分分数，当选择完评分分数后，系统将给出当前成绩数据，用户可修改成绩数据（数据单位可不填）。点击下方按钮：提交。

系统将更新对应测试项的成绩数据，并返回信息显示页面。

如用户点击下方按钮：返回，则不更改信息直接返回信息显示页面。

（4）维护评分比重

（评分比重是指运动员的考核测试技术综合成绩中技术成绩与评定成绩的比重）

用户点击左侧管理菜单：数据维护 > 维护评分比重。

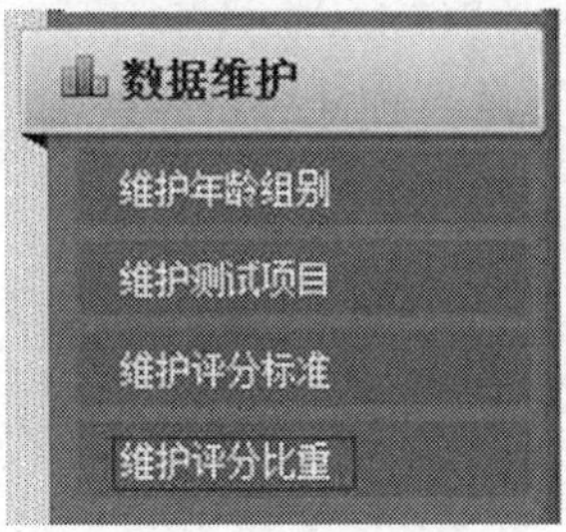

右侧显示：

评分比重 共5条

	编号	年龄组别	技术成绩比重	评定成绩比重
☐	1	9-10岁	70%	30%
☐	2	11-12岁	50%	50%
☐	3	13-14岁	40%	60%
☐	4	15-16岁	35%	65%
☐	5	17-18岁	30%	70%

修改评分比重

用户选中其中一项，点击下方按钮：修改评分比重。

系统将显示：

修改评分比重

年龄组别：	11-12岁
技术成绩比重：	50 %
评定成绩比重：	50 %

提交 返回

用户可更改技术成绩比重，评定成绩比重，点击下方按钮：提交。

系统将更新评分比重信息，并返回信息显示页面。

如用户点击下方按钮：返回，则不更改信息直接返回信息显示页面。

2. 统计分析

（1）查询运动员测试成绩

用户点击左侧管理菜单：统计分析 > 查询运动员测试成绩。

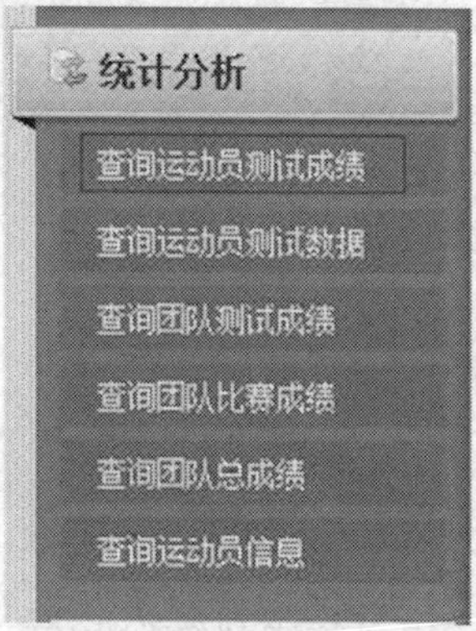

右侧显示：

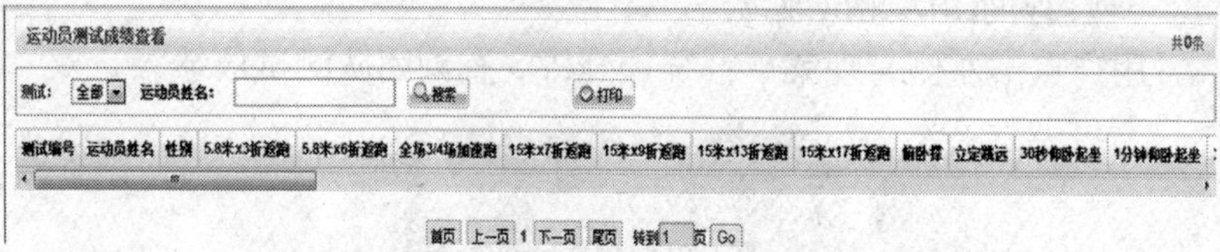

系统默认显示全部测试信息，用户可选择不同测试，或者填写运动员姓名，点击按钮：搜索。

系统将根据用户定义条件搜索到符合的信息。

点击运动员姓名，可查看该运动员信息。

（2）查询运动员测试数据

用户点击左侧管理菜单：统计分析 > 查询运动员测试数据。

右侧显示：

系统默认显示全部测试信息，用户可选择不同测试，或者填写运动员姓名，点击按钮：搜索。

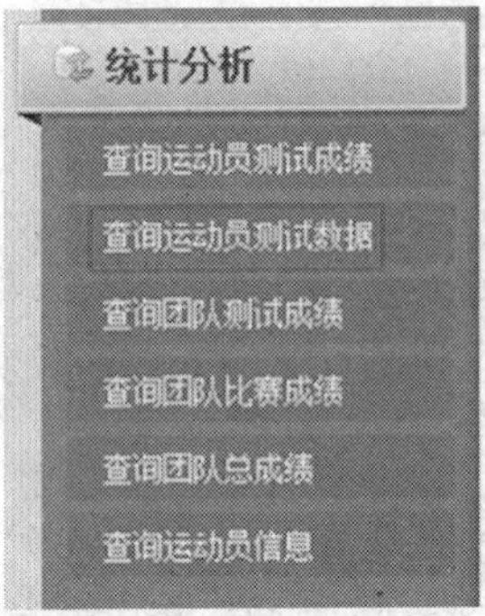

系统将根据用户定义条件搜索到符合的信息。

点击运动员姓名，可查看该运动员信息。

(3) 查询团队测试成绩

用户点击左侧管理菜单：统计分析 > 查询团队测试成绩。

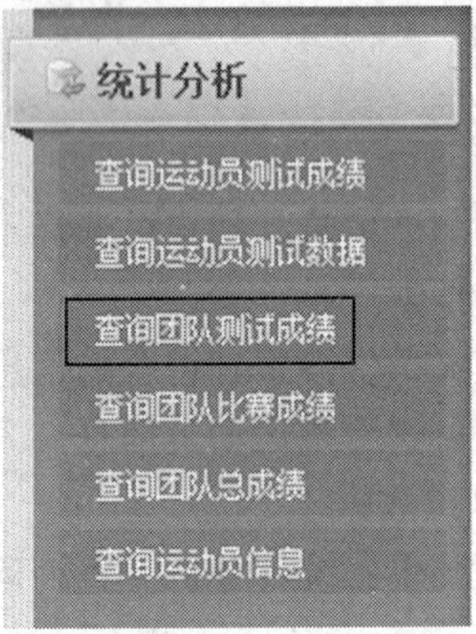

右侧显示：

系统默认显示全部团队测试信息，用户可选择不同测试，或者填写团队名称，点击按钮：搜索。

系统将根据用户定义条件搜索到符合的信息。

点击团队名称，可查看该团队人员测试成绩。

(4) 查询团队比赛成绩

用户点击左侧管理菜单：统计分析 > 查询团队比赛成绩。

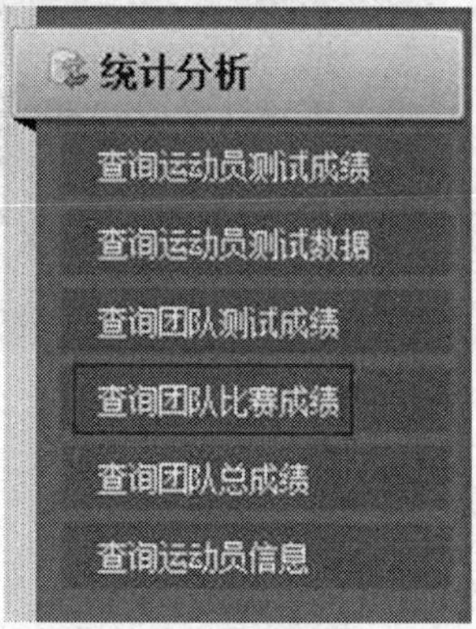

右侧显示：

系统默认显示全部团队比赛成绩，用户可选择不同测试，或者填写主队名称，点击按钮：搜索。

系统将根据用户定义条件搜索到符合的信息。

点击团队名称，可查看该团队人员测试成绩。

（5）查询团队总成绩

用户点击左侧管理菜单：统计分析 > 查询团队总成绩。

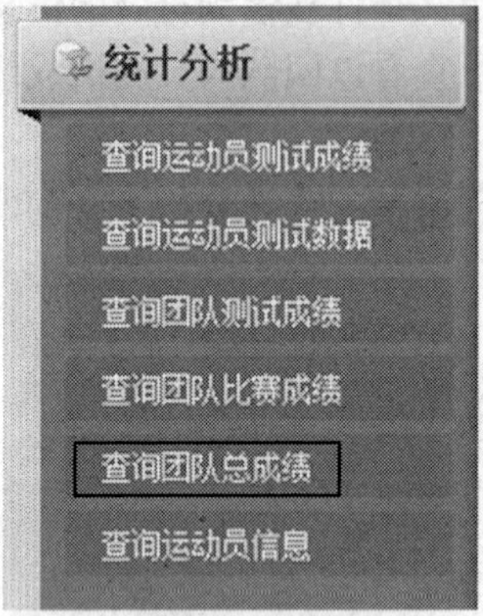

右侧显示：

系统默认显示全部团队总成绩，用户可选择不同测试，或者填写团队名称，点击按钮：搜索。

系统将根据用户定义条件搜索到符合的信息。

点击团队名称，可查看该团队人员测试成绩。

（6）查询运动员信息

用户点击左侧管理菜单：统计分析 > 查询运动员信息。

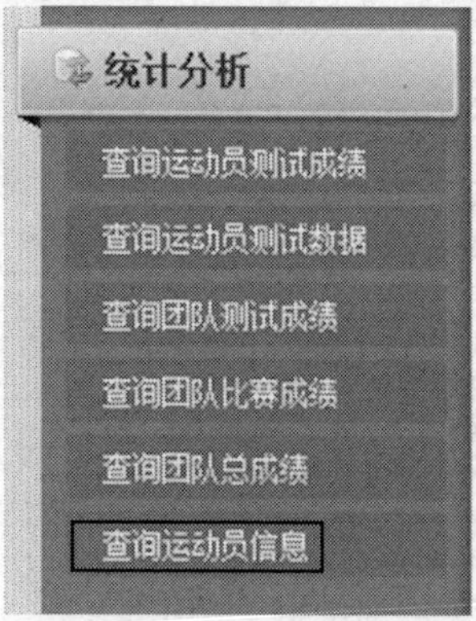

右侧显示：

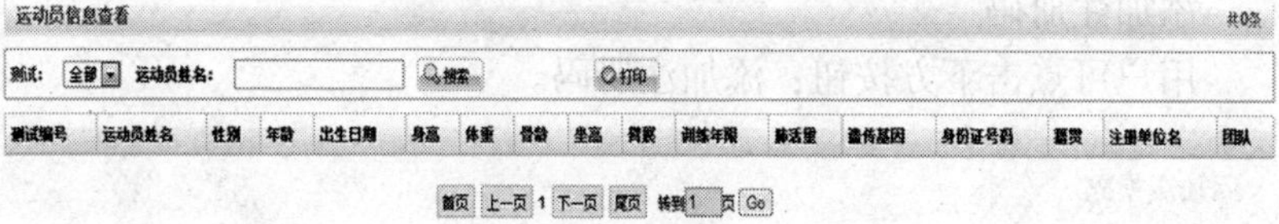

系统默认显示全部运动员信息，用户可选择不同测试，或者填写运动员姓名，点击按钮：搜索。

系统将根据用户定义条件搜索到符合的信息。

3. 系统设置

（1）注册码管理

用户点击左侧管理菜单：系统设置 > 注册码查询。

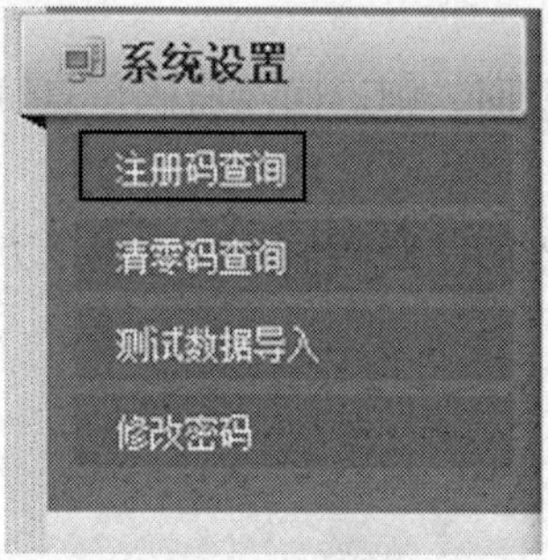

右侧显示：

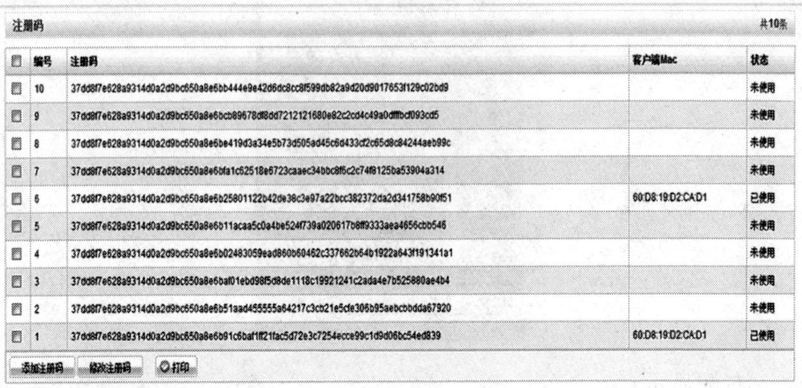

编号	注册码	客户端Mac	状态
10	37dd8f7e628a9314d0a2d9bc650a8e6bb444e9e42d6dc8cc8f599db82a9d20d9017653f129c02bd9		未使用
9	37dd8f7e628a9314d0a2d9bc650a8e6bcb89678df8dd7212121680e82c2cd4c49a0dfffbcf093cd5		未使用
8	37dd8f7e628a9314d0a2d9bc650a8e6be419d3a34e5b73d505ad45c6d433cf2c65d8c84244aeb99c		未使用
7	37dd8f7e628a9314d0a2d9bc650a8e6bfa1c62518e6723caaec34bbc8f6c2c74f8125ba53904a314		未使用
6	37dd8f7e628a9314d0a2d9bc650a8e6b25801122b42de38c3e97a22bcc382372da2d341758b90f51	60:D8:19:D2:CA:D1	已使用
5	37dd8f7e628a9314d0a2d9bc650a8e6b11acaa5c0a4be524f739a020617b8ff9333aea4656cbb546		未使用
4	37dd8f7e628a9314d0a2d9bc650a8e6b02483059ead860b60462c337662b64b1922a643f191341a1		未使用
3	37dd8f7e628a9314d0a2d9bc650a8e6baf01ebd98f5d8de1118c19921241c2ada4e7b525880ae4b4		未使用
2	37dd8f7e628a9314d0a2d9bc650a8e6b51aad455555a64217c3cb21e5cfe306b95aebcbbdda67920		未使用
1	37dd8f7e628a9314d0a2d9bc650a8e6b91c6baf1ff21fac5d72e3c7254ecce99c1d9d06bc54ed839	60:D8:19:D2:CA:D1	已使用

添加注册码

用户可点击下方按钮：添加注册码。

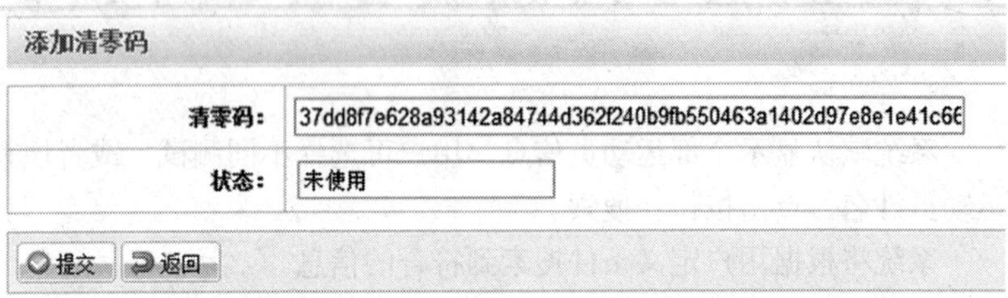

用户点击下方按钮：提交。

系统将会提示：添加成功。并显示新的注册码。

用户可反复提交。

点击下方按钮：返回，则返回注册码信息页面。

修改注册码

用户可选中要修改的注册码信息，点击下方按钮：修改注册码。

用户可清除客户端 Mac，更改状态为：未使用，则此注册码可以重新使用。

（2）清零码管理

用户点击左侧管理菜单：系统设置 > 清零码查询。

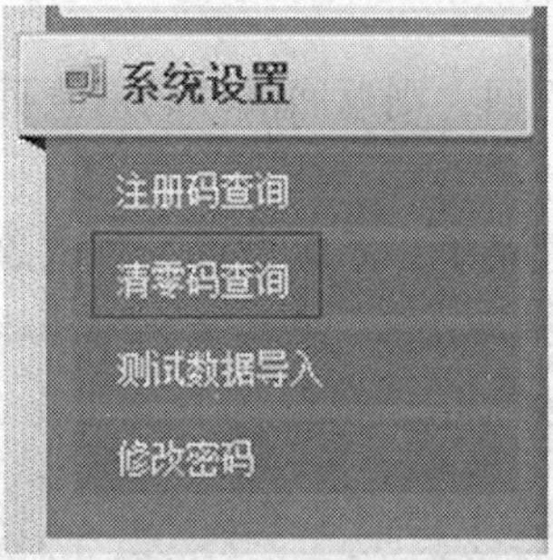

右侧显示：

清零码 共9条

	编号	清零码	状态
	9	37dd8f7e628a9314cb3a9e0684f3325e9266dbc316a4526e75a454825dc503cf65d6c84244aeb99c	未使用
	8	37dd8f7e628a9314cb3a9e0684f3325e8ae61658839d2bc5e63edbb6c42a323468e2dc7d6fc4a5bd	未使用
	7	37dd8f7e628a9314cb3a9e0684f3325e3a3b5317c4e94ee70100cf541d783b5b32b6f09dc1291219	未使用
	6	37dd8f7e628a9314cb3a9e0684f3325e395b5c06a316368ed1519f5253e328db95aebcbbdda67920	未使用
	5	37dd8f7e628a9314cb3a9e0684f3325e1cf1054fee1f9ca66a5060f45105fbcd64dc9657aeb4d7cd	已使用
	4	37dd8f7e628a9314cb3a9e0684f3325e0fc1be16117d622a9bae955b9e7e5863cde6b36293ef78e7	未使用
	3	37dd8f7e628a9314cb3a9e0684f3325e9ee5856564469535c7862f35ed8f1db32f6afd16811747b2	未使用
	2	37dd8f7e628a9314cb3a9e0684f3325e5633473136f07fbf85ae8c46a1892002524d8b4f58eb063d	未使用
	1	37dd8f7e628a9314cb3a9e0684f3325eeda059da41594af15ef14bd5b7a541ed1ef2af020bb3cc38	未使用

添加清零码 打印

首页 上一页 1 下一页 尾页 转到 1 页 Go

添加清零码

用户可点击下方按钮：添加清零码。

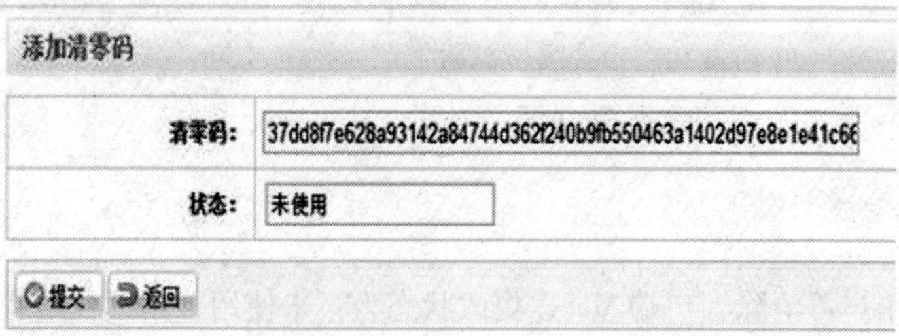

用户点击下方按钮：提交。

系统将会提示：添加成功。并显示新的清零码。

用户可反复提交。

点击下方按钮：返回，则返回清零码信息页面。

（3）测试数据导入

用户点击左侧管理菜单：系统设置 > 测试数据导入。

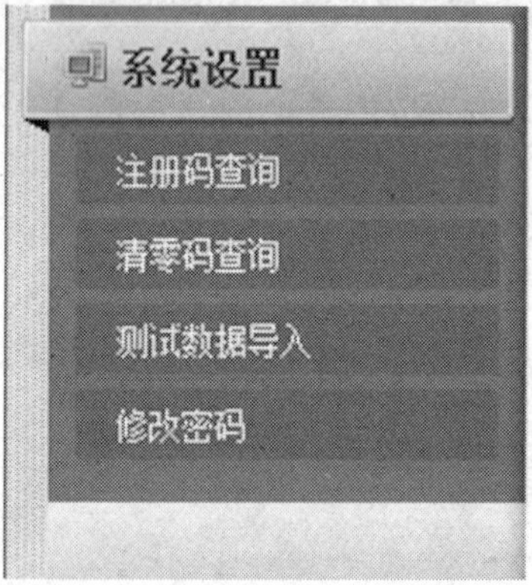

右侧显示：

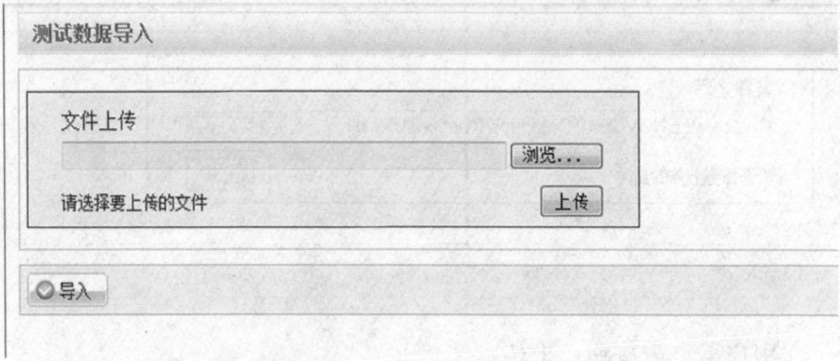

用户需点击按钮：浏览。

选中要导入的数据文件，点击：打开。

用户需点击按钮：上传。

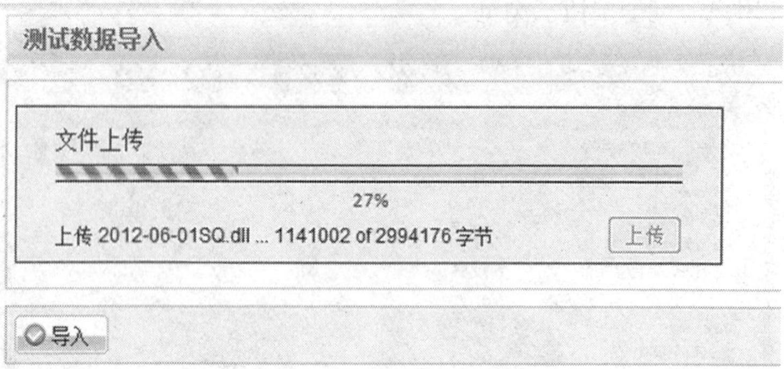

请稍候，系统接受完文件显示：

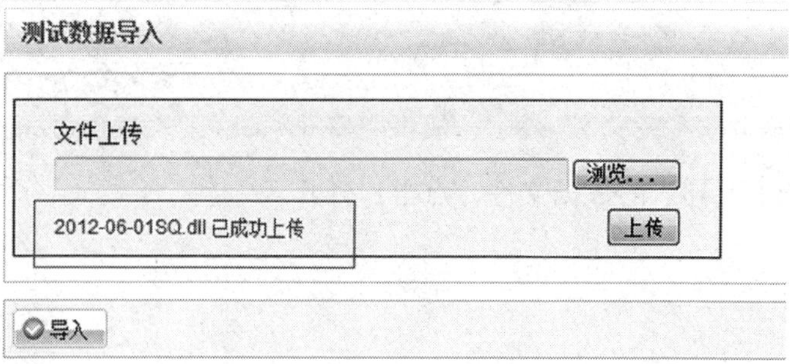

用户可以点击下方按钮：导入。

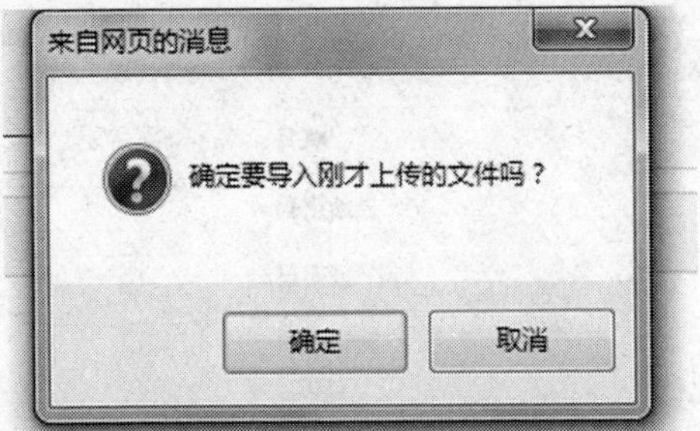

点击按钮：确定。

则数据导入成功。

（4）修改密码

用户点击左侧管理菜单：系统设置 > 修改密码。

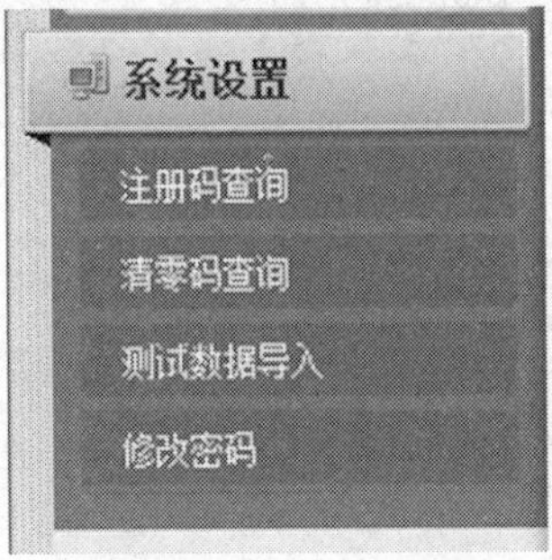

右侧显示：

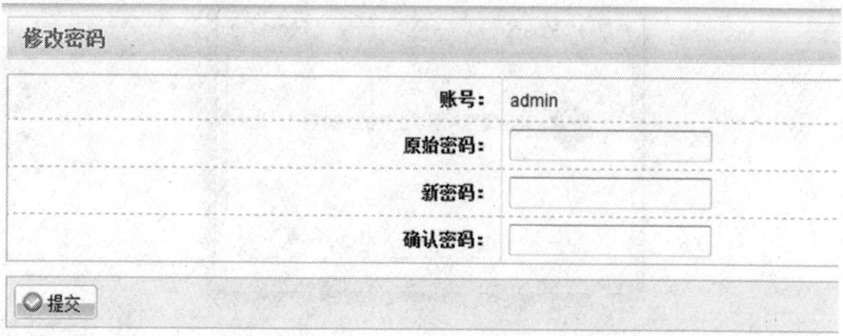

用户可填写原始密码、新密码、确认密码。点击下方按钮：提交。

系统提示：修改成功。

用户下次登录需使用新密码。

附件 2：全国青少年篮球竞赛成绩管理系统用户手册

目　录

一、系统简介

全国青少年篮球竞赛成绩管理系统是用于考核青少年身体和技术素质，以及青少年篮球竞赛成绩的管理系统。

（一）系统功能

系统功能简介

（1）系统功能分为数据维护、成绩管理、统计分析、系统设置4个部分。

（2）数据维护：

维护测试基本信息

维护比赛基本信息

维护团队信息

维护队员信息

维护系统用户信息

（3）成绩管理：

测试成绩管理

比赛成绩管理

总成绩管理

（4）统计分析：

查询队员测试成绩

查询队员测试数据

查询团队测试成绩

查询团队比赛成绩

查询团队总成绩

(5) 系统设置：

注册激活

修改密码

导出文件

测试数据清零

退 出

(二) 系统对网络要求

(1) 系统在注册时必须连接网络。

(2) 系统在清零数据时必须连接网络。

(3) 系统初始化时将会连接网络。

(三) 系统对硬件要求

(1) 适用操作系统为：WINDOWS XP/2000/2003/NT/Vista/7。

(2) 内存空间：512MB 以上。

(3) 硬盘空间：1GB 以上。

二、系统安装与卸载

(一) 系统安装

安装界面及步骤如下：

(1) 安装起始文件为 setup. exe，请双击该文件，将出现如下界面：

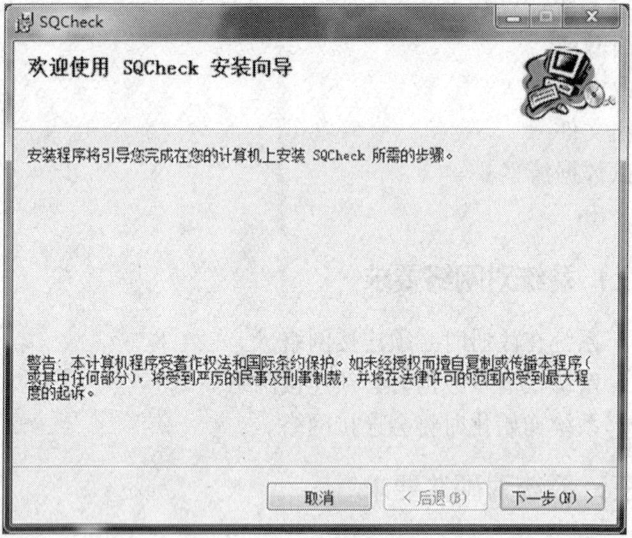

（2）请点击：下一步。

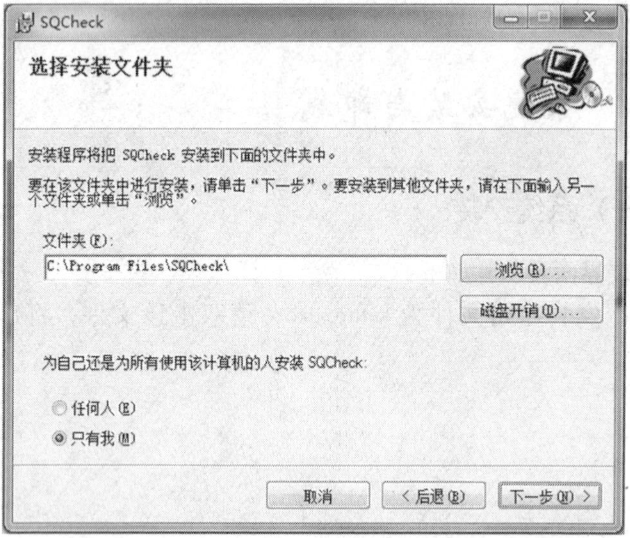

（3）请选择：浏览（R）按钮更改安装路径，再点击：下一步。

（如使用默认改安装路径，请直接点击：下一步）

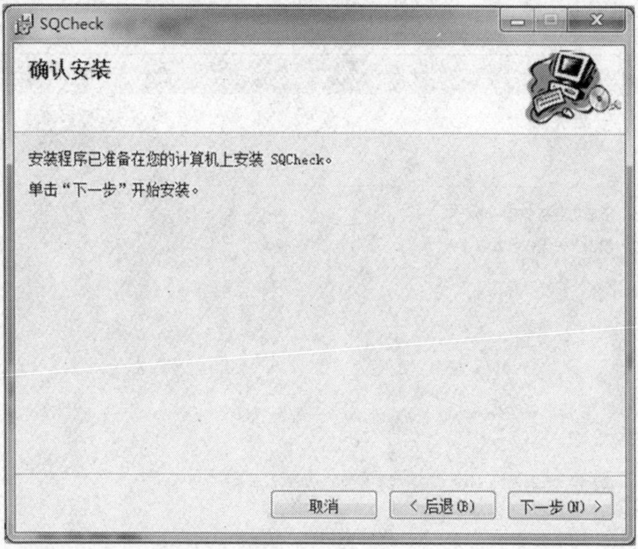

（4）确认安装，请点击：下一步。
（如需更改安装路径，请点击：后退）

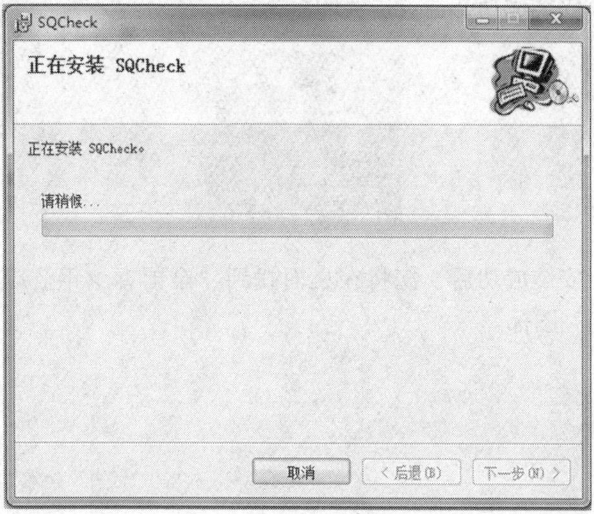

（5）系统安装过程中，如有360安全卫士等软件拦截提示，请选择全部允许。

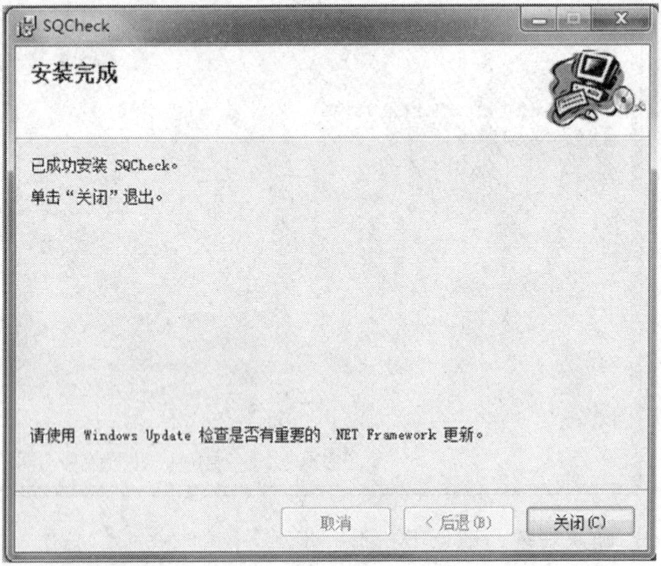

（6）安装成功，请点击关闭。

（7）安装成功后，您将在桌面找到“全国青少年篮球竞赛成绩管理系统”图标。

（二）系统卸载

系统卸载将会删除所有系统有关文件及数据，卸载前请慎重选择。

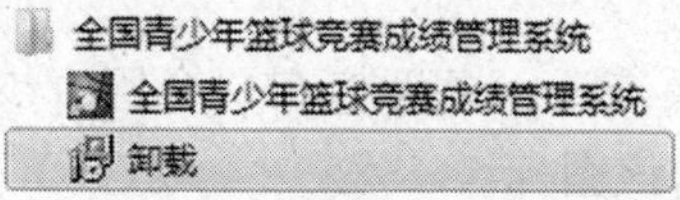

（1）点击：开始菜单 > 所有程序 > 全国青少年篮球竞赛成绩管理系统 > 卸载。

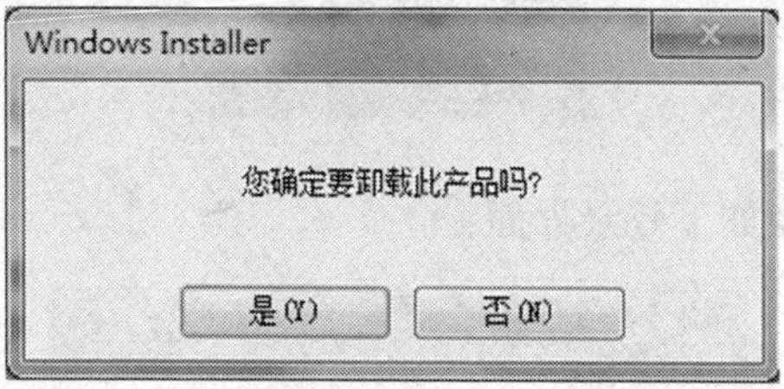

（2）点击：是。

（3）程序将开始卸载。

（4）卸载过程将自行完成，卸载成功后系统将删除所有文件及数据。

三、系统操作说明

（一）登　录

（1）当安装本系统后，桌面将有“全国青少年篮球竞赛成绩管理系统”图标，双击该图标。

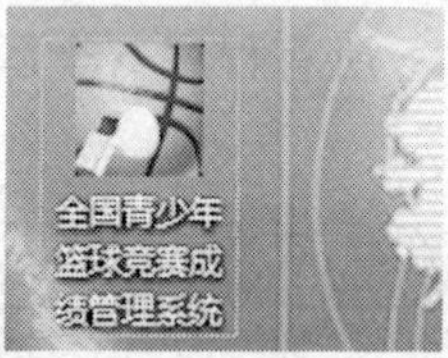

（2）将出现如下登录界面：

（3）填写账号和密码，点击：登录。

（默认账号：admin 密码：admin）

如退出，请点击右上角按钮。

登录成功将进入以下界面。

（4）系统在用户登录后会进行初始化。

根据网络和计算机硬件配置，初始化时间将有所不同。完成将进入主界面。

（二）主界面

主界面如下图：

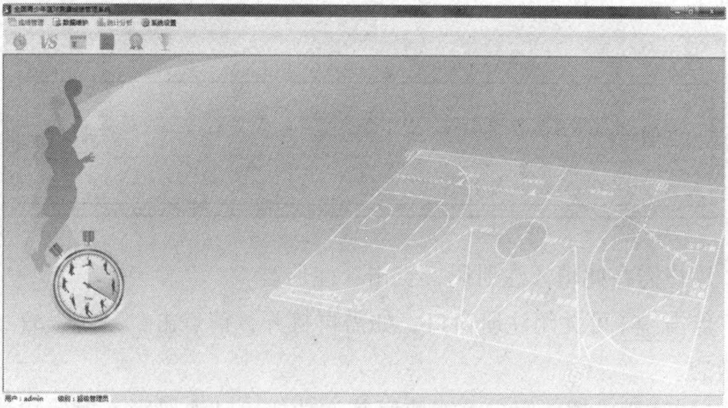

主界面简单介绍：

（1）主界面上方为菜单栏和快捷工具栏。

菜单栏：

（灰色为暂不可用，黑色为可用）

快捷工具栏：

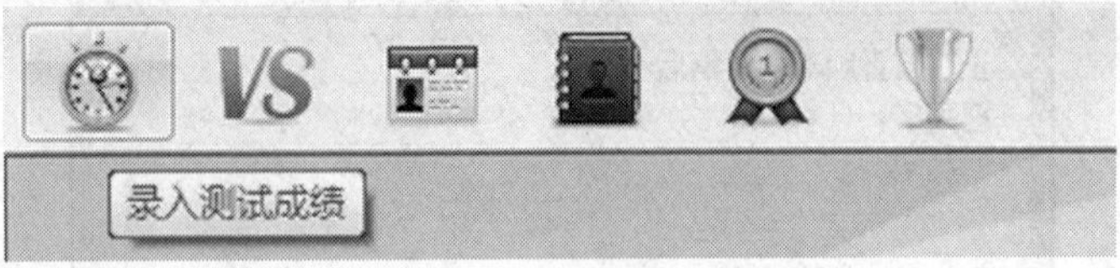

（鼠标停留，可显示提示文字）

（2）主界面左下方状态栏显示当前用户和级别。

状态栏：

（三）注　册

本系统需注册才能使用。进入主界面，如未注册，则显示如下界面：

用户需在此填入注册码，点击：注册。

点击可关闭注册窗口，如需再打开，请点击：系统设置 > 注册激活。

（如注册成功，用户才能使用其他功能。已注册则不能使用该功能）

（四）系统功能

1. 数据维护

(1) 维护测试基本信息

(用户在使用其他功能前，应先填写测试基本信息)

点击菜单栏：数据维护 > 维护测试基本信息。

将出现以下界面：

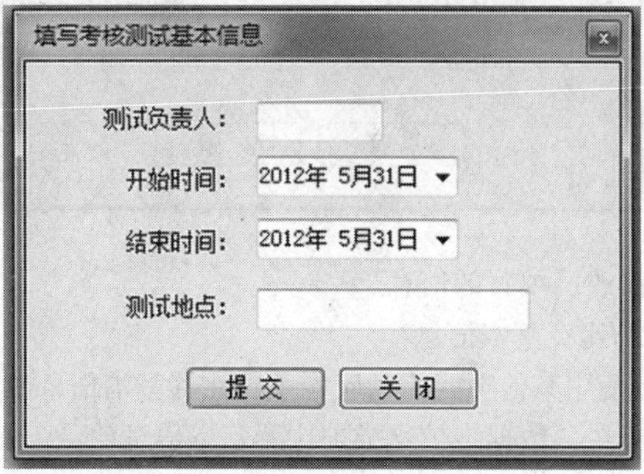

填写完成，请点击：提交。

如已经填写，点击菜单栏：数据维护 > 维护测试基本信息。

将出现以下界面：

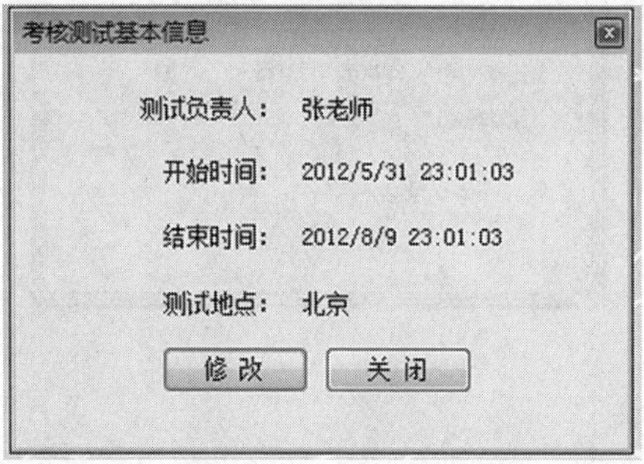

用户可以点击：修改。

出现测试基本信息修改界面：

用户可修改已填写的信息。

（2）维护比赛基本信息

（用户在使用其他功能前，应先填写比赛基本信息）

点击菜单栏：数据维护 > 维护比赛基本信息。

将出现以下界面：

填写完成，请点击：提交。

如已经填写，点击菜单栏：数据维护 > 维护比赛基本信息。

将出现以下界面：

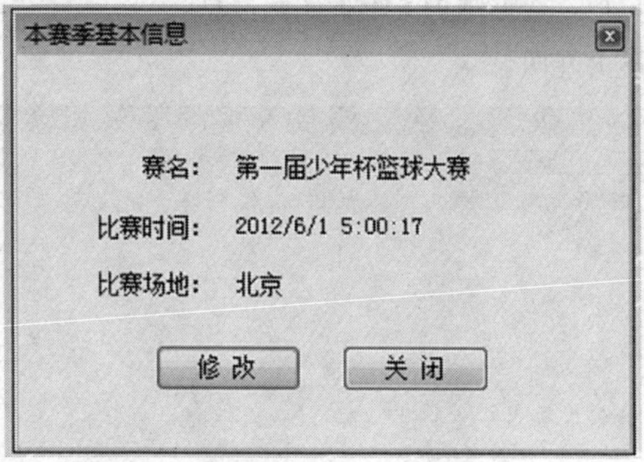

用户可以点击：修改。

出现比赛基本信息修改界面：

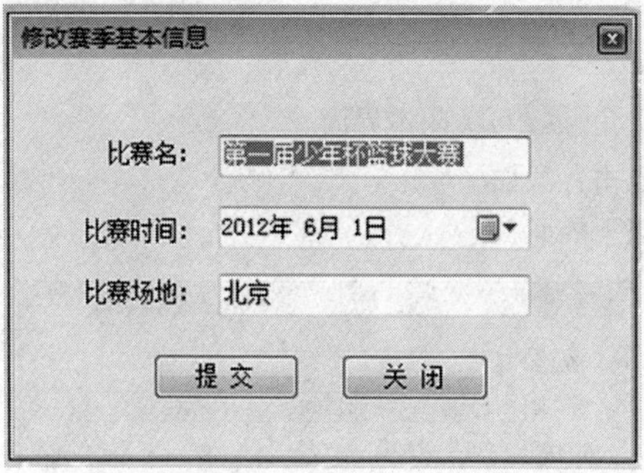

用户可修改已填写的信息。

（3）维护团队信息

（用户在使用成绩管理和统计分析之前，应先维护团队信息，并确保团队信息无误）

点击菜单栏：数据维护 > 维护团队信息。

将出现以下界面：

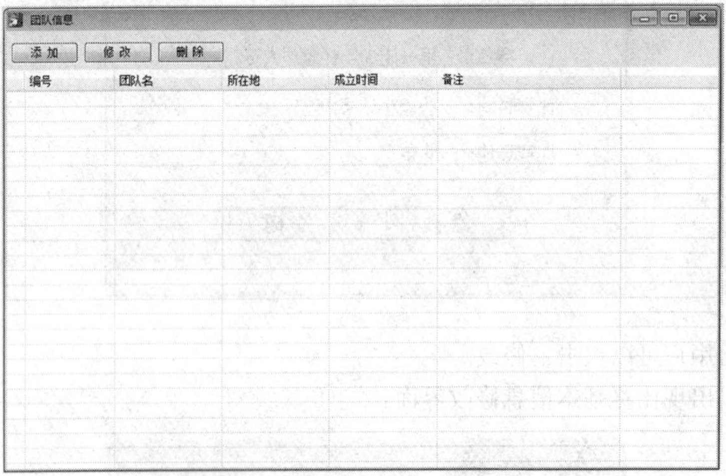

点击右上角 可关闭本界面。

用户可点击：添加。

将出现以下界面：

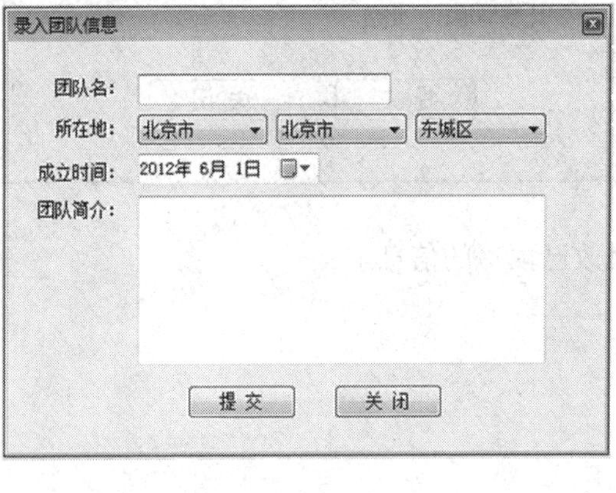

用户需填写团队信息并点击：提交。

系统提示提交成功后将显示：

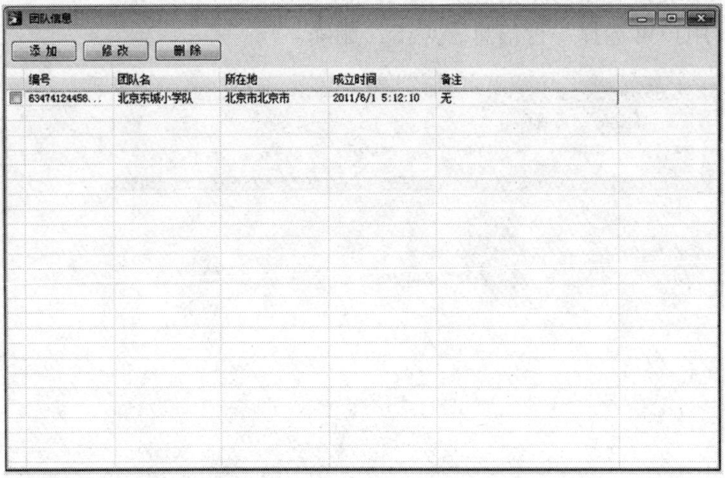

用户可选择一条信息点击：修改。

将出现以下界面：

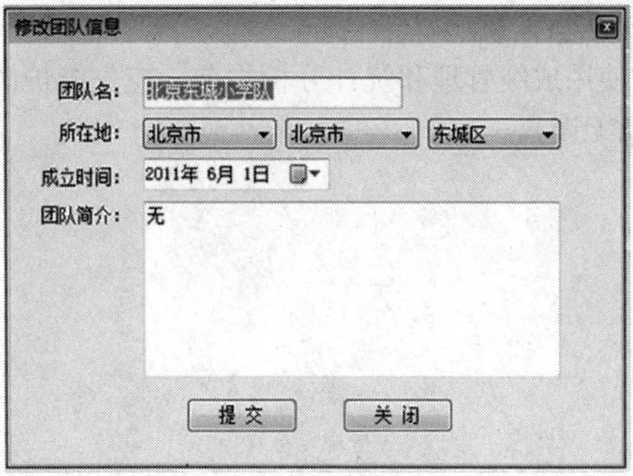

用户修改信息后点击：提交。

系统将更改为新信息。

用户可选择一行信息，点击：删除。

系统将删除所选信息。

（4）维护队员信息

（用户在使用成绩管理和统计分析之前，应先维护队员信息，并确保队员信息无误）

点击菜单栏：数据维护 > 维护队员信息。

将出现以下界面：

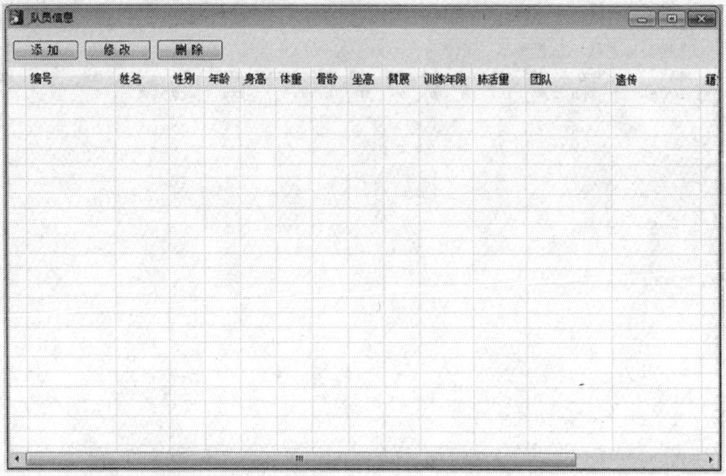

点击右上角可关闭本界面。

用户可点击：添加。

将出现以下界面：

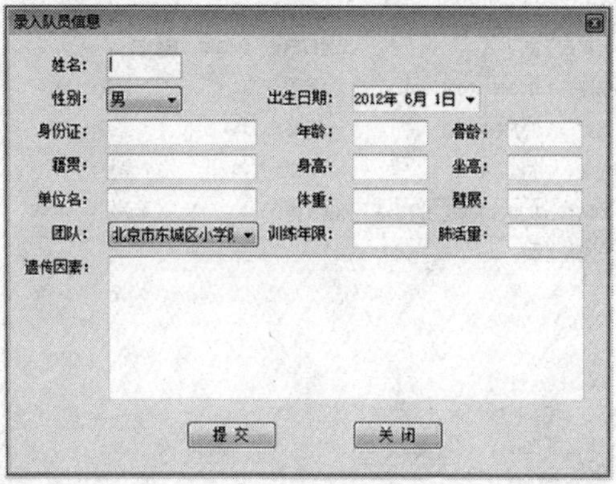

用户填写队员信息后点击：提交。
系统提示提交成功，点击确定后显示：

用户可选择一行信息，点击：修改。
将出现如下界面：

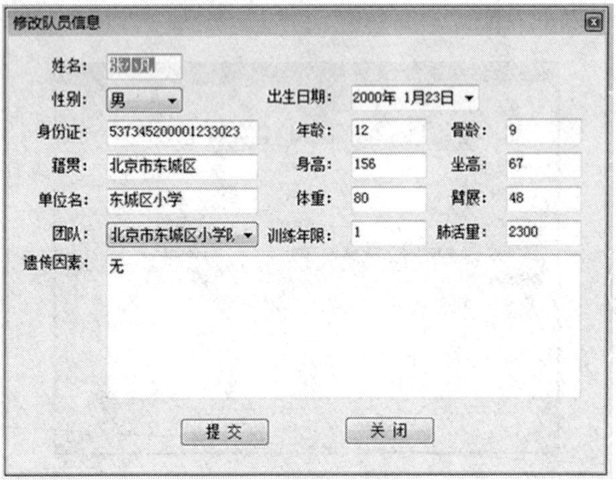

用户在修改已填写信息后，需点击：提交。

用户可选择一行信息，点击：删除。

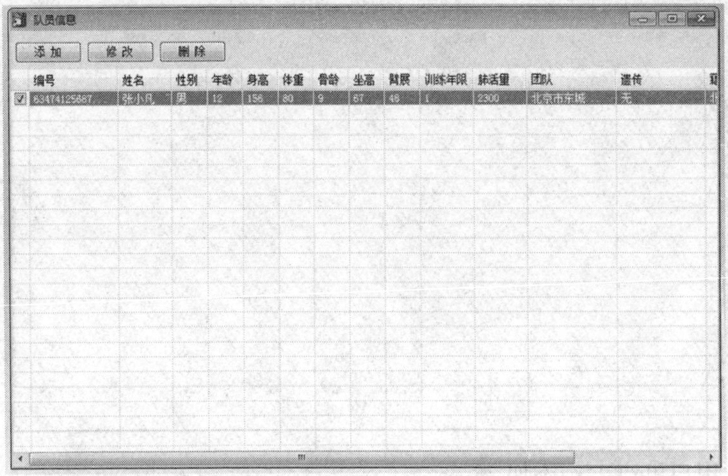

系统将删除所选信息。

(5) 维护系统用户信息

(用户 admin 可以添加其他系统用户，并对其他用户进行管理，但用户 admin 无法删除)

点击菜单栏：数据维护 > 维护系统用户信息。

将出现以下界面：

用户可点击：添加。

将出现如下界面：

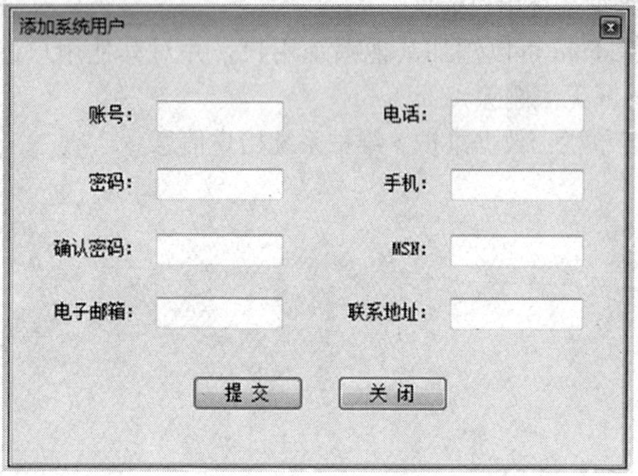

用户填写信息后，需点击：提交。

系统提示成功后将显示如下界面：

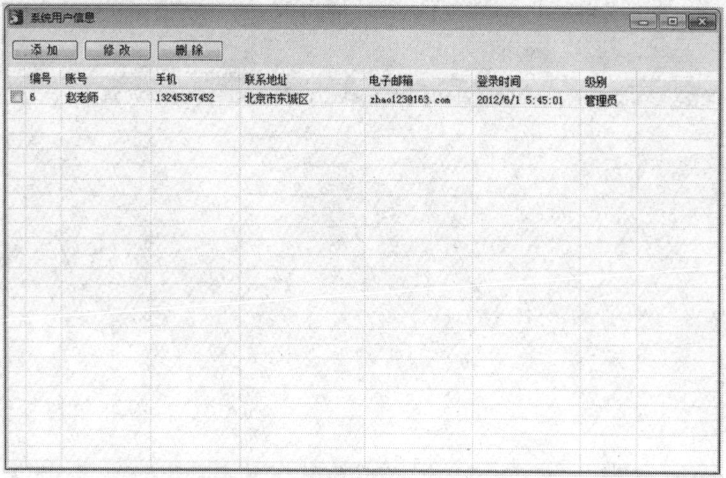

其他用户即可使用本系统登录。

用户可选择一行信息，点击：修改。

将出现如下界面：

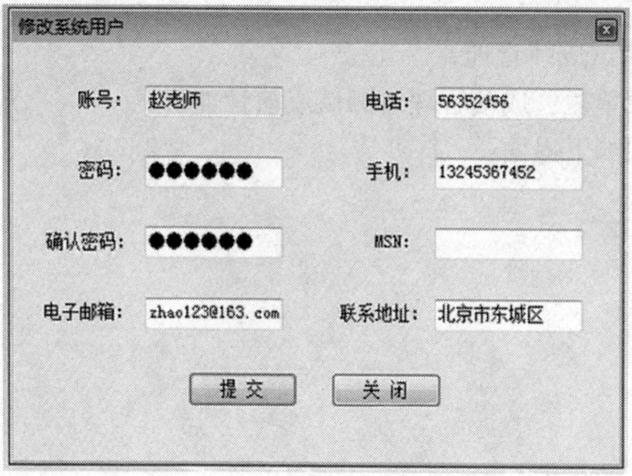

用户修改信息后，需点击：提交。

系统将更新已填写信息。

用户可选择一行信息，点击：删除。

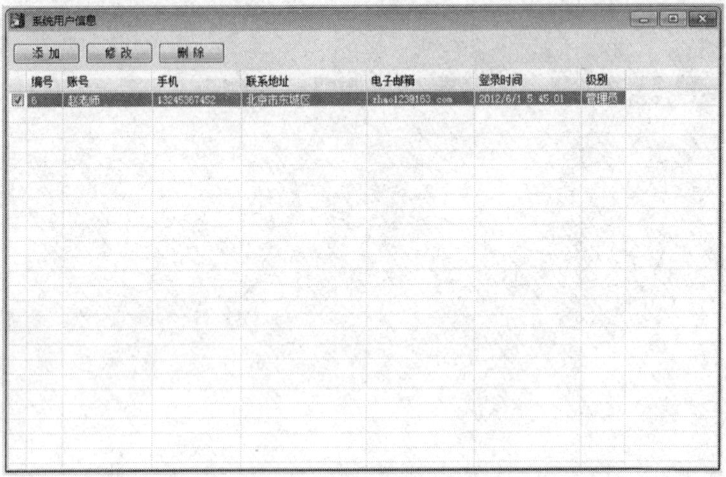

系统将删除所选择信息。

2. 成绩管理

（在维护团队信息和队员信息后，用户录入队员成绩并进行管理）

（1）测试成绩管理

点击菜单栏：成绩管理 > 测试成绩管理。

将出现如下界面：

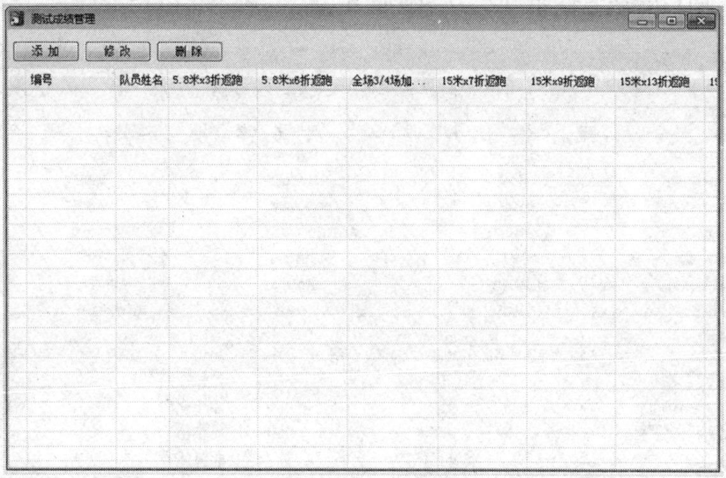

用户可看到已添加的队员各项测试数据。

用户可点击：添加。

将出现如下界面：

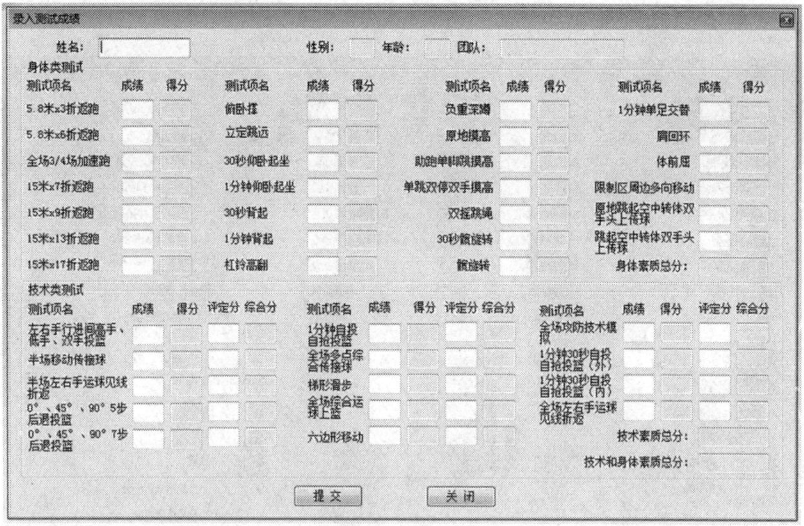

用户需填写队员姓名，并按回车键。

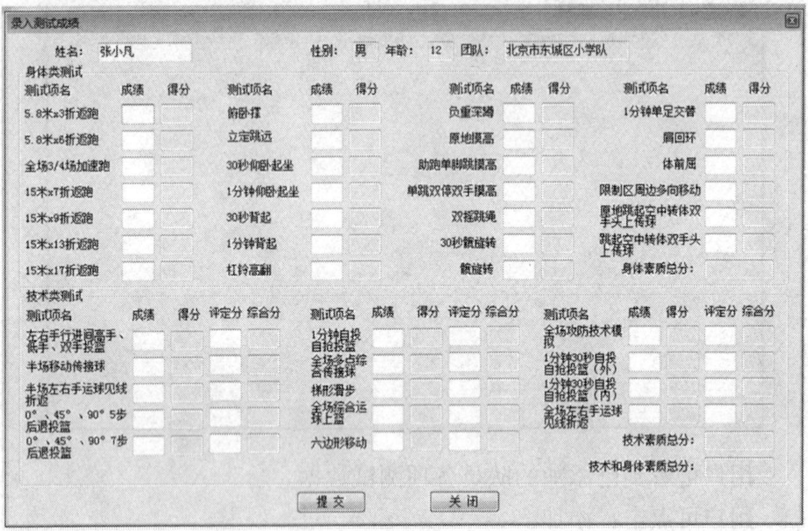

系统将搜索已添加的队员，并将队员性别、年龄、团队显示出来。如未找到则显示：

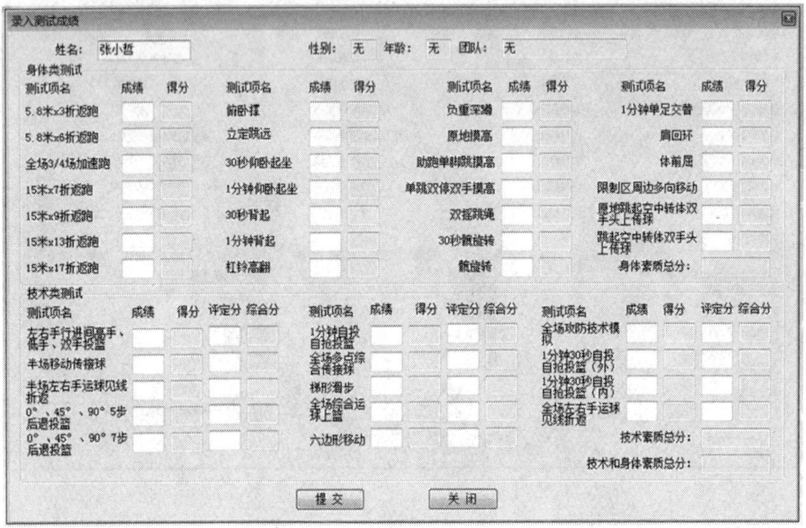

系统将在性别、年龄、团队栏显示“无”。

如找到多个同名队员，则显示：

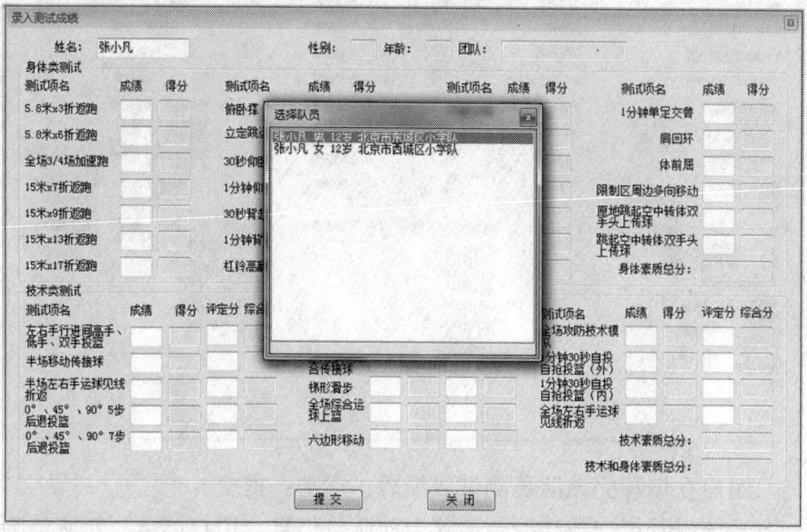

用户可选择一名队员，双击确认（也可用上下方向键选择，按回车键确认）。

在选择队员后，用户可填写该队员测试成绩，按回车键，则由系统计算出得分。

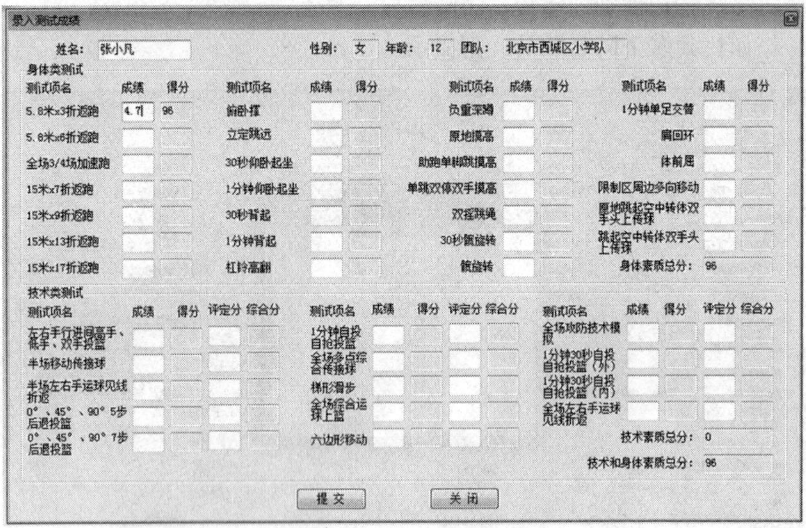

用户在填写完该队员测试成绩后，点击：提交。

系统提示提交成功后会清除当前队员信息，用户可填写新队员测试成绩。

如输入已填写测试成绩的队员姓名，按回车键将会显示其测试成绩，用户可修改成绩，并按回车键重新计算得分。

用户点击关闭按钮，可关闭本界面。

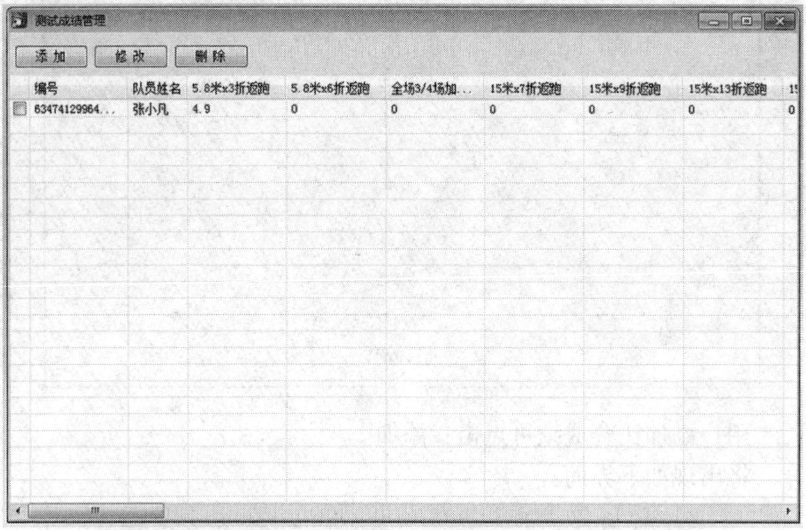

用户可选择已有测试成绩点击：删除。

系统将删除该测试成绩。

（2）比赛成绩管理

用户点击菜单栏：成绩管理 > 比赛成绩管理。

将出现如下界面：

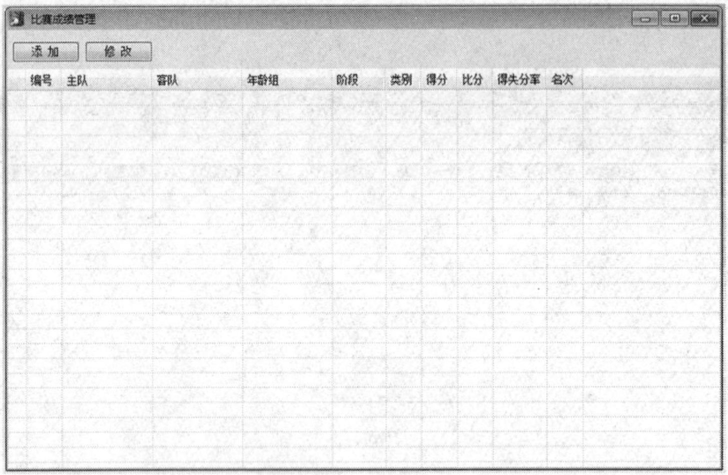

用户添加比赛成绩可点击：添加。

将出现如下界面：

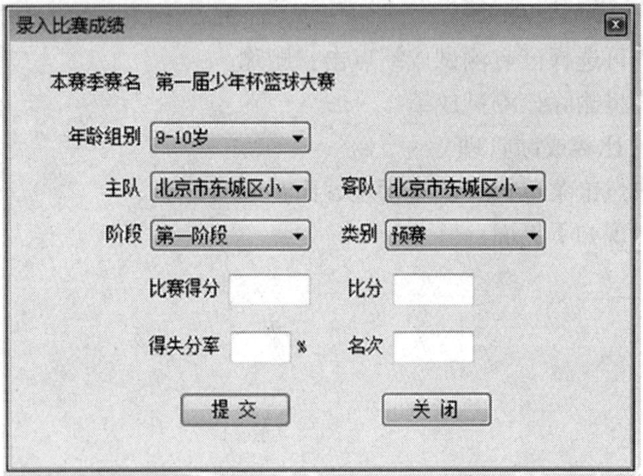

用户需选择相应的年龄组别、主队、客队、比赛阶段、比赛类别，然后填写比赛得分、比分、得失分率（得失分率不需填写“%”）、名次。

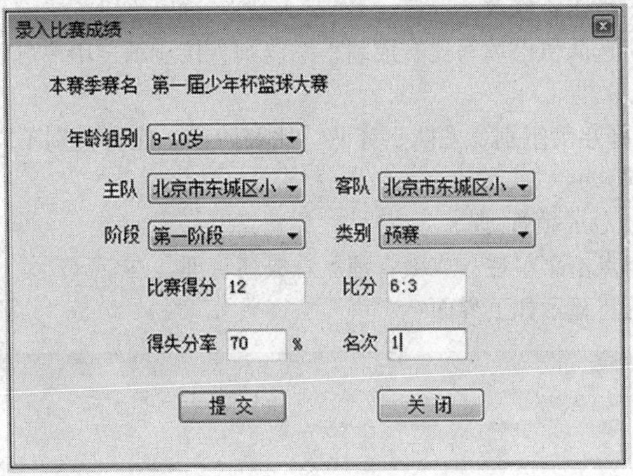

点击：提交。

系统提示：提交成功。

用户修改信息可再次提交。

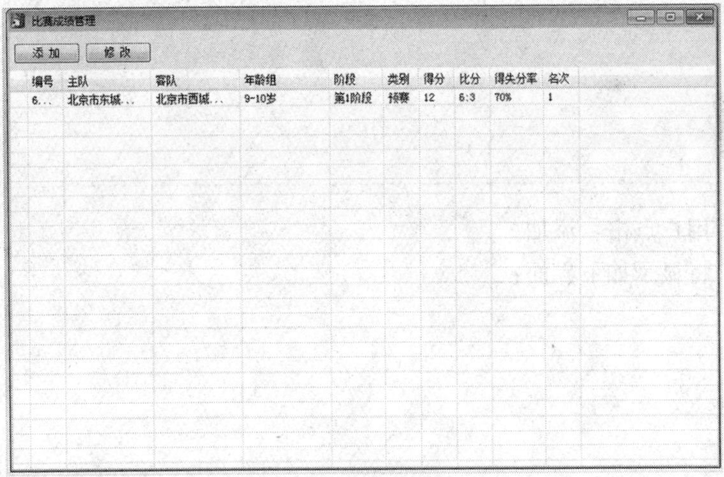

用户点击：修改。

如所选队伍已填写比赛成绩，系统则直接显示，用户可以修改再提交。

（选择年龄组别、主队、客队、比赛阶段、比赛类别不同，所填信息不同）

（3）总成绩管理

用户点击菜单栏：成绩管理 > 总成绩管理。

系统将显示如下界面：

用户点击：添加。

将显示如下界面：

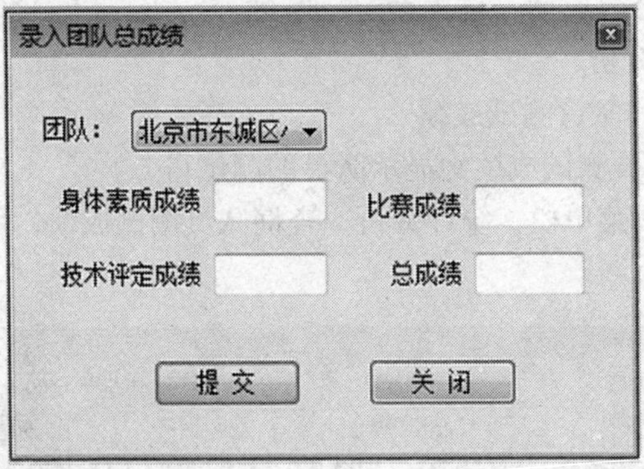

用户选择相应的团队名称，填写：身体素质、比赛成绩、技术评定成绩、总成绩。

点击：提交。

系统提示：提交成功。

如选择的团队已填写总成绩，系统将直接显示：

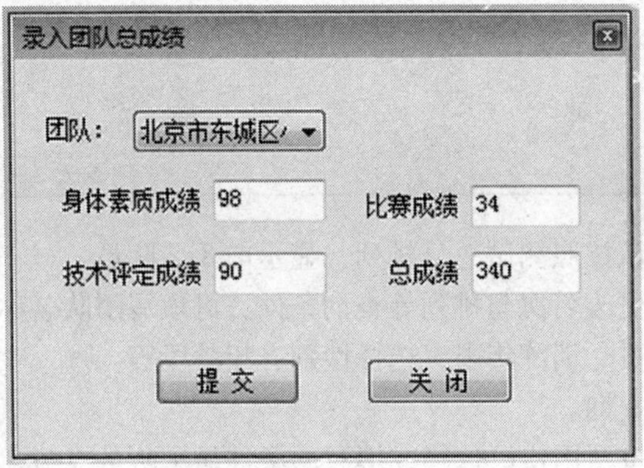

用户可修改成绩，再次点击：提交。

3. 统计分析

（1）查询队员测试成绩

（查询队员测试成绩为显示队员的测试得分）

用户点击菜单栏：统计分析 > 查询队员测试成绩，系统将显示如下界面：

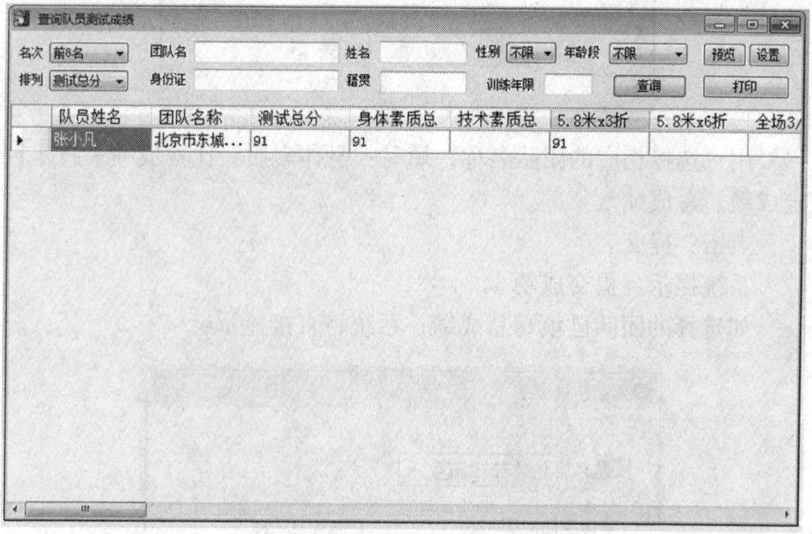

系统默认按照测试总分排列，显示前 8 名队员。

用户可更改名次与排列等查询条件，可填写团队名称、姓名、身份证号、籍贯、训练年限，选择性别、年龄段等。

点击：查询。

系统将按照用户已选择或填写的条件显示队员成绩。

点击：预览。

可显示将要打印的内容：

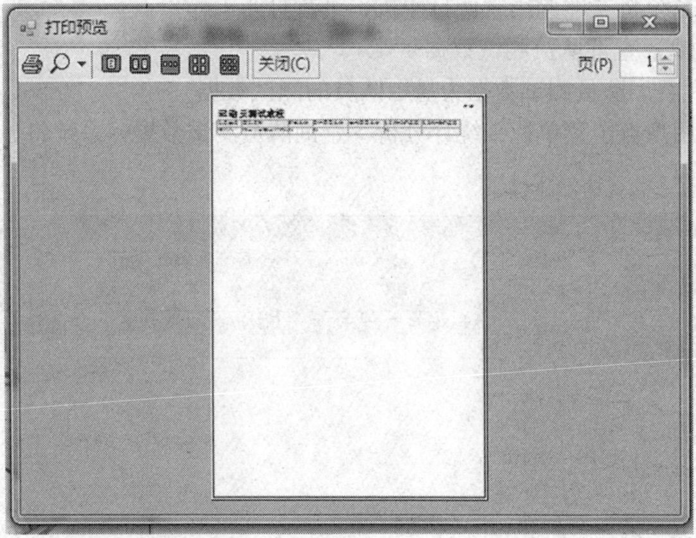

点击：设置，可调整打印参数。

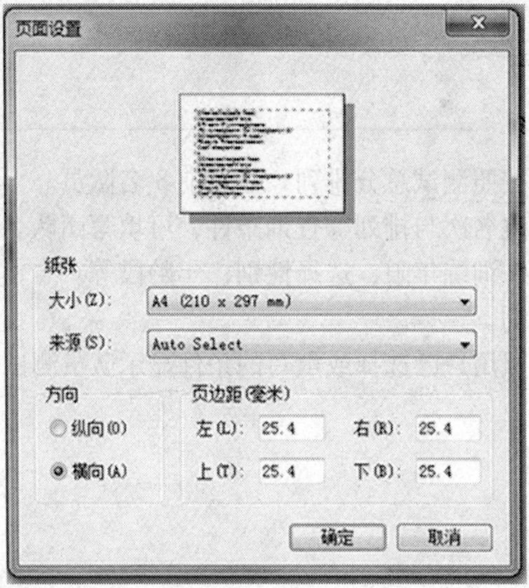

点击：打印。

系统将立即调用默认打印机，进行打印工作。

（2）查询队员测试数据

（查询队员测试数据为显示队员的测试数据）

用户点击菜单栏：统计分析 > 查询队员测试数据，系统将显示如下界面：

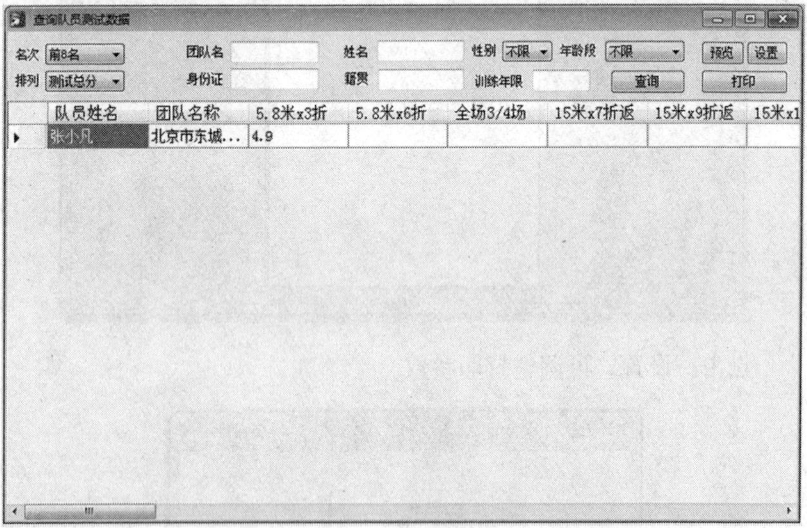

系统默认按照测试总分排列，显示前 8 名队员。

用户可更改名次与排列等查询条件，可填写团队名称、姓名、身份证号、籍贯、训练年限，选择性别、年龄段等。

点击：查询。

系统将按照用户已选择或填写的条件显示队员测试数据。

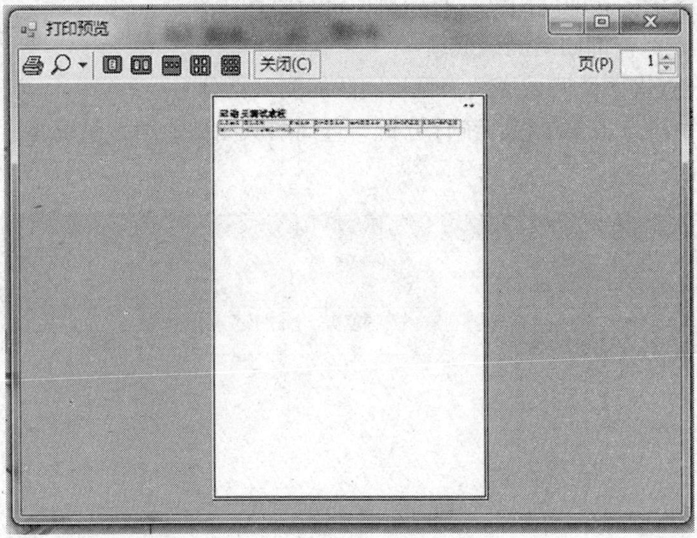

点击：设置，可调整打印参数。

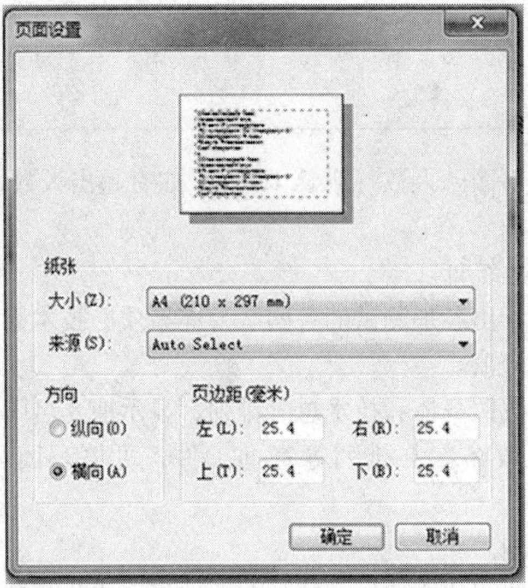

点击：打印。

系统将立即调用默认打印机，进行打印工作。

（3）查询团队测试成绩

（查询团队测试成绩为显示团队的测试得分）

用户点击菜单栏：统计分析 > 查询团队测试成绩，系统将显示如下界面：

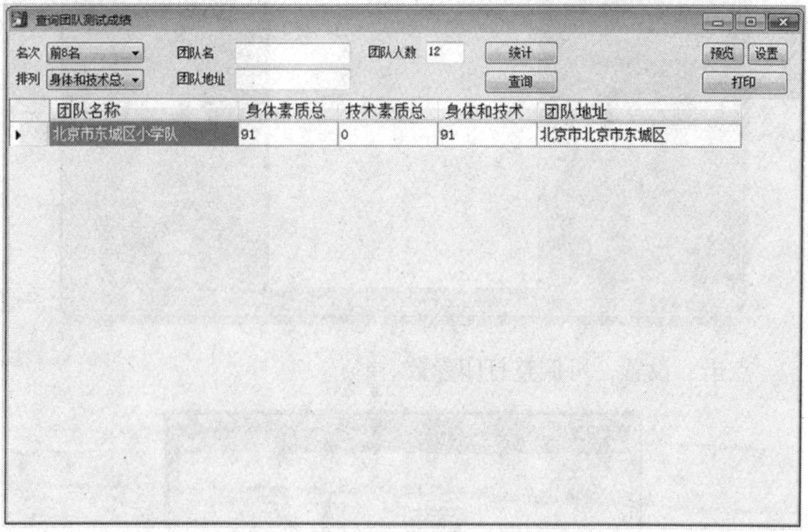

用户可填写团队人数（默认 12 人，如有超出人数按成绩取前 12 人）。

用户点击：统计。

系统将统计出参加测试的各团队身体素质、技术素质、身体和技术素质总分等分值。

系统默认按照身体和技术总分排列，显示前 8 名团队成绩。

用户可更改名次与排列等查询条件，可填写团队名、团队地址等。

点击：查询。

系统将按照用户已选择或填写的条件显示团队测试成绩。

点击：设置，可调整打印参数。

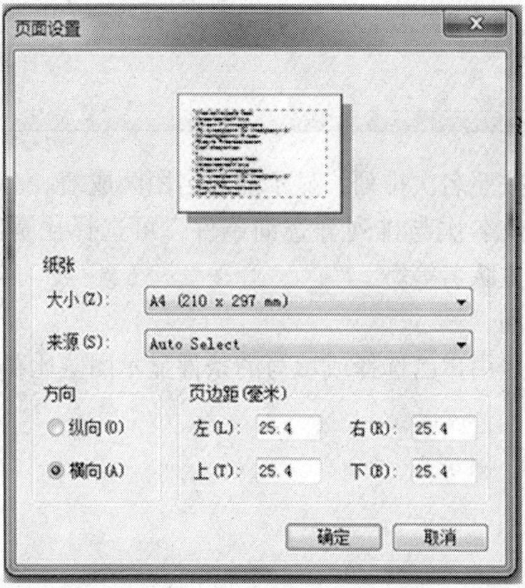

点击：打印。

系统将立即调用默认打印机，进行打印工作。

（4）查询团队比赛成绩

（查询团队比赛成绩为显示团队的比赛成绩）

用户点击菜单栏：统计分析 > 查询团队比赛成绩，系统将显示如下界面：

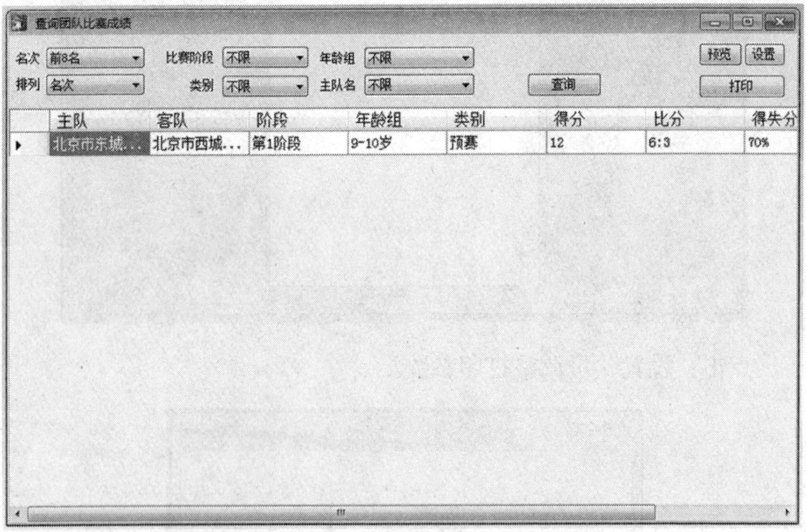

系统默认按照名次排列，显示前 8 名团队成绩。

用户可更改名次与排列等查询条件，可选择比赛阶段、比赛类别、年龄组、主队名等。

点击：查询。

系统将按照用户已选择或填写的条件显示团队比赛成绩。

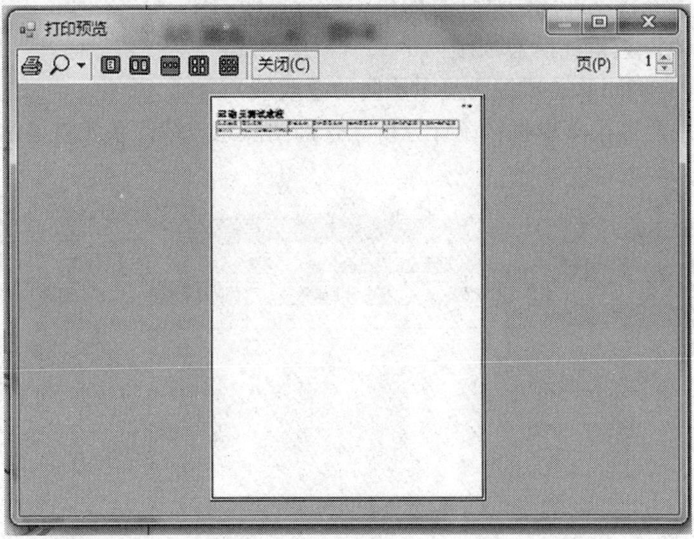

点击：设置，可调整打印参数。

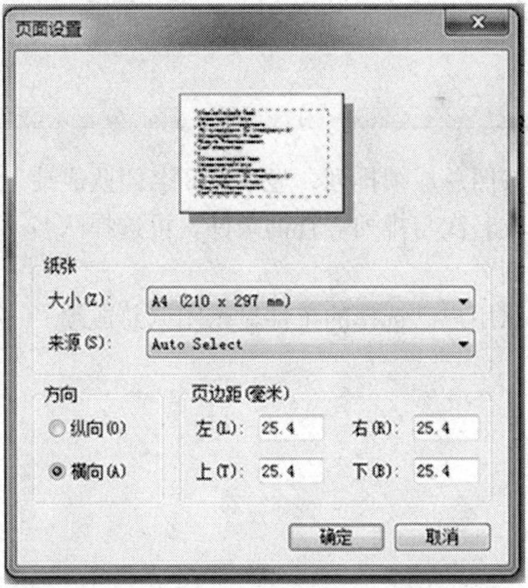

点击：打印。

系统将立即调用默认打印机，进行打印工作。

(5) 查询团队总成绩

(查询团队总成绩为显示团队的总成绩)

用户点击菜单栏：统计分析 > 查询团队总成绩，系统将显示如下界面：

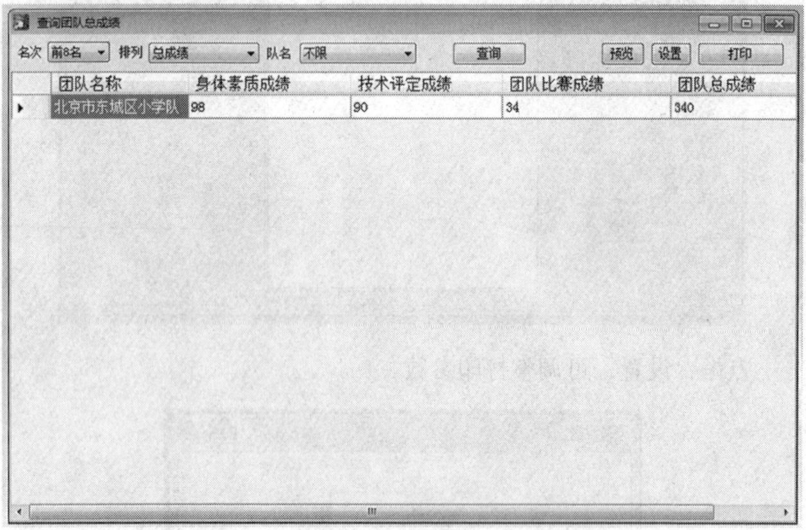

系统默认按照总成绩排列，显示前8名团队成绩。

用户可更改名次与排列等查询条件，可选择队名。

点击：查询。

系统将按照用户已选择的条件显示团队总成绩。

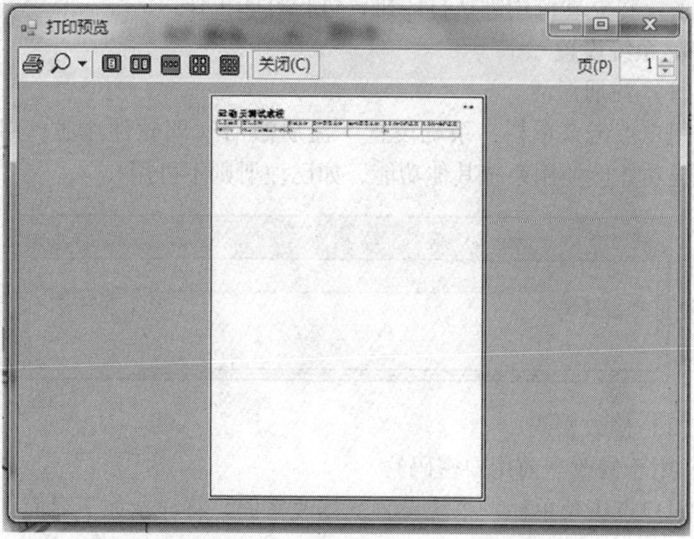

点击：设置，可调整打印参数。

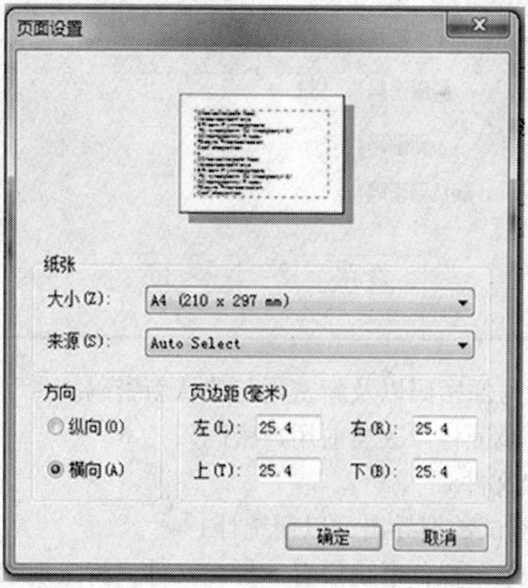

点击：打印。

系统将立即调用默认打印机，进行打印工作。

4. 系统设置

(1) 注册激活

用户点击菜单栏：系统设置 > 注册激活（即软件注册，用户需注册成功才能使用系统其他功能，如已注册则不可用）。

(2) 修改密码

(用于修改当前用户密码)

用户点击菜单栏：系统设置 > 修改密码，将显示如下界面：

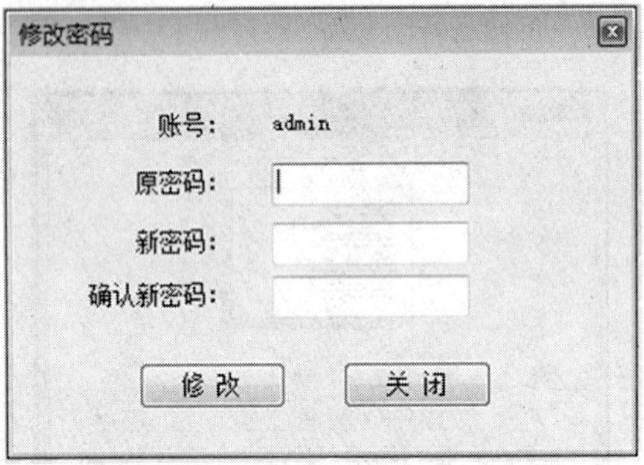

用户需填写原密码以及新密码与确认新密码。

系统通过验证将修改当前用户密码。

(3) 导出文件

(用于将测试数据导出，以便统计)

用户点击菜单栏：系统设置 > 导出文件，将出现如下界面：

用户需选择保存的路径，点击：保存。

（4）测试数据清零

（用于清除所有测试信息，开启新的测试）

用户点击菜单栏：系统设置 > 测试数据清零，将显示如下界面：

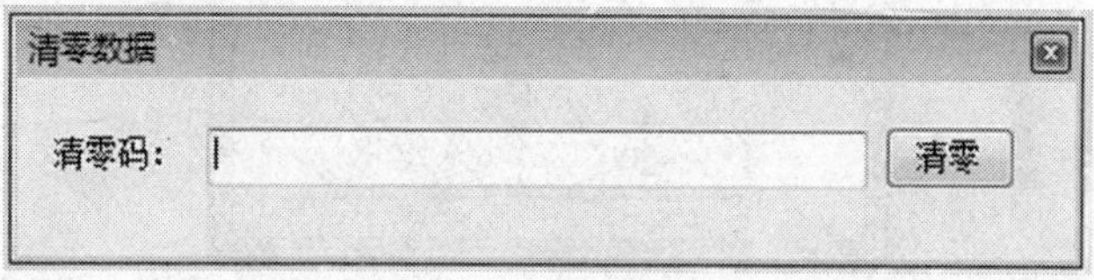

用户需填入清零码，点击：清零。

系统将清除所有测试信息，您可以开始新的测试。

（测试数据清零，将会清除所有数据，请慎用。清零前请使用导出文件功能，用导出文件换取清零码）

（5）退 出

用户点击菜单栏：系统设置 > 退出，将显示如下界面：

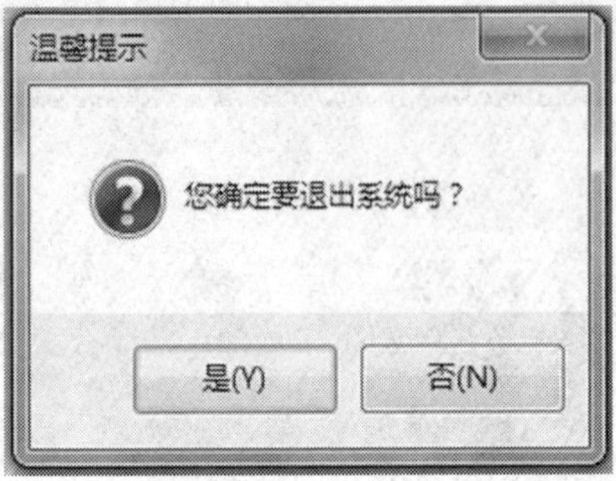

点击：是。

将退出本系统。

5. 退　出

用户可点击菜单栏：系统设置 > 退出，将出现如下界面：

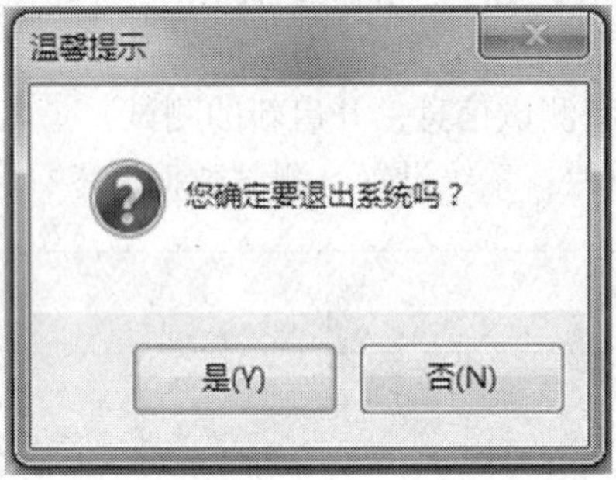

点击：是。

系统将关闭。

点击右上角也可以退出系统。

6. 快捷键

为简化用户操作，系统提供以下快捷键：

录入测试成绩	F1
录入比赛成绩	F2
录入总成绩	F3
维护测试基本信息	Ctrl + A

维护比赛基本信息	Ctrl + S
维护团队信息	Ctrl + D
维护队员信息	Ctrl + F
维护系统用户信息	Ctrl + G
测试成绩管理	Ctrl + Q
比赛成绩管理	Ctrl + W
总成绩管理	Ctrl + E
查询队员测试成绩	F5
查询队员测试数据	F6
查询团队测试成绩	F7
查询团队比赛成绩	F8
查询团队总成绩	F9
退出	F12

用户可以使用相应快捷键打开以上功能界面。